뇌, 하나님
설계의
비밀

윤종석 옮김

의학박사
티머시 R. 제닝스

하나님
설계의
비밀

지은이_ 티머시 R. 제닝스 | 옮긴이_ 윤종석

만든이_ 김혜정 | 기획위원_ 김건주 | 디자인_ 홍시 | 마케팅_ 윤여근, 정은희

초판1쇄 펴낸날_ 2015년 8월 31일 | 초판19쇄 펴낸날_ 2023년 11월 10일

등록번호_ 제2017-000056호 | 펴낸곳_ 도서출판 CUP

(04549) 서울특별시 중구 을지로 148, 8층 803호 (을지로3가, 드림오피스타운)

T. (02)745-7231 F. (02)6455-3114 www.cupbooks.com | cupmanse@gmail.com

페이스북_ facebook.com/cupbooks | 인스타그램_ instagram.com/cupmanse

Originally published by InterVarsity Press as *The God-Shaped Brain* by Timothy R. Jennings, M.D.

ⓒ2013 by Timothy R. Jennings.

Translated and printed by permission of InterVarsity Press,

P.O. Box 1400, Downers Grove, IL 60515, USA.

License arranged through rMaeng2, Seoul, Republic of Korea.

All rights reserved.

This Korean translation edition ⓒ 2015 by CUP, Seoul, Republic of Korea.

값 14,000원

ISBN 978-89-88042-71-7 03230   Printed in Korea.

잘못된 책은 언제든지 교환해 드립니다.

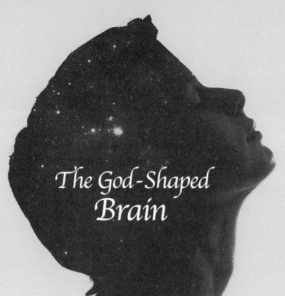

The God-Shaped
Brain

이 책의 사례는 모두 실화다!

하나님을 어떻게 믿느냐에 따라 뇌가 변하고 삶이 변했다

뇌,

하나님
설계의
비밀

의학박사 티머시 R. 제닝스

윤종석 옮김

미국 소비자연구위원회가 선정한

최고의 정신과 의사,
티머시 R. 제닝스가 밝히는
뇌에 관한 진실

The God-Shaped Brain

How Changing Your View of God Transforms Your Life

Timothy R. Jennings, M.D.

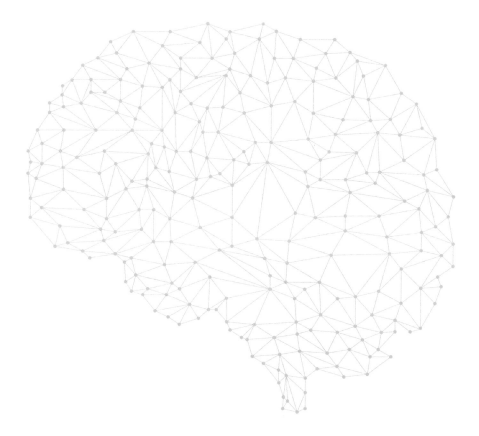

The God-Shaped
Brain

추천의 글

원호택 서울대학교 심리학과 명예교수, 임상심리전문가, 기독상담사(감독)

이 책은 하나님을 바르게 믿게 하는 성경 공부 책이자, 성경 위주의 심리치료 상담의 안내서이다.

저자는 우리가 하나님은 사랑이라는 하나님에 대한 올바른 지식을 갖고 그 사랑을 묵상하면서 생활하며 그 사랑을 실천할 때 아주 건강하고 늘 기뻐하며 감사하는 인생을 살 수 있다고 말한다. 이런 경우 우리 뇌의 전두엽 피질에 신경세포가 활성화되고 발달이 잘 이루어져 더욱 긍정적이고 건강하고 보람된 삶을 살게 된다. 이렇듯 긍정적인 선순환을 하게 된다고 뇌과학 연구 결과를 들어 설명하고 있다.

반면 하나님은 벌주고 저주하는 신이라는 잘못되고 거짓된 하나님 개념을 갖게 되면 두려움과 공포 및 분노 감정 등을 충동적으로 경험하게 되고 심리장애를 일으킬 수도 있고 스트레스를 많이 받으며 자기 위주의 욕심에 이끌린 삶을 살게 되고 결국 죽음에 이르게 된다고 말한다. 이런 경우 우리의 대뇌변연계의 신경세포들이 활성화되고 발달하게 되는데 이 영역이 활성화되면 우리의 이성적 판단은 흐려지고 더욱 감정에 치우쳐 충동적으로 반응하게 된다는 것이다. 그러면 살벌한 생존경쟁 속에서 스트레스성 질병에 취약하기도 하고 심리적 장애를 경험하게도 된다고 한다.

제닝스 박사는 정신과 환자를 심리 치료할 때 그들의 하나님 개념이 잘못된 것을 확인하면서 이를 성경 말씀에 기초해 올바른 개념으로 바꾸어주면서 환자의 심리적 증상을 개선해가는 그 자신의 치료방식을 적용하고 있으며 치료 효과가 현저한 것을 실례를 들어 제시하고 있다.

심리치료 상담가로서 나는 그의 성경적 상담방식에 깊은 인상을 받았으며 공감하게 되었다.

제닝스 박사는 내가 아는 한, 어느 유명한 목회 상담가보다도 더욱 순수한 성경적 상담 방식을 설파하고 있으며, 그런 방식이 뇌의 신경세포 수준에서 구조적 변화까지 일으킨다는 뇌 연구 결과를 함께 제시하고 있다.

목회 상담이나 기독교 상담을 하는 전문가라면 꼭 한번 이 책을 읽으면서 성경적 상담의 진수를 터득했으면 하는 바람으로 이 책을 추천한다.

이동원 지구촌교회 원로목사, 건양대학교 치유선교학과 석좌교수

하나님이 인간 존재를 설계하신 설계자라면 그는 이 설계가 왜곡될 때 이 설계를 바로잡을 수 있는 유일한 존재이시다. 정신의학자요 상담가인 티머시 제닝스는 이 책에서 암 때문이 아니라 암 때문에 자기가 죽을 것이라는 믿음 때문에, 믿음으로 죽은 사람의 이야기를 전달한다.

인간의 신경 세포는 쉴새 없이 메시지를 전달받고 전달한다. 우리는 우리 자신을 향해 날마다 어떤 믿음, 어떤 메시지를 전달하고 있는 것일까? 이 신비스런 물음의 한복판에 하나님의 설계의 비밀인 뇌가 존재한다. 진지한 신앙의 소유자인 저자는 이 책에서 우리가 오랫동안 궁금하게 생각해온 뇌와 하나님 신앙의 문제를 다루고 있다. 이 책은 그것이 더 이상 비밀이 아님을 증언하고 있다.

박상은 효산의료재단 의료원장, 의료선교협회장, 대통령직속 국가생명윤리위원장

정신과 의사 티머시 R. 제닝스의 책 〈뇌, 하나님 설계의 비밀〉을 읽으며 오랫동안 풀지 못했던 숱한 수수께끼가 풀리는 기쁨을 맛보았다.

과연 마음은 어디에 존재하는가? 심장일까? 뇌일까?

누군가를 사랑할 때 사랑의 감정은 어디서 어떻게 피어오르는가?

말로만 하는 용서와 진정으로 용서하는 차이는 무엇인가?

같은 죄를 짓고도 어떤 사람은 죄책감에 시달리나 혹자는 어떻게 이를 벗어나는가?

예수님의 뇌는 과연 어떻게 기능할까?

부처와 예수님의 뇌는 어떤 차이를 보이는가?

나의 뇌에 대해 내가 알고 있는 것은 무엇일까?

이 책은 그동안 신비의 세계로만 간주하였던 비밀의 정원을 드러내어 밝히 보여준다. 하나님께서 만드신 창조물 중 최고의 걸작품이 인간이라면 뇌는 걸작품 중의 가장 빛나는 보석이라 생각된다. 그러기에 교회를 주님의 몸이라 부를 때 성경은 주님을 머리라고 하지 않으셨을까?

하나님께서 오묘하게 만드신 뇌의 신경회로를 주님과 함께 거닐어보면 나의 과거를 만나고, 현재를 경험하며, 미래를 그려볼 수 있을 것이다.

뇌는 나의 은밀한 자아가 고뇌하는 내실이자, 인간과 신이 만나 함께 사귀는 뜰이요, 당신이 원한다면 그 누군가를 초청해 함께 거니는 산책로가 될 것이다.

의학과 신학이 하나가 되고, 감정과 이성이 조화를 이루는 이 놀라운 뇌의 신비를 이토록 명확하고 지혜롭게 풀어쓴 책을 미처 본 적이 없다.

이 한 권의 책을 통해 이기심과 죄책감과 외로움을 떨쳐버리고 용서와 사랑과 기쁨으로 승화된 삶을 누리시기를 소망해 본다.

김민철 혈액종양내과의사, 전 예수병원장, 전 한국누가회 이사장, 전 나이지리아 의료 선교사, VIEW 객원 교수

유전학적 결정론이 마치 보편타당의 진리인 것처럼 믿는 유물론 사조가 지배하는 세상이다. 이 거대한 흐름 속에서 결정론이 진리라고 한다면 베드로의 회심과 같은 사건이나 주변에서 흔히 볼 수 있는 변화된 삶을 사는 사람들에 대해 어떻게 설명할 수 있을까 의문이 들었던 적이 있다.

저자는 우리가 믿는 하나님의 이미지에 따라, 우리 생각을 주관하는 뇌신경의 신호 전달 기전에 섬세한 변화를 일으키고, 그 결과 전혀 달라진 삶으로의 전환까지 일으킨다는 사실을 과학 논문들과 본인의 다양한 임상 경험을 예로 들어 친절히 설명해 준다.

이 책은 의료에서 인체의료와 영혼신앙을 조화시키지 못하고 이원론적 사고에 머물던 기독의료인들에게 이 장벽을 뛰어 넘을 수 있는 구체적인 근거 중심의 시도를 보여준다는 점에서 매우 신선한 유익을 끼치는 책이다.

그레고리 L. 잰츠 Gregory L. Jantz 철학박사, C.E.D.S., The Center Inc. 설립자

제닝스 박사는 여러 가지 하나님 개념을 아주 명쾌하게 파헤치고, 그런 다른 관점이 우리 뇌와 몸에 얼마나 강력한 영향을 미치는지 보여 준다. 하나님에 대한 가르침이라고 해서 모두 건강한 것만은 아니다. 이 책을 읽으면 하나님에 대한 신념이 당신을 어떻게 변화시키고 있는지 알 수 있다.

김경집 인문학자, 〈인문학은 밥이다〉〈눈먼 종교를 위한 인문학〉 저자

솔직히 나는 무턱대고 신비니 섭리니 하는 말에 거부반응이 있다. 아무런 실천의지도 도덕적 태도의 함양도 없이 믿으면 천당 간다는 말도 불편하거니와 믿지 않으면 지옥 불에 떨어진다는 협박에는 진저리가 난다. 그저 나의 소박한 신앙은 하나님의 사랑을 느끼며 복음을 실천하는 것뿐이다.

과학은 신학과 충돌한다는 일반적인 생각이 결코 옳은 것은 아니다. 다윈의 진화론이 창조의 은총을 무너뜨리는 것도 아니다. 과학이 발달하기 전 그것을 비유와 상징으로 표현했을 것을 절대적 진리인 양 무턱대고 믿는 신앙이 과학의 진보를 거부했을 뿐이다. 과학의 발전은 오히려 신학적 모호함을 덜어냄으로써 신비의 실체를 더 실증적으로 이해할 수 있게 한다. 물론 얼치기 과학자들이 어설픈 논리로 과학을 포장하여 신학과 신비를 증명하려는 것에 대해서도 나는 거부감을 가진다.

그래서 이 책을 처음 읽을 때도 그리 살가운 느낌이 아니었다. 그것은 전적으로 나의 기질 때문이겠으나 그동안 사이비 같은 사례들을 많이 봤기에 생긴 거부감이었다. 그런데 이 책을 읽으면서 과학과 신앙이 정확히 말하자면 생명과 창조의 신비가 상통하는 가능성을 발견했다. 물론 전적으로 다 수긍하는 것은 아니지만, 저자의 차분하면서도 논리적이고 과학적 실증의 적절한 해석은 자연스럽게 내 본능적 거부감을 지워내고 있었다.

공리주의를 재활의 개념으로 해석하는 방식은 매우 현실적이면서도 참신한 접근이다. 이러한 그의 태도는 뇌의 신비를 과학과 현실의 프레임으로 풀어내고 과학과 종교 양쪽에 대해 서로 일방적 거부감을 느끼는 사람들에게도 설득력이 있다.

이 책의 미덕은 많은 사례를 지니고 있다는 점이다. 물론 그렇다고 해서 그 사례들의 많음이 뇌와 창조주의 신비에 대한 해답을 확정하는 것은 아니다. 하지만 우리가

도저히 이해하기 어려웠던 많은 미스터리가 과학과 신앙의 만남에 의해 풀리고 있
다는 것은 지울 수 없는 소중한 결실이다. 읽을수록 고개가 끄덕이고 어둠 속을 더
듬던 고민이 조금씩 밝은 빛 속에서 해소되는 즐거움을 가득 누리게 하는 책이다.
과학을 따르는 사람들이라고 무조건 과학의 실증만을 요구하고 신앙을 따른다고 해
서 무조건 종교의 신비를 무류의 사실로 받아들이라고 하는 것은 바람직하지 않다.
그런 점에서 이 책은 서로를 이해하고 삶으로 그것을 발현할 수 있게 해주는 놀라움
을 지녔다.

최현일 산부인과 전문의, 효산의료재단 샘병원 연구원장
'하나님의 형상대로 지음 받은 것'의 중요한 의미를, 뇌를 통해 해석해낸 제닝스 박
사의 통찰은 우리의 불완전한 의학지식을 넘어 온전한 진리의 옷자락을 잡게 해준
다. 하나님의 사랑이라는 진리의 옷자락을 잡으면, 그 사랑이 우리 뇌의 신경회로를
변화시키고, 몸과 마음과 삶의 변화를 가져온다. 놀라운 통찰이다. 그런데 의사로서
더 놀라는 것은 그 통찰이 엄밀한 의학적인 문헌과 경험에 의해 정확하게 뒷받침되
어 있다는 것이다. 인용한 참고 문헌들의 수준과 인용의 정확도는 이 책이 빛나야
할 또 하나의 이유이다.

박은조 은혜샘물교회 담임목사, 샘물 중고등학교 이사장

이 책의 저자 제닝스 박사에 의하면 우리가 어떤 선택을 내리고, 어떤 신념을 품고, 어떤 하나님을 예배하느냐에 따라, 우리의 뇌는 그에 맞추어 변화되고 배선이 달라진다고 한다. 그는 우리가 가지는 '하나님 개념'이 다르면, 그것이 뇌에 미치는 영향도 달라진다고 주장한다. 놀라운 설명이 아닐 수 없다.

이 책을 통해서 정신과 의사이며 그리스도인인 저자 제닝스 박사는 자신이 발견하고 경험한 과학 지식으로, 하나님을 최대한 명확히 드러내고, 하나님을 믿는 우리의 믿음이 어떻게 우리를 변화시키는지 보여준다. 과학이 초과학적인 하나님의 사역을 모두 다 설명할 수는 없겠지만, 과학이 발달하면 할수록, 과학이 우리를 하나님께로 더 가까이 인도하게 될 것을 기대한다. 하나님께서 이 일을 위한 길잡이로 팀 제닝스 박사를 우리에게 주신 것을 감사한다.

하나님은 우리 각자를 하나님의 형상대로 지으셨고, 우리 각자에게 두뇌를 주셨으며, 우리 각자 안에 성령으로 거하신다. 따라서 모든 그리스도인은 성령님과 연합한 존재로서, 사고 기능을 가지고, 하나님께서 인도하시는 그리스도인의 길을 걸어야 한다. 제닝스 박사의 이 책은 "이 세대를 본받지 말고 오직 마음을 새롭게 함으로 변화를 받아 하나님의 선하시고 기뻐하시고 온전하신 뜻이 무엇인지 분별"하여 세상을 이기고 섬기는 그리스도인이 되도록 독려한다. 롬 12:2

송태근 삼일교회 담임목사

세상의 모든 지식은 하나님의 지식이다. 예수님도 "뜻" 지성을 다하여 하나님을 사랑하라고 말씀하셨다. 하나님께 헌신하는 데 있어 지성은 매우 중요한 역할을 한다. 기독교 지성은 전도를 위한 변증에서뿐만 아니라 성도의 성숙을 위한 중요한 영역이다.

티머시 제닝스 박사는 본서를 통해 인체의 가장 신비한 지체인 뇌를 하나님의 창조와 성도의 성숙이라는 주제와 맞물려 설명한다. 그는 정신학계 권위자로서 수준 높은 객관적인 자료와 실제적인 사례를 바탕으로 독자들에게 뇌의 사용과 신앙의 성숙 사이의 관계를 증명한다. 본서의 독자가 생각과 마음과 몸을 통해 더 풍성한 하나님의 은혜를 발견하게 할 책이다.

브래드 콜 Brad Cole 의학박사, 로마린다대학교 의과대학 신경과학 학과장

제닝스 박사는 뇌 생리학의 최신 지식을 일상의 실제 사연들과 연결해 깊은 공감을 자아낸다. 그 점에서 정말 놀라운 책이다. 전문 지식이 없는 사람도 쉽게 이해할 수 있는 책이지만 인간의 뇌의 구조, 뇌가 손상되고 회복되는 원리에 대한 그의 설명에는 심오한 의미가 함축되어 있다. 우리의 사고는 하나님이 본래 설계하신 상태로 회복될 수 있다. 그 원리를 이렇게 멋지게 풀어낸 책은 보지 못했다.

김금미 다움심리연구소 대표, 상담심리전문가, 성균관대학교 심리학과 초빙교수

거인의 어깨 위에 선 뇌 과학~!!

이 책을 읽는 순간 깨달음을 위해 당나라로 가려던 발걸음을 돌리게 될 것이다~!! 오랫동안 기다리던 책이 나왔다. 티머시 R. 제닝스는, 하나님이 하나님의 형상대로 창조하신 바로 그 '인간 뇌' 연구에 기초하여 하나님의 속성, 곧 '사랑'에 따라 사는 것이 얼마나 중요한지를 과학적으로 증언한다. 결국 '믿음이 이긴다'는 것을 과학적으로 증명한다.

저자는 성경, 검증 가능한 자연의 법들, 그리고 우리의 경험에 근거하여 독자 스스로 판단하기를 권하고 있다. 이러한 판단에 기초하여 하나님이 원하는 '베풂의 삶'을 살아야 하는 이유를, 정신과 의사의 과학적 시각에 쉽고 편안한 옷을 입혀 설득한다. 우리는 이러한 연구의 결과를 가장 어리석은 자가 되어 받아들여야 할 것이다. "아무도 자신을 속이지 말라 너희 중에 누구든지 이 세상에서 지혜있는 줄로 생각하거든 어리석은 자가 되라. 그리하여야 지혜로운 자가 되리라" 고전 3:18.

케이 커즈마 Kay Kuzma 교육학박사, Family Matters Ministry 대표

팀 제닝스 박사는 하나님의 속성에 대한 난문들을 던진 뒤 단순하고 설득력 있게 거기에 답한다. 하나님에 대한 거짓말들을 말끔히 걷어내 당신을 그분과 더 깊은 사랑에 빠지게 해준다. 탐구심이 있는 사람이라면 누구나 꼭 읽어야 할 책이다. 제닝스 박사는 뇌가 사랑과 이기심에 각기 반응하는 원리를 설명한다. 일단 그 생리를 이해하고 나면 사랑만이 사고를 새롭게 하고 정신건강을 좋게 하는 유일한 선택임을 알게 된다.

노상헌 임상심리학 박사, 남서울예수교회 담임목사, 뉴라이프 치유센터 대표, 전 합동신
학대학교 실천신학 교수

우리를 알지 못하고 하나님을 알지 못하며, 하나님을 알지 못하고 우리를 알지 못
한다고 말하며 요한 칼빈은 기독교강요 1권 1장을 시작한다. 이 가르침에 감동되어
목사가 된 지 10년 만에 시작한 '우리 자신을 잘 알아야겠다'는 소명은 임상심리학
박사과정을 시작으로 신경심리학, 뇌공학, 분자생물학이란 긴 연구 과정을 걷게 했
다. 그리고 그 결과는 인간은 영원한 사랑을 먹고사는 유일한 영물靈物이란 확인이
었다.

신앙적 신조의 하나님을 과학으로 구체적으로 만나게 될 때, 하나님을 제대로 알게
될 때 우리는 그 새로운 확신의 기쁨과 소명을 갖게 된다. 본서에서 이런 감동과 소
명을 그대로 느낄 수 있다.

뇌 과학 용어가 어렵게 느껴진다면 뇌 과학에 대한 최소한의 정보라는 것을 인지하
고, "신묘막측"하게 지으신 하나님의 창조질서를 이해하는 성실과 인내의 시간이
되었으면 한다.

최근 몇 년 동안 뇌 과학 서적들이 출판계에 큰 영향을 주며 많은 독자를 확보하고
있는데, 대부분 은근히 설득력 있게 뉴에이지 메시지를 부추겨왔다. 이런 상황에서
〈뇌, 하나님 설계의 비밀〉이 출간되니 기독교계에 가뭄에 단비를 만난 느낌이다.

이 책을 읽으며 느낀 신비로운 경험은 하나님의 사랑을 더 깊이 사모하고 오직 하나
님의 사랑만 묵상하게 된다는 것이다. 그것만으로도 이 책은 기도하는 마음으로 추
천하고 싶다.

나용균 한국코칭심리협동조합 이사, 대표코치

우리는 일상의 삶에서 과학을 근거로 살아간다. 한순간이라도 그 과학의 메커니즘을 떠나 사는 것은 많은 노력을 해야 가능하다. 그 노력을 좀 더 수월하고 편안하게 해 주는 책을 소개하게 되어 매우 기쁘다.

불과 1.360g의 뇌를 진정으로 알게 되면 하나님의 설계도와 속성과 세계관을 속속들이 들여다볼 수 있다. 피조물은 하나님을 설명할 수 있어야 하는데 이 책이 바로 그 결과물이다.

과학의 사실들을 통해 하나하나 발견되고 있으며 일상과 밀접하게 연관된 우리의 뇌를 얼마나 잘 알고 있는가?

뇌와 임상 사례를 통해 신뢰할 만한 근거를 제시하며 우리 앞에 당당하게 하나님과 창조세계를 설명하는 이 책은 쉽게 읽어 내려갈 수 있는 뇌에 관한 필독서다. 아주 쉽고 재미있는 접근으로 번잡스러운 것들을 간단명료하게 설명해 주는 저자의 탁월함이 돋보이는 작품이다.

뇌 과학자들이 말하는 뇌의 설명에 대해 얼마만큼 설득력 있게 들으며 귀 기울이고 있는가? 과학과 하나님의 대치적 입장이 아닌 창조의 선물로서 과학과 뇌를 바라보는 관점이 필요한 시점에 꼭 필요한 책으로서 일독을 권한다. 이제 코칭할 때 뇌 과학 분야의 도움을 받아야 하는 경우 빼놓을 수 없는 추천 도서 항목에 포함되어야 할 소중한 창작물이다.

노용찬 기독가족상담소/라이프호프기독교자살예방센터 공동대표, 빛고을나눔교회

지난 20여 년간 상담과 내면치유사역분야에 있으면서 알게 된 것은, 많은 사람이 자신과 타인만이 아니라 하나님에 대해서 왜곡된 생각을 하고 있다는 것이었다. 그러한 왜곡된 생각들은 끊임없이 자신을 비하하고 사랑하지 못하게 하며, 자신에 대한 미움은 타인과 세상을 향해 투사되어 지독한 피해의식과 두려움에 사로잡혀 살아가게 한다. 이러한 삶의 모습에는 하나님과 그 사랑에 대한 신뢰의 결핍과 왜곡이 뿌리 깊게 자리를 잡고 있다. 티머시 R. 제닝스의 〈뇌, 하나님 설계의 비밀〉은 하나님에 대한 건강한 이해와 믿음이 어떻게 이러한 왜곡된 생각과 두려움을 내어 쫓고, 한 사람을 변화시킬 수 있는가를 뇌 과학과 성경 말씀의 진리를 통합해 명쾌하게 설명하고 있다. "하나님은 사랑이시라"는 것과 "사랑 안에 두려움이 없고 온전한 사랑이 두려움을 내쫓나니"라는 요한일서의 말씀을 지금까지 누구도 시도해 보지 않았던 뇌 과학을 적용해 전개하면서 지금까지 알고 있던 정통적인 신학의 내용을 새로운 관점에서 설명하고 있다는 점에서 신선한 충격까지 주고 있으며, 나아가 최근 주목받는 뇌 신경과학만이 아니라 막 떠오르고 있는 뇌 신학Brain Theology분야에도 크게 기여할 것으로 생각된다.

그런 면에서 내면과 상담치유 분야에 종사하고 있는 분들에게도 치유와 회복에 대한 새롭고도 넓은 안목을 제공해 줄 좋은 책으로 추천한다.

마이클 라일스 Michael Lyles 의학박사, 라일스 앤 크로포드 임상 컨설팅

생각을 보면 그 사람을 안다고 했다잠 23:7. 제닝스 박사는 신경생물학과 신학을 통합하여 그 개념을 상술하면서 우리에게 도전한다.

강대훈 임실 옥정교회 담임목사, 기독교 세계관 강사

날마다 하나님을 전하고, 하나님에 대해서 가르치고, 하나님을 힘써 알도록 독려하는 설교자로서 이 책은 새로운 충격을 주었다. 그동안 신학적 접근에만 매달려 하나님을 가르치고 설교해 온 나에게, 저자는 우리 인간을 창조하신 하나님에 대한 믿음이 그 지음 받은 사람들의 정신과 신체, 그리고 관계에 어떤 영향을 미치고 있는지를 밝혀줌으로써 하나님에 대한 새로운 차원의 눈을 뜨게 해 주었다.

하나님에 대한 신앙을 가르치고 선포하는 설교자나 선교사라면 반드시 읽어보았으면 한다.

커트 톰슨 Curt Thompson 의학박사, 정신과 의사, *Anatomy of the Soul*(영혼의 해부) 저자

신경과학의 연구 결과에 주목하는 일은 곧 하나님의 창조 세계에 주목하는 일과 같다. 그 일을 하다 보면 제대로 된 길잡이만 있다면 하나님의 이야기와 우리를 향한 그분의 의중에 가닿게 된다. 팀 제닝스가 바로 그 길잡이다. 노련한 치유자이자 마음이 한없이 겸허한 그는 독자를 간편한 영성의 낡고 피상적인 주제들 너머로 데려간다. 그는 성경에 밝혀진 하나님의 속성을 기초로 해 그분이 첫 인간에게 주셨던 몸과 뇌를 탐색한다. 감동적인 도전과 변화의 사연들을 통해 그는 살아 계신 말씀의 아주 심오한 신학과 생명의 중추인 뇌의 복잡한 특성을 능숙하게 하나로 엮어낸다. 이 책을 읽으면 하나님을 더 온전히 알게 된다. 이 책을 읽으면 당신의 뇌를 더 온전히 알게 된다. 하나님을 알면 당신의 뇌가 변하고, 상상도 못 했던 방식으로 삶까지 변한다.

이호균 백암교회 담임목사, Ph.D. Cand.

제닝스 박사는 하나님은 사랑이시고, 그 사랑의 원리를 믿는 당신의 삶이 그로 인해 얼마나 큰 변화를 경험하게 되는지를 가르쳐 준다. 그는 탁월한 정신의학자로서, 왜곡되기 쉬운 하나님에 대한 신념을 뇌 과학과 관련지어 사실적인 예증을 통해 설득력 있게 바로 잡아 준다. 또한, 하나님이 주신 이 사랑의 원리를 성경적으로 명쾌하게 해석해 주고 있다.

책을 읽어 가다 보면 그가 상담했던 환자들의 문제가 바로 오늘 목양의 현장에서 만나는 성도들의 문제와 다르지 않음을 발견한다. 제닝스 박사의 이 책이 동일한 사례로 고민하는 오늘의 성도들과 그들을 밝은 진리로 인도해야 할 책임이 있는 목회자들에게 놀라운 영감을 주리라고 확신한다.

팀 클린턴 Tim Clinton 미국 기독상담자협회 회장

당신은 하나님과의 관계를 한 단계 더 끌어올릴 준비가 되어 있는가? 모든 진리의 근원으로 더 바짝 다가갈 준비가 되어 있는가? 증거에 기초하여 하나님을 알아갈 준비가 되어 있는가? 그렇다면 이 책은 당신을 위한 책이다. 제닝스 박사가 제시하는 환자들의 사례와 예증을 보면 복잡한 개념들이 이해하기 쉽고 단순해진다. 그는 하나님에 대한 신념이 어떻게 우리를 변화시키는지 뇌 과학을 통해 설득력 있게 입증한다.

머리말

> 당신이 정말 믿는 일은 항상 그대로 이루어진다.
> 믿음대로 되는 법이다!
>
> 프랭크 로이드 라이트 Frank Lloyd Wright

교회에 다니지 않는 가정에서 자란 나의 두 조카가 최근에 교회에 나갔다. 하나는 열한 살 난 남자아이였고 하나는 열네 살 된 여자아이였다. 그날의 설교 주제는 하나님의 진노였다. "충격과 두려움"을 유발하기 위한 불같이 뜨거운 설교였다. 섬뜩한 훈계가 끝나자 두 아이는 심란해져서 집에 돌아왔다. 그러면서 한다는 말이 설교자가 제시한 신이 무서웠으며 그게 사실이라면 절대로 그 신을 믿고 싶지 않다고 했다.

문득 이런 의문이 들었다. 예수님을 제시하는 우리의 방식 때문에 아이들이 그분 곁에 오거나 그분을 알려는 마음이 없어진다면, 그분은 기뻐하실까? 우리에게서 하나님에 대한 말을 듣고 아이들이 겁에 질린다면, 뭔가 잘못된 게 아닐까? 공포를 조장하시는 하나님을 제시하면 그게 이로울까 해로울까? 치유가 될까 상처가 될까? 우리의 하나님관이 좋든 나쁘든 흉하든 그게 중요하기는 할까? 물론 상상도 못할 만큼 중요하다. 아예 우리의 뇌 구조를 바꾸어 놓을 정도다! 물론 우리는 무엇을 믿을지 스스로 결정하는 힘이 있다. 하지만 그 믿는 내용은 엄청난 위력으로 우리를 지배한다. 신념은 우리를 치유할 수도 있고 파멸에 떨어뜨릴 수도 있다.

 밴스 밴더스Vance Vanders는 야심한 밤에 앨라배마의 어느 작은 묘지에서 현지 주술사와 결투를 벌였다. 주술사는 액체가 든 병을 밴더스의 얼굴 앞에 쳐들어 고약한 냄새를 풍겼다. 그러면서 밴더스가 곧 죽을 것이며 아무도 그를 살려낼 수 없다고 말했다.

 집에 돌아온 밴더스는 자리에 누워 시름시름 앓았다. 그러다 몇 주 후에 삐쩍 말라 곧 죽게 된 모습으로 병원에 실려 갔다. 의사들도 증상의 원인을 찾아내거나 병세를 약화시키지 못했다. 그제야 밴더스의 아내는 드레이튼 도어티Drayton Doherty라는 의사에게 그 주술에 대해 말해 주었다.

 도어티는 곰곰 생각에 잠겼다. 이튿날 아침에 그는 밴더스의 가족을 병실에 불러 놓고 말했다. 전날 밤 자신이 그 주술사를 다시 묘지로 유인해 나무에 대고 목을 졸랐더니 결국 그가 저주의 비밀을 실토했다는 것이었다. 주술사가 밴더스의 복부에 도마뱀 알을 문지르는 순간 알이 그의 몸속에 부화했는데, 그중 한 마리가 여태 남아 밴더스를 속에서부터 야금야금 먹는 중이라고 했다.

 이어 도어티는 미리 대기시켜 둔 간호사를 불렀다. 간호사가 들고 온 큰 주사기 안에는 고성능 구토제가 들어 있었다. 의사는 잔뜩 격식을 차려가며 주사기를 꼼꼼히 검사한 뒤 밴더스의 팔뚝에 내용물을 주입했다. 몇 분 만에 밴더스는 입을 틀어막으며 마구 토하기 시작했다. 그 와중에 도어티는 아무도 눈치채지 못하게 결정적 실물을 꺼내 놓았다. 검은 봉지에 숨겨 두었던 초록색 도마뱀이었다. 그는 큰 소리로 말했다.

"밴스, 몸속에서 뭐가 나왔는지 보십시오. 이제 주술이 풀렸습니다."

밴더스는 이제야 알았다는 표정을 짓더니 뒤쪽으로 풀썩 쓰러져 곤히 잠들었다. 이튿날 아침에 깨어났을 때는 정신도 말짱하고 식욕도 왕성했다. 그는 빠른 속도로 기력을 회복해 일주일 만에 퇴원했다.[1]

비단 밴더스의 경우만이 아니다. 의학 문헌에는 실제 병 때문이 아니라 자신이 아프다는 믿음 때문에 죽은 환자들의 사례 보고가 즐비하다. 그들은 자기가 죽을 거라는 두려움 때문에 죽었다. 수술 중에 자기가 죽을 거라고 확신하는 환자들이 있는데, 외과의사들은 대개 그런 환자들의 수술을 꺼린다. 위험 부담이 너무 크기 때문이다.[2]

1970년대에 샘 슈먼Sam Shoeman은 간암 진단과 함께 앞으로 몇 달밖에 살지 못할 거라는 선고를 받았다. 하지만 그가 죽은 지 몇 달 후에 부검 결과가 나왔는데 결국 의사들의 오진으로 밝혀졌다. 그는 작은 종양이 하나밖에 없었고 그것도 아직 간에 국한된 상태였다. 목숨이 위태로운 암의 단계는 아니었다. 샘 슈먼은 간암으로 죽은 게 아니라 자기가 간암으로 죽는다는 믿음 때문에 죽었다. 우리의 신념은 정신적, 신체적, 영적으로 우리를 변화시킨다.[3]

인간의 뇌는 끊임없이 변화한다. 매 순간 새로운 신경세포가 태어나고 새로운 회로가 뚫린다. 새로운 축삭돌기와 수상돌기가 생겨나 신경세포에 새로운 메시지를 전달한다. 반대로 쓰지 않는 신경연접부는 소멸하고, 휴면 중인 신경회로는 없어지고, 용도를 잃은 신경세포는 죽는다. 놀랍게도 우리의 신념과 사고와 행동은 물론 식생활까지도 뇌 구조를 변화시킨다. 그리하여 결국 나라는 존재 자체가 달라진다.

우리 뇌의 신기한 능력을 이 책 전반에 걸쳐 살펴볼 것이다. 우리가 어떤 선택을 내리고 어떤 신념을 품고 어떤 하나님을 예배하느냐에 따라 뇌는 그에 맞추어 변화되고 배선이 달라진다. "하나님 개념"이 다르면 그것이 뇌에 미치는 영향도 달라진다. 이 책의 목표는 하나님을 최대한 명확히 드러내고, 하나님을 믿는 믿음이 어떻게 우리를 변화시키는지 예증하고, 그분의 방법들을 실제적 차원에서 내보이는 것이다. 아울러 하나님을 공부하는 새로운 방법론도 제시할 텐데, 내가 거기에 붙인 이름은 "증거에 기초한 통합적 접근"이다. 이 접근에서는 세 가닥의 실이 하나로 엮여 서로 조화를 이루어야 한다. 하나는 성경이고 예수님의 삶이 특별히 강조된다, 또 하나는 하나님의 법인 과학과 자연의 법들이고, 나머지는 우리의 경험이다. 이 모두를 성령의 지도하에 겸손한 마음으로 공부할 것이다.

조엘 그린Joel Green과 마크 베이커Mark Baker는 〈십자가와 구원의 문화적 이해〉 *Recovering the scandal of the cross*, 죠이선교회에서 우리의 하나님관이 시대의 사회 환경에 영향을 입는다고 지적했다. 이어 그들은 더없이 적절한 질문을 제기했다.

"하나님에 대한 우리의 주장 중 진실은 무엇인가? 그리고 그것을 누가 정하는가?"[4]

나는 하나님이 시험 가능한 증거를 주셨다고 믿는다. 그것을 결정 과정에 통합한다면 우리는 무엇이 진실이고 무엇이 그렇지 않은지 분간할 수 있다. 성경 없이 과학만 공부하면 무신론적 진화론의 도랑에 빠질 위험이 있다. 반대로 성경을 하나님의 자연법들과 떼어서 공부하면 그 신학은 하나님을 잘못 대변하고 그분의 속성을 왜곡시킬 위험이 있다.

건강한 균형을 유지하려면 성경과 과학과 우리의 경험이 서로 조화를 이루어야 한다. 그래야 다양한 하나님관을 구분할 수 있고, 각각의 관점이 우리의 정신과 신체와 관계의 건강에 초래하는 확연한 차이를 예증할 수 있다. 이 책에서 살펴보겠지만, 하나님과 성경에 대한 생각이 변화되면 그 결과로 몸과 마음과 관계가 치유된다. 하지만 왜곡된 하나님 개념을 고수하면 고통과 고생과 결국은 죽음을 초래한다.

　나는 신학 교육을 받은 신학자가 아니라 정신과 의사다. 따라서 내 접근은 신학교 교수의 접근과는 아주 다를 것이다. 그럴 만한 이유가 있다. 성경은 우리가 지금 전투 중이라고 말한다. 우리의 무기는 하나님을 대적하는 모든 이론과 교만을 무너뜨린다. 우리의 사고는 그리스도와 조화를 이루어야 한다.

　그리스도와 사탄의 싸움이 벌어지는 전쟁터는 우리의 생각 속이다. 그리스도인 정신과 의사로서 나도 치료 중에 영적 전투를 벌이곤 한다. 그래서 나는 이 책에서 성경 해석에 접근할 때 의사로서, 생각의 전문가로서, "전쟁터"의 노련한 베테랑으로서 접근할 것이다. 성경은 여러 세대에 걸쳐 다양한 저자들이 대개 특정한 상황에 맞추어 특정한 청중에게 쓴 것이다. 하지만 성경은 또한 전체가 동일한 성령의 감화로 기록되었으며, 따라서 하나의 통일된 주제를 보여 준다. 성경의 핵심 가닥은 하나님의 속성인 사랑이다. 나는 성경을 통일된 전체로 보는 시각이 정당할 뿐 아니라 반드시 필요하다고 믿는다. 다양한 조각들을 모두 이어 맞추면 하나님의 속성이 가장 충만하게 계시된다.

　그러므로 내가 수용하는 해석은 성경 전체특히 그리스도 안에 계시된 하나님에 관한 진리 및 검증 가능한 하나님의 법들과 조화를 이루면서 우리에게 치유삶의 객관적 경험를 가져다주는 해석들이다. 차차 보겠지만 반대로 성경 전체와 모순되거나 그리스도께서 제시하신 증거를 부정하거나, 검증 가능한 하나님의 법들에 어긋나거나, 신체와 정신 건강에 해로운 해석들은 나는 신중히 배격한다. 당신도 내가 하는 말을 과학적이고 비판적인 마음으로 모두 따져 보기 바란다. 나의 주장을 무조건 받아들일 게 아니라 내가 알아낸 내용을 성경과 과학의 증거와 비교해 보라. 제시되는 개념들을 시험하여 당신 스스로 결론에 도달하라.

끝으로, 이 책을 읽다 보면 모든 그리스도인은 제사장이라는 종교개혁의 기본 원리가 떠오를 것이다. 즉 하나님은 우리 각자를 그분의 형상대로 지으셨고, 각자에게 두뇌를 주셨으며, 각자 안에 영으로 거하신다. 따라서 모든 그리스도인은 하나님과 연합한 존재로서, 굳이 사제나 신학자가 생각을 대신해 주지 않아도 성경을 정확히 분별할 능력이 있다. 물론 그렇다고 우리가 목사나 신학 교수의 통찰과 전문 지식과 경험으로부터 유익을 얻을 수 없다는 말은 아니다. 다만 우리의 사고 기능을 다른 인간에게 넘겨주어서는 안 된다.

다시 한 번 당신에게 증거를 따져 볼 것과 "이 세대를 본받지 말고 오직 마음을 새롭게 함으로 변화를 받아 하나님의 선하시고 기뻐하시고 온전하신 뜻이 무엇인지 분별" 할 것을 권한다 롬 12:2.

감사의 말

이 책에 실린 환자들의 사례는 모두 실화다!

나의 환자들에게 감사한다. 그들의 의사가 될 수 있었던 것은 나에게 특권이다. 그들의 성장과 치유와 변화된 삶이 내 삶을 기쁨으로 충만하게 해주었다. 고마움을 전한다!

인내하며 격려와 응원을 베풀어 준 크리스티에게 감사한다. 미술 솜씨를 발휘해 뇌의 구조를 그려 준 사이먼 해리슨에게 감사한다.

나를 위해 늘 기도해 준 내 모든 친구에게 감사한다. 이 책이 그들에게 복이 되기를 바란다.

이 책에 실린 환자들의 사례는 모두 실화다. 기밀을 유지하기 위해 이름과 신원 정보를 모두 바꾸었다. 복수의 인물 정보를 혼합해 기밀 유지에 더욱 철저히 한 경우도 있다. 이 책의 사례들을 선별한 이유는 왜곡된 하나님관을 고수할 때 발생하는 문제들과 하나님 개념이 바뀔 때 어떻게 치유가 이루어질 수 있는지를 예증하기 위해서다. 그러나 모든 환자가 하나님관에 문제가 있는 것도 아니고, 하나님 개념이 바뀐다고 해서 모든 정신건강 문제가 해결되는 것도 아니다. 알츠하이머병, 조현병*, 조울증, 자폐증 등 뇌 자체를 공격하는 병을 앓는 사람들도 많다. 이런 질환은 하나님 개념을 바꾸어도 해결되지 않는다. 그럼에도 불구하고 이 책에서 예증될 사실이 있다. 왜곡된 하나님관은 많은 질환의 직접적 원인은 아닐지라도 역시 건강에 해로우며, 그대로 고수하면 건강과 치유를 약화시킨다.

---

* **편집자 주**. 조현병 : 다소 생소할 수 있는 '조현병(調鉉病)'이란 용어는 2011년에 정신분열병(정신분열증)이란 병명이 바뀐 것이다. 정신분열병(정신분열증)이란 병명이 사회적인 이질감과 거부감을 불러일으킨다는 이유로, 편견을 없애기 위하여 개명되었다. 조현(調鉉)이란 사전적인 의미로 현악기의 줄을 고르다는 뜻으로, 조현병 환자의 모습이 마치 현악기가 정상적으로 조율되지 못했을 때의 모습처럼 혼란스러운 상태를 보이는 것과 같다는 데서 비롯되었다.

차례

하나님과 뇌
그 리 고
문제의 발단

상 충 되 는
하나님관의
싸 움

Part
Three

하 나 님 의

선 하 심 을

받아들이라

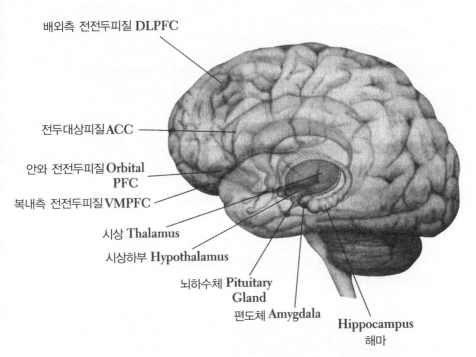

배외측 전전두피질 DLPFC

전두대상피질 ACC

안와 전전두피질 Orbital
PFC

복내측 전전두피질 VMPFC

시상 Thalamus

시상하부 Hypothalamus

뇌하수체 Pituitary
Gland

편도체 Amygdala

Hippocampus
해마

Diagram of the human brain
인간 뇌의 구조

용어 설명

편도체(amygdala) : 뇌의 "경보" 중추로 두려움과 불안감을 관장하는 부위다. 정서적 학습과 기억에도 관여한다. 스트레스, 깊은 상처, 이기적 행동, 원한, 죄책감, 갈등 관계 등을 통해 활동이 증대된다. 반면에 사랑의 하나님을 예배하고, 묵상하고, 이타적으로 행동하고, 죄책감과 원한을 해결하고, 지원 관계를 맺으면 활동이 진정된다.

전두대상피질(anterior cingulate cortex, ACC) : 신경계의 "마음"으로 통하는 뇌 부위다. 의지(선택)를 관장하고 공감, 이타심, 동정심, 타인 중심의 사랑, 긍휼에 관여한다. 중독, 끈질긴 두려움과 불안 등 과도한 대뇌변연계의 활동을 통해 손상된다. 반면에 하나님의 성품인 사랑을 묵상하고, 절제하고, 이타적 행동을 하면 강화된다.

축삭돌기(axon) : 신경세포의 세포체에서 길게 뻗어 나온 가지로 이를 통해 신경세포가 신호를 보낸다.

수상돌기(dendrite) : 신경세포의 세포체에서 길게 뻗어 나온 가지로 이를 통해 신경세포가 신호를 받는다.

배외측 전전두피질(dorsolateral prefrontal cortex, DLPFC) : 주로 이성과 관계되는 뇌 부위다. 전략을 짜고, 계획하고, 정리하고, 주목하고, 정신을 집중하고, 문제를 해결하고, 인지를 통제하는 등의 능력을 관장한다. 이런 능력을 손상하는 모든 장애(중독, 주의력결핍 과잉행동장애[ADHD], 조현병, 우울증, 조증, 알츠하이머병 등)를 통해 손상된다.

아교세포(glia) : 뇌의 백색질을 구성하는 뇌세포다. 영양을 지원해 신경세포를 건강하게 유지하고 신경세포 간의 신호를 더 원활하게 해준다. 미세아교세포(microglia), 별아교세포(astroglia), 희소돌기아교세포(oligodendricytes), 슈반세포(Schwann cells) 등이 있다.

해마(hippocampus) : 기억과 새로운 학습을 관장하는 뇌 부위다. 스트레스 호르몬의 증가를 감지하고 시상하부에 신호를 보내 스트레스 호르몬을 더 요청하지 못하게 한다.

시상하부(hypothalamus) : 뇌의 정서적 신호에 반응하고 뇌하수체의 기능을 감독하는 뇌 부위다.

신경세포(neuron) : 말 그대로 "신경"의 세포이며 뇌의 회색질로 이루어져 있다. 사고하고 지각하고 행동하는 뇌세포다. 전기 신호와 화학 신호로 소통한다.

안와 전전두피질(orbital prefrontal cortex, OPFC) : 사회적으로 부적절한 행동을 교정하고 억제하는 뇌 부위다. 우울증이 있으면 활동이 증대되고 중독, 조증, ADHD가 있으면 활동이 저하된다.

뇌하수체(pituitary gland) : 시상하부의 지시를 받아 몸의 각 선(腺)으로 호르몬 신호를 보낸다. 각 선의 기능을 관리하는 "우두머리 선(腺)"이다.

신경연접부(synapse) : 축삭돌기와 수상돌기 사이의 좁은 틈이다. 여기로 화학물질이 통과해 한 신경세포에서 다른 신경세포로 신호를 보낸다.

시상(thalamus) : 감각 신호와 운동 신호를 뇌의 한 부위에서 다른 부위로 전달하는 뇌의 중심부다. 시상의 활동은 의식에 반드시 필요하고, 수면 조절에 관여하며, 현실과 비현실을 가려서 인식한다.

복내측 전전두피질(ventromedial prefrontal cortex, VMPFC) : 도덕적이고 윤리적인 결정, 감정 처리, 공감 등과 관계되는 뇌 부위로 삶의 사건들 속에서 의미를 찾아낸다. 우울증이 있으면 활동이 저하되고 조증이 있으면 활동이 증대된다.

Part
One

하나님과 뇌
그 리 고
문제의 발단

하나님은
사랑이시다

사랑은 생명이다.

내가 알고 있는 모든 것은 오직 사랑하기에만 알 수 있다.

모든 것이 존재하는 이유도 오직 내가 사랑하기 때문이다.

만물이 사랑 하나로 연합되어 있다.

레오 톨스토이 Leo Tolstoy

"울지 마십시오." 내가 가만히 말했다.

하지만 그녀는 울음을 주체하지 못했다. 한 번 흐느낄 때마다 몸이 들썩였다. 두 뺨을 타고 흐르던 눈물이 블라우스로 떨어져 내려 조그맣게 짙은 웅덩이 모양을 이루었다.

나는 기다렸다. 마침내 그녀가 입을 열었다. 처음에는 말이 툭툭 끊겼다. 한 단어가 나온 뒤 숨을 고르고 다시 흐느끼다가 또 한 단어가 나오는 식이었다. 그래도 천천히 그녀는 자신을 괴롭히고 있는 문제를 털어놓았다.

"다 제 잘못이에요!" 눈물이 더 흘렀다.

"무엇이 말입니까?"

"저는 아이를 가질 수 없어요. 오, 하나님!"

"그게 왜 당신 잘못이라는 거지요?"

그녀는 더 흐느끼다가 두 손에 얼굴을 파묻고 말했다. 십 대 때 임신했는데 낙태했다고 했다. 낙태는 합병증이나 부상 없이 무사히 이루어졌다. 그래서 나는 그녀가 왜 아이를 가질 수 없는지 궁금했다.

그녀가 답해 주었다.

"하나님이 저를 벌하시기 때문에 저는 아이를 가질 수 없어요. 우리 교회 목사님이 그랬어요. 아이를 살해했으니 하나님이 그 벌로 평생 저에게 아이를 주지 않으실 거라고요."

환자의 울음소리를 듣고 함께 아파하면서 나는 그녀의 핵심 문제가 무엇일까 생각해 보았다. 그녀의 절망의 근본 원인은 난임의 문제 자체인가, 아니면 하나님에 대한 신념과 자신이 벌을 받고 있다는 인식인가? 그녀의 주요한 심리적 스트레스의 기원은 객관적 임신의 문제인가, 아니면 하나님을 보는 왜곡된 관점인가? 그녀가 일각의 말처럼 하나님이 자신의 잘못에 벌하시는 거라고 믿는다면, 그런 믿음이 건강에 변화를 가져올까? 만일 그녀가 하나님이 자신을 벌하시는 게 아니라 함께 울고 계시다고 믿는다면, 그런 믿음이 유익과 치유를 가져다줄까?

당신은 혹시 상처를 입고 이런 의문이 든 적이 있는가? "하나님은 어디서 무엇을 하고 계시는가? 왜 그때 개입하지 않으셨는가?" 그뿐 아니라 당신은 하나님이 당신이나 당신이 아는 누군가를 벌하신다고 생각한 적이 있는가?

당신은 하나님을 보는 상충하는 관점 때문에 좌절이나 혼란이나 고민에 빠진 적이 있는가? 당신은 혹시 이렇게 배운 적이 있는가? 하나님은 사랑이시지만, 또한 불순종에 대해서는 벌과 고통을 가하시며, 그것도 우리를 징계하여 구속救贖하시기 위함이 아니라 고통과 파멸을 주시기 위함이라고 말이다. 당신은 하나님이 무섭게 느껴져 힘들었던 적이 있는가? 당신의 하나님관이 당신의 정신적, 신체적, 관계적 건강에 영향을 미치고 있을 가능성을 생각해 본 적이 있는가?

나는 평생 하나님에 대한 의문이 많았고, 그분에 대한 신념이 우리에게 어떤 영향을 미치는지도 궁금했다. 또한, 하나님에 대한 믿음이 바뀐 결과로 좋은 쪽으로든 나쁜 쪽으로든 삶이 변화된 사람들도 수없이 보았다. 그래서 나는 하나님에 대한 진리가 어떻게 치유와 회복을 가져다주는지 지난 20년이 넘도록 성경과 과학에서 그 답을 모색해 왔다. 내가 얻어낸 답이 당신에게 조금이나마 유익이 되었으면 좋겠다.

인류가 존재하기 이전의 시간

하나님을 믿는 그리스도인으로서 나는 치유를 가져다주는 하나님 개념을 탐색하기에 가장 타당한 출발점이 태초임을 알았다. 그래서 성경과 상상력을 동원해 시간을 거슬러 올라갔다. 내가 태어나던 시점을 지나 나의 부모와 조부모와 선조들의 시대도 지났다. 심지어 아담과 하와의 때도 지나 오직 하나님과 천사들만 존재하던 시점까지 갔다. 성경 욥기 38장 7절에 보면 이 땅이 지어질 때 천사들이 기뻐 외쳤다고 했다. 성경에 따르면 인류가 존재하기 이전의 시간이 있었다.

마침내 나는 우주에 아무런 결함도 없던 때에 도달했다. 그때만 해도 그곳은 완벽한 곳이었다. 이어 조심조심 기도하는 심정으로 더 거슬러 올라가자 천사들도 없고 오직 영원한 사랑이신 삼위일체 하나님만 계시던 태초가 나왔다.

"태초에 말씀이 계시니라. 이 말씀이 하나님과 함께 계셨으니 이 말씀은 곧 하나님이시니라. 그가 태초에 하나님과 함께 계셨고" 요 1:1~2.

그때의 우주가 어땠을지 상상해 보았으나 나로서는 감히 이해할 수 없는 세계임을 곧 깨달았다. 그래서 다시 시간을 거슬러 내려오면서 하나님의 생각 속에 태동하는 우주를 보았다. 빛이 번쩍이며 색깔이 분출했고 해와 별과 은하수가 생겨나 형체를 입었다.

"만물이 [예수]로 말미암아 지은 바 되었으니 지은 것이 하나도 그가 없이는 된 것이 없느니라" 요 1:3.

"만물이 그에게서 창조되되 하늘과 땅에서 보이는 것들과 보이지 않는 것들과 혹은 왕권들이나 주권들이나 통치자들이나 권세들이나 만물이 다 그로 말미암고 그를 위하여 창조되었고" 골 1:16.

무생물계의 창조를 본 뒤에 나는 사랑이신 하나님의 참 목적을 상상 속에서 보았다. 그것은 바로 생명이었다. 하나님의 마음으로부터 생명이 분출했다. 아름답고 찬란하고 순결한 생명이었다. 미켈란젤로의 세심한 필치와 헨델의 웅장한 합창과 셰익스피어의 명작 소네트처럼, 하나님의 사랑으로부터 천사들이 생겨났다. 내가 보니 예수께서 아버지를 보시며 말씀하셨다.

"아버지, 이들을 보십시오, 놀랍지 않습니까?"

그러자 아버지께서 대답하셨다.

"그렇다, 아들아. 흠잡을 데 없다! 아름다운 피조물을 더 만들자. 진정한 사랑을 할 줄 아는 자유롭고 지성적인 존재를 만들자." 곧이어 행복한 웃음소리와 즐거운 노랫소리가 하늘 가득히 울려 퍼졌다.

황공하게도 나는 모든 생명의 궁극적 기원이 하나님 자신임을 깨달았다. 그러자 퍼뜩 드는 생각이 있었다. 하나님이 만물의 창조주이시라면 그분은 또한 삶의 지침과 청사진과 기본 설계의 원천이시다. 하나님의 존재와 본질과 속성 자체가 생명과 건강과 행복의 원시 부호다. 그 원형 위에 삶을 지어야 한다! 그분은 생명을 지으실 때 그분 자신의 성품과 조화를 이루어야만 제대로 돌아가도록 설계하셨다. 만물이 그분으로부터 나서 함께 섰기 때문이다.

"또한 [그리스도]가 만물보다 먼저 계시고 만물이 그 안에 함께 섰느니라" 골 1:17.

생명의 원형이신 하나님

이 개념에 함축된 의미는 어마어마했다. 인류는 하나님을 닮은 존재로 지어졌다. 따라서 인류와 인간의 뇌 기능에 대한 하나님의 원안을 이해하려면 반드시 하나님 자신을 알아야 한다. 하나님의 본질적, 핵심적, 결정적 속성을 알아야 한다. 그분이 어떤 분인지 알아야 한다. 그분은 선하신 분인가? 아니면 내 조카들이 교회에서 들은 대로 비열하고 적대적인 존재인가? 나는 성경에서 출발하여 자연도 함께 보면서, 양쪽 모두에서 증거가 발견된 부분만 취했다. 거기서 얻어낸 사실이 내 인생을 바꾸어 놓았다.

하나님의 핵심적, 중추적, 근본적 속성은 다름 아닌 사랑이다 요일 4:8. 이것은 우리가 흔히 사랑이라 부르는 어리석고 유한하고 박약하고 감정적이고 겉만 번지르르한 사이비가 아니다. 이것은 광대무변하고 영원무

궁한 선善의 실체다. 온 우주가 그 위에 지어졌다! 영원한 사랑, 창조하는 사랑, 변함없는 사랑이다.

하나님은 사랑이시다. 그분은 용서하시지만 성경에 "하나님은 용서이시니라"라는 말은 없고, 전지하시지만 "하나님은 지식이시니라"라는 말도 없고, 전능하시지만 "하나님은 능력이시니라"라는 말도 없다. 다른 모든 속성은 다이아몬드의 면면처럼 하나님의 마음을 들여다보는 찬란한 창이다. 하지만 사랑에 관한 한 하나님은 그냥 사랑을 행하시는 정도가 아니라 사랑의 화신이시다!

이런 포괄적인 사랑은 우리의 죄 많은 세상에는 낯설고 이질적인 개념이다. 충격적이게도 성경에는 사랑이 이 땅과는 반대되는 언어로 묘사되어 있다. "사랑은 자기의 유익을 구하지 아니하며"고전 13:5. 사랑은 추수감사절 다음날인 "블랙 프라이데이"에 세일 상품을 먼저 손에 넣으려고 다른 사람들을 발로 밟지 않는다. 사랑은 직장 동료를 무례하게 대하지 않는다. 사랑은 금요일 밤에 술집에서 낯선 사람과 함께 술을 마시지 않는다.

사랑은 자기의 유익을 구하지 않고 다른 사람들의 유익을 구한다. 사랑의 마음은 다른 사람들을 위해 불타오른다. 사랑은 밖으로 나가 다른 사람들에게 베풀고 유익을 끼친다. 사랑은 다른 사람들을 잘되게 하려고 자신을 희생한다. 하나님은 사랑이시므로 그분의 본질과 속성과 성품 자체가 밖으로 나가 다른 사람에게 베풀고 유익을 끼친다. 사랑은 타인 중심이다. "하나님이 세상을 이처럼 사랑하사 독생자를 주셨으니"요 3:16. "사람이 친구를 위하여 자기 목숨을 버리면 이보다 더 큰 사랑이 없나니"요 15:13. "그가 우리를 위하여 목숨을 버리셨으니 우리가 이로써 사랑을 알고 우리도 형제들을 위하여 목숨을 버리는 것이 마땅하니라"
요일 3:16. 하나님의 속성 자체가 타인 중심의 사랑이시다. 알다시피 사랑
은 "불길 같이 일어나니 그 기세가 여호와의 불과 같으니라. 많은 물도
이 사랑을 끄지 못하겠고 홍수라도 삼키지 못하나니" 아 8:6~7. 태양이 에
너지를 방사하듯이 이런 뜨겁고 이타적인 사랑이 하나님으로부터 불길
처럼 방사된다.

옛적부터 항상 계신 이가 좌정하셨는데
그의 옷은 희기가 눈 같고
그의 머리털은 깨끗한 양의 털 같고
그의 보좌는 불꽃이요
그의 바퀴는 타오르는 불이며
불이 강처럼 흘러
그의 앞에서 나오며
그를 섬기는 자는 천천이요
그 앞에서 모셔 선 자는 만만이며 다니엘 7:9~10.

계속 탐색하는 가운데 갑자기 로마서 1장 20절이 새로운 의미로 다가
왔다.
"창세로부터 그의 보이지 아니하는 것들 곧 그의 영원하신 능력과 신
성이 그가 만드신 만물에 분명히 보여 알려졌나니 그러므로 그들이 핑
계하지 못할지니라."
하나님의 속성인 사랑이 창조 세계 속에 보여 알려졌다. 모든 자연과

생명은 하나님의 사랑이라는 원형에 따라 작동하도록 설계되고 구성되고 지어졌기 때문이다.

하나님의 성품에서 그분의 사랑의 법이 흘러나왔다. 그분은 끊임없이 자신을 내주어 우주를 창조하셨고, 지금도 우주를 붙들어 지탱시키신다. 밖으로 나가 베푸는 이 타인 중심의 사랑이 창조의 설계도였다. 천지 만물은 그 설계대로 돌아가도록 지어졌다. 사랑의 법은 이타적 베풂의 원리이며, 모든 생명은 그 기초 위에서 작동하도록 지음을 받았다. 요컨대 사랑의 법이 곧 생명의 법이다! 이 원리와 조화를 이루면 생명과 건강과 행복이 수반되고, 부조화에 빠지면 당연히 고통과 고생과 죽음이 뒤따른다.

"우리는 형제를 사랑함으로 사망에서 옮겨 생명으로 들어간 줄을 알거니와 사랑하지 아니하는 자는 사망에 머물러 있느니라" 요일 3:14.

이 개념이 내 머릿속에 깊이 박히면서 갑자기 세상이 새로운 의미를 띠었다. 하나님으로부터 흘러나오는 사랑이 내 마음을 변화시키고 있었다. 일단 눈이 뜨이자 어디를 보나 사랑의 법이 보였다.

자연계에 스며 있는 사랑

바다는 구름에 물을 준다. 그러면 구름은 땅에 비를 내리고 물을 주어 호수와 강과 시내를 이룬다. 그것은 다시 식물과 동물과 결국은 바다에 물을 돌려준다. 그리하여 전체 사이클이 다시 시작된다. 사랑의 법은 베풂의 사이클이자 곧 생명의 법이다. 모든 생명은 이 원리 위에 지어졌다. 모든 생명이 하나님으로부터 기원하기 때문이다. 어떤 호수가 이 사이클에서 떨어져 나가 흐름이 중단되면, 물이 정체되어 그 속의 모든 것이 죽는다. 그 확실한 예증으로 하나님이 사해死海라는 물을 우리에게 주셨다. 사해는 요단강으로부터 받기만 할 뿐 아무것도 돌려주지 않는다. 그래서 이 호수는 어떻게 되었던가? 이름 속에 답이 들어 있다.

사랑의 사이클과 생명의 법을 하나님이 창조하신 모든 것 속에서 볼 수 있다. 숨을 쉴 때마다 우리는 무언가를 베푼다. 우리는 식물에 이산화탄소를 주고 식물은 우리에게 산소를 돌려준다. 당신이 이렇게 결심한다고 상상해 보라. "나는 베풂의 사이클에 동참하고 싶지 않다. 내 몸에서 만들어내는 이산화탄소는 내 것이다. 소유권이 나에게 있으니 아무도 가질 수 없다." 그렇게 하려면 호흡을 멈추고 죽는 수밖에 없다. 머리에 봉지라도 뒤집어써서 호흡의 산물을 혼자 독차지하면 그 이산화탄소가 독이 되어 우리를 죽인다. 이러한 베풂의 사이클을 우리는 모든 생명체에서 볼 수 있다. 그것이 바로 사랑의 법이다.

아울러 전기를 생각해 보라. 전기가 전선을 통해 흐르려면 전자가 이 분자에서 저 분자로 옮겨가야 한다. 전자는 전류라는 것을 타고 흐르는데, 그게 가능해지려면 전류가 완전한 서클을 이루어야 한다. 그것을 회로라 한다. 스위치를 올려 불을 켜면 전기 회로가 완성된다. 즉 완전한 서클을 이루어 전자가 흐른다. 그 결과로 불이 켜진다. 반대로 스위치를 내려 불을 끄면 회로가 차단되어 전자가 흐를 수 없다. 서클회로이 완성되어야만 전기가 흐른다. 자연계도 이렇게 작동하도록 지어졌다. 사랑의 법은 하나님의 모든 피조물의 원안이고 원형이다. 모든 생명이 사랑이신 그분으로부터 흘러나오기 때문이다.

하나님은 사랑의 법베풂의 서클을 모든 자연 속에 입력해 두셨다. 그것이 생명의 기본적 작동에 필요한 원안이고 배선이다. 태양계의 행성들

은 태양을 중심으로 회전하고 태양은 아낌없이 에너지를 내준다. 식물
은 태양 에너지를 받아 식물 고유의 신진대사 "서클" 캘빈–벤슨 회로을 통해
그것을 화학 에너지로 전환한다. 그 에너지를 식물은 과일과 견과와 곡
식과 채소 등의 형태로 우리에게 베풀며, 그 과정에서 우리가 들이마실
산소도 뿜어낸다. 우리는 식물에서 음식을 받아 인간 고유의 신진대사
"서클" 구연산 회로을 통해 에너지로 쓴다. 그리고 분자를 소화의 부산물과
물과 이산화탄소로 전환해 식물의 비료로 땅에 도로 돌려준다. 이것은
끝없는 베풂의 서클이다.

어떤 생명체를 막론하고 건강해지려면 서클이 끊겨서는 안 된다. 하
지만 이 원리에 함축된 의미는 그보다 훨씬 멀리까지 미친다. 예컨대 그
것은 경제에도 그대로 적용된다. 경제가 건강해지려면 돈이 돌아야 한
다. 돈의 순환이 끊기면 경제가 죽는다. 대공황 때 그런 일이 있었다. 사
람들은 저마다 은행으로 달려가 예금을 모두 인출했다. 루스벨트 대통
령은 거액의 정부 지출 프로그램들로 대응하여 다시 통화通貨의 순환을
유도했다. 그러자 경제가 되살아났다.

사랑의 서클을 우리는 하나님이 창조하신 모든 것 속에서 볼 수 있다.
행성들은 태양을 중심으로 돌고, 태양계는 은하계에서 돌고, 은하계들
은 우주에서 돈다. 하나님이 창조하신 모든 것은 이렇게 타자를 중심으
로 돌면서 아낌없이 내준다. 선지자 에스겔이 환상 중에 천국을 보았을
때 하나님 나라의 기초를 상징하는 것은 바퀴 속의 바퀴, 회전 속의 회
전, 움직이는 서클 속의 움직이는 서클이었는데겔 10:1~10, 내 생각에 그
것도 우연은 아닌 것 같다.

하나님은 이 기본 진리를 구약의 제사 제도를 통해 우리에게 가르치

셨다. 그 제도에 따르면 죄인은 자신의 죄를 고백하여 동물에게 전가한 뒤 생명의 순환을 끊었다. 생명은 피에 있고레 17:11 피는 온 몸을 순환한다. 여기에 담긴 가르침은 놀랍도록 단순하다. 죄는 생명의 서클을 끊어 놓는다.

동물의 생혈은 당연히 물리적 피다. 경제의 생혈은 돈이고 가전제품의 생혈은 전기다. 그러나 우주의 생혈은 사랑이다. 이 사랑은 그리스도를 통해 하나님으로부터 만물에 흘러나오고, 다시 그리스도를 통해 하나님께로 돌아간다. 이것이 하나님의 원안이고 원형이다. 인류는 그 청사진대로 살아가도록 지음을 받았다!

베풂의 서클, 곧 사랑의 서클이 끊어질 때마다 불가피하게 고통과 고생과 죽음이 뒤따른다. 하나님으로부터 흘러나오는 사랑만이 생명과 건강과 행복을 회복시킬 수 있다.

쉽게 보이지 않는다

하나님의 속성인 사랑은 더없이 아름답지만, 그것이 내게 쉽게 보이지는 않았다. 쉽지 않았던 이유는 평소에 내가 하나님의 사랑과 조화를 이루어 살지 못했기 때문이다. 그전까지 내가 받아들였던 그분의 사랑은 버전이 달랐다. 그 통속적이고 세상적인 버전을 나는 심지어 교회에서도 배웠다. 내가 배웠던 사랑은 권위주의적이고 고압적인 사랑, 불순종에 응분의 벌을 가하는 군림형 사랑이었다. 내가 품고 있던 그런 시각은 참으로 왜곡된 것이었으나 그것을 깨닫기가 어려웠다. 어둠에 익숙한 눈에는 환한 빛이 오히려 해害가 될 수 있음을 나는 서서히 깨달았다.

2006년에 베일러대학교에서 사람들이 하나님을 어떤 존재로 보는지 알아보고자 전국적으로 설문 조사를 시행했다. 조사 결과 하나님을 자비나 사랑의 존재로 본 사람들은 23%에 그쳤다. 32%는 전능자를 권위주의적인 존재로, 16%는 비판적인 존재로, 24%는 멀찍이 떨어져 있는 존재로 보았다. 나머지 5%는 자신이 무신론자라고 답변했다.[1]

어떤 하나님 개념을 품는가 하는 것은 중요한 문제인가? 앤드루 뉴버그Andrew Newberg 박사가 최근에 펜실베이니아 대학교에서 실시한 뇌 연구에 따르면, 모든 형태의 명상이 뇌의 긍정적 변화와 유관한 것으로 밝혀졌다. 하지만 최대의 뇌 기능 향상은 참여자들이 구체적으로 사랑의 하나님을 묵상할 때 이루어졌다. 이런 묵상은 전전두피질 추론하고 판단하고 하나님 같은 사랑을 경험하는 이마 바로 뒤쪽의 뇌 부위을 발달시키고, 그에 따라 공감과 동정과 긍휼과 이타심의 역량을 높여 주는 것으로 나타났다. 하지만 가장 놀라운 부분은 그다음이다. 사랑의 하나님을 예배하면 타인 중심의 사랑이 커질 뿐 아니라 예리한 사고력과 기억력까지 더 좋아진다. 다시 말해서 사랑의 하나님을 예배하면 실제로 뇌의 치유와 성장이 촉진된다.[2]

그러나 사랑의 하나님이 아닌 다른 신 응징을 일삼거나 권위주의적이거나 비판적이거나 멀찍이 떨어져 있는 존재을 예배하면 두려움의 회로가 활성화된다. 그것을 가라앉히지 않고 그냥 두면 결국 만성적으로 신경이 예민해지고 뇌와 몸이 손상된다. 권위주의적인 신을 섬기면 우리의 성격이 서서히 예수님을 덜 닮은 쪽으로 변화된다. 과연 우리는 보는 대로 변화되되, 성품만 아니라 신경회로까지 그렇게 된다[3]고후 3:18.

오늘 당신의 삶에 적용하라

이 책 전반에 적용 단락이 여러 번 나올 텐데 이번이 그 첫 번째다. 지금 여기서 변화를 경험하려면 다음의 행동을 취하여 당신의 삶에 하나님의 원리를 적용해 보라.

1. 성경, 검증 가능한 자연의 법들, 당신의 경험은 증거의 세 가닥이다. 그것을 실험해 보라. 성경에서 하나님의 속성인 사랑을 찾아낼 수 있는가? 그리스도의 삶을 통해 나타난 증거는 나머지 성경에서 보는 하나님의 사랑과 일치하는가? 자연계에 계시된 사랑의 원리가 보이는가? 당신의 삶에서 누군가로부터 희생적 사랑을 경험했던 때를 떠올려 보라. 당신이 다른 사람들에게 그런 사랑을 베풀었던 때도 떠올려 보라. 그 사랑은 당신과 그들에게 어떤 영향을 미쳤는가?

2. 사랑의 법은 하나님의 속성의 표현이다. 우리의 삶은 그 원형 위에 지어졌다. 하나님은 절대 변하지 않으시므로 그분의 사랑의 법도 절대 변하지 않는다. 그 말은 사랑의 법을 기준으로 하나님에 대한 다양한 이론을 시험할 수 있다는 뜻이다. 세상은 수많은 종교와 교단과 하나님관으로 가득하다. 사랑의 법은 하나님을 보는 다양한 관점을 여과하는 확실한 기준이다. 하나님을 사실상 사랑의 법에 어긋나는 존재로 제시하는 이론은 무엇이든 틀렸다고 볼 수 있다.

요컨대 이 법은 우리의 신학적 "안전지대"를 정하는 하나님의 경계선이다. 당신의 모든 성경 해석은 이 검증 가능한 법과 조화를 이루어야 한다. 예컨대 성경의 곳곳에 하나님은 분노하거나 진노하시는

분으로 묘사된다. 성경에 묘사된 하나님의 분노를 당신은 어떤 의미
로 해석할 것인가? 당신의 결론은 사랑의 법과 조화를 이루는가, 아
니면 서로 상충하는가? 이 질문이 힘들거든 계속 책을 읽어라. 하나
님의 진노가 어떻게 사랑의 법과 조화를 이루는지 뒤에서 살펴볼 것
이다.

3. 어쩌면 이 법의 가장 중요한 적용은 그것과 조화를 이루어 살겠다
는 선택이다. 사랑의 법은 곧 생명의 법이므로 다른 사람들에게 사
랑을 베풀겠다는 선택은 당신에게 힘을 주시는 하나님의 한 방법이
다. "구제를 좋아하는 자는 풍족하여질 것이요 남을 윤택하게 하는
자는 자기도 윤택하여지리라" 잠 11:25. 하나님의 설계와 조화를 이루
면 지금 여기서 건강이 더 좋아진다. 자동차도 제조업체의 설계 원
안대로 디젤 경유 대신 무연 가솔린을 쓰면 효율성이 더 좋아진다.
마찬가지로 하나님의 설계와 조화를 이루어 살기로 선택하면 정신
과 몸이 더 건강해진다. 요컨대 베풂이 곧 삶이다. 이것은 과학적 연
구로도 입증된다.

자원봉사와 건강의 연관성을 파악하고자 지난 수십 년간 수십 건의
연구가 시행되었다. 대부분의 연구에서 자원봉사와 건강은 긍정적 연관
이 있는 것으로 나타났다. 자라나는 사춘기 아이들의 경우 자원봉사는
학업 성취도, 책임감, 삶의 기술, 리더십, 대인관계의 자신감 등 수많은
긍정적 결과와 유관한 것으로 입증되었다Astin & Sax 1998.[4]

1996년부터 2003년까지 자원봉사가 노인의 수명에 미치는 영향을 알아보기 위한 네 편의 연구가 시행되었다. 연구가 시작된 시점의 건강 등 복잡한 변수들을 통제한 상태에서, 네 편의 연구 모두 "자원봉사자들이 자원봉사를 하지 않은 사람들보다 통계적으로 오래 사는 경향이 있다고 보고했다."[5]

자원봉사자들은 오래 살 뿐만 아니라 더 행복하게 살았다.

여러 학자가 자원봉사와 신체 기능의 연관성을 연구했다. 모엔Moen과 뎀스터-맥클레인Dempster-McClain과 윌리엄William 1989년이 연구한 427명의 여성은 1956년 현재 뉴욕 주의 북부 지방에 거주했고 모두 아내이자 어머니였다. 그로부터 30년이 지난 1986년에 조사해 보니 자원봉사를 한 여자들이 그렇지 않은 사람들에 비해 신체 기능이 더 좋았다. 물론 기본적 건강 상태, 교육 수준, 삶에서 맡은 역할의 가짓수 등을 모두 고려한 이후의 결과였다. 루오Luoh와 허조그Herzog 2002년의 연구 결과도 비슷했다. 1998년 한 해 동안 자원봉사를 100시간 이상 한 사람들은 자원봉사를 하지 않았거나 100시간 미만인 사람들에 비해 신체 기능에 제약을 입을 확률이 30% 정도 낮았다. 인구통계학적 자료, 사회경제적 지위, 유급 직장, 운동, 흡연, 대인관계 등을 모두 고려한 이후의 결과였다. 무로우-하월Moorow-Howell과 동료들 2003년이 1986년부터 1994년까지 1,500명 이상의 미국 성인들로부터 자료를 수집해 분석한 결과, 자원봉사는 3~5년 후의 기능 장애를 유의미하게 줄여 주는 예측 요인으로 드러났다. 역시 인구통계학적 자료, 사회경제적 지위, 결혼 여부, 평소의 친화력 등을 모두 고려한 수치였다.[6]

성경이 가르치는 그대로 베푸는 것이 곧 삶이다. 하나님이 삶을 설계하실 때 그렇게 작동하도록 하셨다. 그렇다면 왜 나를 포함하여 수많은 사람이 잘 베풀지 못하는 것일까? 그래서 다음 장에서 다음 세 가지를 살펴볼 것이다. (1)세상에 착취와 폭력과 이기심이 그토록 많은 이유는 무엇인가? (2)하나님의 설계 원안, 즉 사랑의 서클은 어떻게 되었는가? (3)우리의 하나님관은 어떻게 결정적 차이를 낳는가?

인간의 뇌와
깨어진 사랑

거짓말쟁이가 진실을 짓밟을 때마다
그것은 일종의 자살일 뿐 아니라 인간 사회의 건강을 해친다.

랠프 월도 에머슨 Ralph Waldo Emerson

2011년 2월에 인간의 지력이 IBM의 슈퍼컴퓨터인 왓슨Watson과 대결을 벌였다. 텔레비전의 유명한 퀴즈 프로그램 〈제퍼디〉Jeopardy에서 지식과 처리 속도를 놓고 서로 맞붙었다. 제퍼디 역사상 최고의 두 우승자인 캔 제닝스Ken Jennings와 브래드 러터Brad Rutter가 이길 것인가, 아니면 IBM의 인조 작품인 왓슨이 이길 것인가? 세 차례의 치열한 대결 끝에 왓슨이 인간 경쟁자들을 이겼다. 왓슨이 승리하자 일각에서는 컴퓨터가 드디어 인간의 뇌를 능가했다는 우려가 나왔다. 하지만 속단은 금물이다. 왓슨과 인간의 뇌를 조금만 비교해 보면 인간의 뇌가 얼마나 건재한지 알 수 있다.

왓슨은 90대의 IBM 파워 750 서버로 이루어져 있다. 각 서버는 높이 17.5cm, 너비 43.9cm, 깊이 72.9cm에 무게 54.4kg 총 무게는 4,500kg이 넘는다. 이 서버들은 가로 3.6m 세로 3m 크기의 방에 있는 10개의 커다란 장欌안에 설치되어 있다.[1] 왓슨은 2,880개의 파워 7 프로세서를 거느리고 있는데, 각 프로세서를 구성하는 8개의 기억 장치에는 12억 개의 트랜지스터와 16TB[terabyte]의 RAM이 들어 있어[2] 정보를 초당 500G[Bgigabyte], 책 1백만 권의 속도로 처리한다.[3]

이에 비하면 인간의 뇌는 겨우 1,360g 정도의 무게로 두개골 안쪽의 작은 공간에 들어 있다. 뇌는 1천억 개 이상의 신경세포와 1조 개 이상의 보조 세포로 이루어져 있는 것으로 추정된다. 신경세포마다 다른 신경세포와 이어 주는 신경연접부가 최고 1만 개에 이른다. 그래서 뇌는 총 1015개 이상으로 추산되는 신경연접부를 통해 고도로 상호 연결되어 있다.[4]

인간의 뇌는 약 1.25TB의 데이터를 저장할 수 있고 약 100테라플롭스[51초에 100조 번의 부동소수점 연산]의 속도로 작동한다. 왓슨의 데이터 저장량은 1TB, 작동 속도는 80테라플롭스[1초에 80조 번의 부동소수점 연산]다.[6]

속도와 저장량이 왓슨보다 실제로 더 크다는 것 외에도 인간의 뇌는 몸속에 들어 있어 아주 간편하게 마음대로 여기저기 이동할 수 있다. 왓슨은 그럴 수 없다. 인간의 뇌는 감정을 경험할 수 있지만, 왓슨은 그럴 수 없다. 인간의 뇌는 새로운 경험이나 인식의 변화에 따라 배선을 자체 수정할 수 있지만, 왓슨은 그럴 수 없다. 인간의 뇌는 구성 요소(신경세포)를 새로 만들어낼 수 있지만, 왓슨은 그럴 수 없다. 결국, 알고 보면 인간의 뇌는 현재까지 알려진 가장 신기한 처리 장치다. 인간의 재주로는 결코 따라갈 수 없으며 왓슨보다 무한히 더 복잡하다.

그런데 왜 왓슨이 이겼을까? 캔 제닝스에 따르면 그것은 지식 자체나 질문에 답하는 능력과 전혀 무관했다. 모든 것은 누가 버저를 가장 빨리 누를 수 있느냐로 귀결되었다. 대결을 마친 후 제닝스는 인터뷰에서 이렇게 말했다. "제퍼디의 열성 팬들은 다 알고 있듯이 버저를 누르는 속도가 결정적 요인이죠. 사람끼리 대결할 때도 대개 가장 빠른 뇌보다 가장 빠른 손가락이 이깁니다. 그런데 한 경쟁자의 '손가락'이 전자기 코일이라고 생각해 보세요. 이 코일을 작동하는 전류의 충격은 정확성이 백만분의 1초 단위에 이릅니다. 그러니 속도의 이점이 극대화될 수밖에 없죠."[7]

인간의 뇌는 정말 현재까지 알려진 가장 정교하고 기품 있는 그러면서도 살아 있는 기계 장치다. 기쁜 소식이 있다. 굳이 신경과학자가 되지 않아도 누구나 뇌 과학의 기초를 어느 정도 알 수 있다. 당신은 무언가에 깜짝 놀라 아드레날린이 솟구치는 것을 경험한 적이 있는가? 그렇게 심장을 쿵쾅거리게 만드는 뇌의 회로를 추적해 보자.

화재경보기 같은 경보장치, 편도체

두려울 때 우리 뇌에는 어떤 일이 벌어질까? 기억하겠지만 학교의 교실 벽에는 조그만 빨간색 금속 상자가 있고, 그 위의 유리판에 "화재 시에 깨뜨릴 것"이라고 적혀 있다. 학교에도 화재경보기가 있듯이 우리 뇌에도 편도체라는 경보 스위치가 있다 33페이지의 그림을 참조하라. 학교의 화재경보기는 작동되는 순간 두 가지 역할을 한다. 첫째로 건물 안에 있는 모든 사람의 시선을 끌고, 둘째로 119 교환대에 신호를 보낸다. 편도체

도 화재경보기처럼 부신副腎에서 뇌로 아드레날린을 보내 시선을 끄는
한편, 뇌의 119 교환대에 긴급 신호를 보낸다. 뇌의 119 교환대란 시상
하부로, 뇌하수체의 "무전탑"과 연결되어 있다. 뇌하수체는 전파 대신
호르몬 신호를 보내 몸의 긴급 대응을 촉구한다. 긴급 대응은 부신에서
나온다. 이때 분비되는 호르몬은 글루코코르티코이드라고 알려진 스트
레스 스테로이드다.

응급 요원들이 학교에 도착하면 소방서장이 화재의 규모와 현장에 출
동한 요원의 수를 따져 본다. 소방관의 수가 충분하면 서장이 119 교환
대에 다시 전화해 경보가 계속 울리더라도 요원을 더 보낼 필요가 없다
고 보고한다.

뇌는 해마의 신경세포가 소방서장 역할을 한다. 이들 신경세포에 있
는 글루코코르티코이드 수용체는 스트레스 호르몬의 상승을 감지하고
119 교환대에 다시 이렇게 신호를 보낸다. "됐다. 이제 반응 요원스트레스
호르몬을 더 보내지 않아도 된다." 일단 경보가 울리고 나면 뇌의 운영자
인 배외측 전전두피질DLPFC, 이마 바로 뒤쪽의 뇌 부위은 학교 교장의 역할과
아주 비슷하게, 진짜 위험이 존재하는지 아니면 허위 경보인지 가려낸
다. 운영자가 판단하기에 진짜 위험이 있으면 경보음이 더 커지고, 허위
경보이면 모든 것이 가라앉는다.

이것이 당신의 삶 속에 어떻게 나타나는지 예를 들어 보자. 가족들과
함께 초원을 걷고 있다고 상상해 보라. 풀밭에 걸음을 내딛고 있는데 당
신의 발 옆에 검고 미끌미끌한 것이 얼핏 눈에 들어온다. 이때 무슨 일
이 벌어지는가? 화재경보기편도체가 울리면서 부신에서 곧바로 아드레
날린이 분비되어 당신의 시선을 끈다. 경보기는 또한 119 교환대시상하부

에 신호를 보내고, 교환대는 즉시 무전을 쳐서 뇌하수체를 통해 호르몬 신호를 보내서 응급 요원 글루코코르티코이드을 요청한다. 그러면 부신에서 응급 요원을 파견한다. 아드레날린과 더불어 당신은 심장박동이 빨라지고, 혈압이 치솟고, 숨이 가빠지고, 혈당이 올라간다. 그러면서 내장의 피가 근육으로 몰린다. 최대한 빨리 거기서 도망갈 준비를 하는 것이다. 공격 아니면 도피 반응의 전형이다.

그 모든 일이 있었던 후에 당신의 "운영자"인 배외측 전전두피질 DLPFC, 이성, 즉 사고하고 추론하는 이마 바로 뒤쪽의 뇌 부위가 점등되면서 이렇게 말한다. "이건 뱀이 아니라 그냥 고무호스다." 그러면 어떻게 되는가? 모든 것이 즉시 가라앉는다.

다시 한 번 상상해 보라. 어디서 뻥 하고 큰 소리가 난다. 역시 화재경보기 편도체가 울리면서 똑같은 흥분 반응이 차례로 일어난다. 체내에 아드레날린이 급증해 재빨리 당신의 시선을 끈다. 그 후에 "운영자"인 배외측 전전두피질 DLPFC, 이성이 소리의 근원을 따진다. 자동차 엔진의 역화逆火로 인한 소리였다고 판단되면 당신은 차분해진다. 그러나 누가 총을 들고 복도에서 당신 쪽으로 오고 있다고 판단되면, 경보가 더 크게 울리고 체내에 흐르는 스트레스 호르몬의 양도 더 많아진다. 전전두피질의 역할 중 하나는 뇌의 정서 중추에서 보내오는 자극을 처리해 몸을 진정하거나 단호히 공격 아니면 도피로 맞서게 하는 것이다.[8]

불행히도 경보 회로를 잘 가라앉히지 못하고 습관적 또는 만성적 두려움으로 고생하는 사람들이 많다. 왜 그럴까? 하나님은 인간을 설계하실 때 사랑의 법과 조화를 이루게 하셨는데, 도대체 무슨 일이 있었기에 수많은 사람이 두려워하고 불안해하는 것일까?

두려움의 기원

당신이 참으로 건강하고 타인 중심적인 결혼생활을 하고 있다고 하자. 부부가 늘 사랑하며 서로 베푼다. 배우자는 성실하고 충직하고 친절하며 당신에게 자상하게 사랑을 쏟는다. 당신도 그 사랑에 감격해 배우자의 유익을 위해 아낌없이 자신을 내주고 사랑을 베푼다. 그 상태에서 당신은 하나님이 본래 인간에게 주시려 한 기쁨을 경험한다.

그런데 당신이 믿고 사랑하는 가까운 사람 예컨대 부모형제이 당신에게 와서 거짓말을 한다. 당신의 배우자가 바람을 피우고 있다는 것이다. 다른 사람과 껴안고 있는 배우자의 사진까지 조작해서 보여 준다. 물론 그것은 전혀 사실이 아니다. 배우자는 여전히 당신에게 성실하고 충직하고 진실하다. 그래도 그 거짓말을 믿으면 당신 안에 무언가 변화가 일어난다. 사랑과 신뢰의 서클이 깨지고 두려움이 물밀 듯이 밀려온다!

사탄은 거짓의 아비다 요 8:44. 사탄은 동산에서 아담과 하와에게 하나님에 대해 거짓말을 했다. 그들은 그 거짓말을 믿었고, 그리하여 우리의 첫 조상의 마음과 생각 속에서 사랑과 신뢰의 서클이 깨졌다. 그러자 파괴적인 사건이 줄줄이 뒤를 이었다. 파멸의 연쇄 반응을 잘 보라.

- 거짓말을 믿은 결과로 사랑과 신뢰의 서클이 깨졌다.
  우리의 첫 조상은 이렇게 생각했다. "하나님, 나는 당신이 선하다고 믿지 않습니다. 내 생각에 당신은 나를 억압하고 힘과 권력을 독차지하려 합니다. 그래서 나는 더는 당신을 신뢰하지 않습니다."
- 사랑과 신뢰가 깨진 결과는 두려움과 이기심이다.

"하나님, 당신이 나를 대적한다고 생각하니 두렵습니다. 당신이 무서워요. 당신이 지켜 줄 것을 신뢰할 수 없으니 나 스스로 나를 챙겨야 합니다." 오늘의 세상에 두려움과 이기심은 흔히 "적자생존", "생존 본능", "죽이지 않으면 내가 죽는다", "나부터 챙기고 본다" 등으로 알려져 있다. 베풂이나 사랑이나 선행과는 정반대다. 이것은 하나님의 창조 세계를 죽이는 병이다.

- 두려움과 이기심은 죄의 행위를 낳는다.

"아직 기회가 있을 때 저 열매를 따 먹고 내 위상을 높여야 한다. 그러지 않으면 하나님이 나무를 없애버려 성공의 기회가 날아가 버릴 수도 있다."

- 죄의 행위는 사고와 성품과 몸을 해친다. 불치의 상태다.

"죄의 삯은 사망이요" 롬 6:23.

아담과 하와가 뱀의 거짓말을 믿는 순간 그들의 마음과 생각 속에서 사랑과 신뢰의 서클이 깨졌다. 하나님의 속성을 왜곡한 사탄을 믿고 더는 그분을 신뢰하지 않았다. 신경과학적 관점에서 보면, 온전한 사랑의 도관이어야 할 그들의 전전두피질이 두려움 중추^{편도체}를 활성화해 걱정과 불안은 물론 자아를 보호하려는 욕구를 유발했다. 아담과 하와는 두려워서 달아나 숨었다. 두려움 중추가 정도를 잃고 과잉 반응을 보인 탓에 판단력마저 흐려졌다. 그래서 똑바로 생각하지 못했고 건강한 선택을 내리지 못했다. 그들은 제멋대로 행동했다. 스스로 높아지려고 열매를 따 먹었을 뿐 아니라 뒷수습도 자기 힘으로 하려 했다. 그래서 무화과나무 잎으로 옷을 만들어 자신들의 소행을 가렸다.

하와는 뱀을 믿어 하나님이 두려웠고, 아담은 하와를 잃을까 봐 두려웠다. 두 경우 모두 거짓말 때문에 사랑이 깨졌고, 그러자 뇌 기능이 퇴조했다. 본래 하나님이 설계하신 뇌는 우리의 사고에 따라 성장하고 배선을 자체 수정하게 되어 있다 뒤에서 자세히 살펴볼 것이다. 전전두피질이 지휘권을 잃고 두려움 중추가 날뛰기 시작했다. 사랑은 억압되었고, 두려움이 타락한 인류의 주요 원동력이 되었다.

> 육신을 따르는 자는 육신의 일을, 영을 따르는 자는 영의 일을 생각하나니 육신의 생각은 사망이요 영의 생각은 생명과 평안이니라. 육신의 생각은 하나님과 원수가 되나니 이는 하나님의 법에 굴복하지 아니할 뿐 아니라 할 수도 없음이라. 육신에 있는 자들은 하나님을 기쁘시게 할 수 없느니라 롬 8:5~8.

바울의 말처럼 아담 이후로 인간의 뇌는 태어날 때부터 두려움과 이기심에 지배당하고 있다. 이는 하나님이 설계하신 삶과 부조화한 상태이며 그 결과는 사망뿐이다. 하지만 하나님을 신뢰하면 변화가 일어난다. 전전두피질에 성령으로부터 사랑과 신뢰가 흘러들어 본래 하나님이 주셨던 균형이 회복된다. 그리하여 우리는 도로 타인 중심의 평화로운 삶으로 돌아간다. 반면에 두려움에 지배당하는 이기적인 뇌는 하나님을 대적하고, 사랑에 복종하지 않으며, 그분을 기쁘시게 할 수 없다. 이 모든 파괴적 연쇄 반응이 일어나는 이유는 하나님에 대한 거짓말을 믿기 때문이다.

아담은 자신이 얼마나 철저히 병들었는지를 "나부터 챙기고 본다"라는 원리로 즉시 증명해 보였다. 자신을 내주어 하와를 지켜 주기는커녕 나 한목숨 살겠다고 하와에게 책임을 떠넘겼다. 하나님은 아담과 하와에게 그들의 형상을 닮은 존재를 만들어낼 능력을 주셨다. 그래서 그들의 후손인 모든 인간은 태어날 때부터 이 불치병에 걸려 있다. 즉 선천적으로 우리 뇌는 하나님이 본래 설계하신 방식대로 기능하지 않는다.

예수님은 죄로 병든 마음이 죄의 행위로 표출된다고 가르치셨다. "또 간음하지 말라 하였다는 것을 너희가 들었으나 나는 너희에게 이르노니 음욕을 품고 여자를 보는 자마다 마음에 이미 간음하였느니라"마 5:27~28. "이는 마음에 가득한 것을 입으로 말함이라. 선한 사람은 그 쌓은 선에서 선한 것을 내고 악한 사람은 그 쌓은 악에서 악한 것을 내느니라"마 12:34~35. "마음에서 나오는 것은 악한 생각과 살인과 간음과 음란과 도둑질과 거짓 증언과 비방이니"마 15:19.

예수님이 우리 모두에게 알려 주시려는 바는 무엇인가? 우리가 그토록 스스럼없이 저지르는 죄의 행위는 죄에 감염된 마음과 사고의 증상 또는 결과라는 것이다. 죄의 행위는 우리 마음속에서 사랑의 법이 두려움과 이기심으로 대체된 데 따른 필연적 결과다. 자아를 앞세우는 우리의 생물학적 충동은 너무도 강해서 인간은 하나님의 개입이 없이는 절대로 이기심에서 헤어날 수 없다. 이기심은 두려움과 생존 본능에서 비롯된다. 사실 사랑할 자유, 자기희생을 선택하는 능력, 그리고 모든 이타심은 하나님의 은혜가 우리도 모르게 마음속에 역사하는 결과다. 하나님을 의식적으로 인정하는 사람이든 그렇지 않은 사람이든 다를 바 없다. 그리스도의 승리 뒤에서 자세히 살펴볼 것이다와 성령의 역사 덕분에 우리 마음은 유전적 성향인 이기심을 극복하기로 선택할 수 있다. 단 그것은 우리의 의지적 선택이라야 한다.

그렇다면 마음이란 무엇인가? 신경학적으로 말해서 "마음"은 전두대
상피질ACC 즉 이마의 양미간에서 약간 안쪽에 해당하는 부분이다. 이 뇌
부위에서 공감과 긍휼과 사랑을 경험하고, 옳고 그름을 가려낸다.[9]

배외측 전전두피질DLPFC은 추론하고 전략과 계획을 짜는 뇌 부위다.
손가락을 관자놀이에 대고 머리털이 나기 시작하는 부분까지 위로 쭉
올라가면 바로 그 안쪽이 배외측 전전두피질DLPFC의 위치다. 배외측 전
전두피질 밑으로 안와眼窩 바로 위쪽에 있는 것이 안와 전두피질OFC이
고, 코 뒤의 중심선 쪽으로 안와 전두피질과 붙어 있는 것은 복내측 전
전두피질VMPFC, 양심이다. 현재의 뇌 과학 이론으로는 안와 전두피질OFC
과 복내측 전전두피질VMPFC이 양심의 부위일 가능성이 가장 크다. 이
두 부위에서 우리는 죄의 자각을 경험하고, 사회적으로 부적절한 행동
을 인식하며, 지시를 내려 부적절한 행동을 바로잡는다.[10]

판단력은 배외측 전전두피질DLPFC, 이성이 안와 전두피질OFC 및 복내
측 전전두피질VMPFC, 양심과 결합해 생겨난다. 흥미롭게도 뇌 연구에서
밝혀진 바로는 복내측 전전두피질VMPFC, 즉 양심이 활동하고 있을 때는
배외측 전전두피질DLPFC, 즉 이성의 활동이 줄어들고, 거꾸로도 마찬가
지다. 양심이 깨끗하면 그만큼 더 효율적인 추론과 사고가 가능하다는
뜻이다. 반대로 하나님의 사랑의 법에 어긋나는 행동을 할 때는 전략과
계획을 짜는 능력을 양심이 약화시킨다. 다시 말해서 죄책감이 있으면
사고를 명료하게 할 수 없다. 판단력이 최고의 기량을 발휘하려면 양심
이 떳떳해야 한다. 떳떳한 양심은 우리의 삶이 사랑의 법과 조화를 이룰
때에만 가능하며, 그러려면 왜곡된 하나님 개념을 버리고 그분을 아는

참된 지식으로 돌아와야 한다. 그러면 전두대상피질ACC, 마음이 강해져 죄책감을 가라앉히거나 해결한다. 사랑은 정말 삶의 기초다.[11]

이성DLPFC과 양심VMPFC와 OFC의 이 놀라운 균형은 하나님이 유한한 인간에게 건강한 선택 능력을 주시려고 설계하신 것이다. 사랑의 법에 어긋나는 행동을 궁리하고 있으면 양심VMPFC이 위험 경보기를 울림과 동시에 파괴적 행동죄의 지속적 계획을 저지한다. 그동안 마음OFC는 신호를 보내 부적절한 행동을 바로잡으려 한다.

뇌의 싸움

어떤 사람이 수입을 늘리려고 배외측 전전두피질DLPFC, 이성을 가동해 방도를 모색한다고 하자. "대마초를 재배해 동네 아이들에게 팔면 되겠다"는 생각이 떠오르면 복내측 전전두피질VMPFC, 양심과 전두대상피질ACC, 마음이 경보를 울려 그것이 잘못된 길임을 자각하게 한다. 동시에 복내측 전전두피질VMPFC, 양심의 기능을 저하하면서 그 사람을 다른 길로 유도한다. 건강한 반응은 "아니, 이것은 좋은 생각이 아니다."이다. 그런 판단을 내리면 복내측 전전두피질VMPFC, 양심과 안와 전두피질OFC이 진정되고 배외측 전전두피질DLPFC, 이성의 기능이 되살아난다. 대안 행동을 모색할 때는 특히 더하다. 토마토를 재배해 팔자는 아이디어가 떠오르면 복내측 전전두피질VMPFC, 양심과 안와 전두피질OFC이 평온을 유지한다. 죄책감이 없으니 배외측 전전두피질DLPFC, 이성이 약화되지 않아 제대로 계획을 짤 수 있다.

양심VMPFC와 OFC의 경보에도 해롭고 이기적인 길죄을 고집하는 사람은 파괴적인 행동에서 빠져나오기가 더 어려워질 수 있다. 이것은 두려

움에 기초한 이기적 행동이 전두대상피질ACC, 마음에 미치는 악영향 때문
이다. 사랑과 이기심 사이의 싸움에서 결국 이기고 지는 부위는 전두대
상피질ACC, 마음이다. 두려움 중추의 충동과 전전두피질의 판단력이 전두
대상피질ACC, 마음에서 충돌한다. 거기서 우리는 결판을 내서 내적 긴장
을 없애야 한다.[12]

하나님의 방법인 사랑과 진리는 전두대상피질ACC, 마음을 강하게 하고
두려움 회로를 가라앉힌다. 사랑에 기초한 하나님 개념을 더 확실히 받
아들일수록 그만큼 우리 뇌가 건강해진다는 뜻이다. 반대로 하나님 개
념이 두려움을 불러일으킬수록 우리의 행동은 더 이기적이 되어 더 큰
피해를 일으킨다. 뇌의 두려움 회로는 강력한 감정을 유발하므로 자칫
충동적 결정으로 치달을 수 있다. 그래서 우리의 감정은 행동을 주관하
지 못하도록 설계되어 있다.[13]

물론 하나님은 우리를 지으실 때 쾌락과 아주 강한 감정들을 경험하
게 하셨다. 하지만 본래 그것은 전전두피질의 건강한 활동과 조화를 이
루어야 한다. 당신은 혹시 어떤 문제나 수수께끼나 난문으로 골치를 앓
다가 며칠 동안 공부하고 생각한 끝에 마침내 반짝 "불"이 들어오면서
답을 알아낸 적이 있는가? 그때 기분이 어땠는가? "쾌감"이 있었는가?
그 긍정적 감정은 전전두피질이 뇌의 감정 장치를 하나님이 설계하신
대로 가동했기 때문에 벌어진 일이다.

우리는 사랑의 관계에서 즐거움을 누리고, 아름다운 노을을 보며 기
분이 상쾌해지고, 장거리를 달리고 나서 성취감에 취한다. 그럴 때는 뇌
의 정서 부위가 하나님이 설계하신 대로 건강하게 제 역할을 다하고 있
다. 그러나 감정이 건전한 판단력을 누르고 전두대상피질ACC, 마음을 지

배하려 들면 문제가 생긴다. 이기적 욕망을 채우는 데 에너지를 쏟을 때도 마찬가지다. 두려움에 기초해 결정을 내리면 그런 문제를 피할 수 없다. 정서 회로가 지배하면 사랑 대신 이기심을 택할 수밖에 없다.

방종의 행위는 우리 뇌와 몸과 성품과 관계를 더 해치다가 결국 죽음을 부른다. 이것이 우리가 아담에게서 물려받은 병적 상태다. 우리는 태어날 때부터 두려움과 이기심으로 병들어 있다. 그것이 우리의 전 존재를 변질시켰다. 뇌는 균형을 잃었다. 두려움 회로는 과잉 발육인데 사랑 회로는 발육 부진이다. 사고는 더는 하나님을 모르며, 사랑의 법대로 돌아가지도 않는다. 하나님의 개입이 없는 한 불치병이다. 삶이란 사랑의 법과만 공존할 수 있기 때문이다.

거짓말을 믿은 사람

53세의 존 화이트John White는 2년간의 수사와 기소와 숙려 끝에 2008년 3월에 가중 살인죄로 징역형을 선고받았다. 존 화이트는 자신이 대니얼 시시아로Daniel Cicciaro에게 총을 쏘았음을 시인했다. 17세의 대니얼은 한 동네 사람이자 존의 아들 애런Aaron의 친구였다.

이런 비극이 어떻게 일어날 수 있었을까? 우정의 서클이 어떻게 깨졌을까? 동네 사람에게 총질까지 하게 된 원인이 무엇일까? 누군가 거짓말을 했고 상대가 그 거짓말을 믿었기 때문이다. 그래서 사랑과 신뢰의 서클이 깨졌다.

사건의 내막은 이렇다. 마이클 롱고Michael Longo는 존의 아들 애런의 친구였다. 그는 애런의 마이스페이스 계정에 로그인해 어느 십 대 소녀를 강간하겠다는 위협의 메시지를 보냈다. 그 소녀는 대니얼의 친한 친구였다. 마이클은 법정에서 자신의 글이 장난이었다고 진술했다. 하지만 대니얼은 그 위협이 진짜라고 믿었고, 그래서 상황에 대처하려고 세 친구를 모았다.

대니얼은 애런에게 자꾸 전화를 걸어 인종 차별적인 욕을 하며 그를 위협했다. 그러던 어느 날 그는 청년 네 명이 애런을 죽이러 그의 집으로 가고 있다고 말했다. 애런은 아버지를 깨웠다. 네 사람이 집으로 다가오자 애런과 존 부자는 둘 다 총을 들고 현관으로 나갔다. 말다툼 끝에 존 화이트는 대니얼 시시아로의 면상에 총을 쏘고 말았다.

대니얼은 친구가 강간당하지 않도록 자기가 친구를 보호하고 있다고 믿었다. 존은 존대로 아들이 살해당하지 않도록 자기가 아들을 보호하고 있다고 믿었다. 둘 다 자신의 행동이 옳고 남을 지키고 있다고 믿었다. 이 비극은 왜 일어났는가? 거짓말을 믿었기 때문이다! 일단 사랑과 신뢰가 깨지자 두려움과 이기심이 마음을 장악했다.

선천적 불치병은 우리 잘못이 아니다

HIVhuman immunodeficiency virus, 인간 면역결핍 바이러스 : 후천성 면역결핍증후군 (AIDS)을 일으키는 원인 바이러스에 걸린 남자와 HIV에 걸린 여자가 아이를 낳아 그 아이도 HIV 보균자로 태어났다고 하자. 아이가 잘못한 것은 무엇인가? 하나도 없다! 당신과 나도 마찬가지다. 선천적 불치병인 이기심은 본래 우리 잘못이 아니다. 태어날 때부터 뇌의 균형이 깨져 있던 것도 우리 잘못이 아니다. 하지만 그 아이는 아무 잘못이 없음에도 그 병에 걸렸고, 치료하지 않으면 결국 죽는다. 우리의 처지도 그와 같다. 우리는 태어날 때부터 죄를 지은 게 아니라 불치의 상태를 물려받았다.

"허물과 죄로 죽"은 상태였다 엡 2:1. 선천적으로 우리 뇌는 걸핏하면 경보 중추를 작동해 전전두피질을 약화시키고, 다른 사람들을 희생해서라도 자신을 보호하려 한다.

하나님은 인간을 지으실 때 타인 중심의 온전한 사랑으로 살아가도록 하셨다. 사랑은 밖으로 나가 다른 사람들에게 베풀고 행동으로 유익을 끼친다. 아담과 하와도 사랑의 법과 온전한 조화를 이루는 한 죽지 않았다. 하지만 죄란 법을 어기는 것이다 요일 3:4. 죄는 사랑의 법을 잘라낸다. 멱을 따면 짐승이 죽고, 스위치를 내리면 불이 꺼지고, 돈을 돌리지 않으면 경제가 마비된다. 마찬가지로 사랑의 법을 어기면 하나님의 개입이 없는 한 결과는 파멸과 죽음뿐이다. "죄의 삯은 사망이요" 롬 6:23. "죄가 장성한즉 사망을 낳느니라" 약 1:15.

그 이유는 무엇인가? 두려움 회로에 지배당하는 뇌는 우리 생명의 근원 자체이신 하나님과 단절되어 있기 때문이다. 하나님에게서 오는 사랑만이 우리를 능히 두려움으로부터 자유롭게 한다.

뇌 영상의 연구를 통해 입증되었듯이 우리가 사랑의 하나님과 교제하는 시간이 많을수록 전두대상피질ACC : 마음이 더 개발된다. 그뿐 아니라 그런 사람은 스트레스 호르몬, 혈압, 심장박동이 낮아지고 요절할 위험성도 줄어든다. 사랑은 죽음을 피할 수 없는 결함투성이 몸까지도 치유해낸다. 반대로 두려움을 유발하는 분노와 진노의 신神을 생각하는 시간이 많을수록 뇌 손상이 커지고 건강이 더 빠르게 쇠퇴해 결국 수명이 단축된다.[14]

생명을 주시는 분

예수께서 오신 것은 우리로 생명을 얻게 하고 더 풍성히 얻게 하시기 위해서다요 10:10. 그 생명을 우리는 지금 여기서부터 누릴 수 있다. 장차 이 죽을 것이 죽지 아니함을 입을 날을 고대하면서 말이다고전 15:53. 풍성한 삶이란 곧 사랑의 삶이며, 왜곡된 하나님관을 진리로 대체할 때에만 가능하다. 그래야 하나님의 사랑이 우리를 통해 다른 사람들에게로 흘러갈 수 있다. 진리를 이해하고, 하나님의 사랑을 경험하고, 이타적으로 남을 사랑하는 일은 모두 전전두피질에서 일어난다.

그날 나는 계속되는 상상 속에서 비극적인 사건을 보았다. 아담은 하나님에 대한 거짓말을 믿었고, 이로써 파멸과 죽음의 수문이 열렸다. 이 지구에서 베풂의 서클은 이제는 삶의 규범이 아니다. 타인 중심으로 선을 행하는 원리는 사라졌다. 아담이 하나님에 대한 거짓말을 믿어 사랑과 신뢰의 서클에 금이 가는 순간, 사랑의 규범이 두려움과 이기심의 규범으로 바뀌었다. 자연계도 그 뒤를 따랐다. 생존 본능"죽이지 않으면 내가 죽는다," 나를 앞세우는 사탄의 적대적 원리이 온 세상에 감염되었다. 천사들은 퍼져 나가는 타락을 보며 애통했다. 이 땅은 변하기 시작했다. 꽃은 시들어 죽었고 나뭇잎은 떨어져 썩었다. 동물들은 서로 공격하며 강자가 약자를 잡아먹었다. 가시와 엉겅퀴와 독초가 출현했다. 형제가 형제를 대적했고 분노와 질투와 증오가 우리 마음의 사랑을 말살시켜 버렸다. 병이 퍼져 나가자 하나님은 슬퍼하셨고 자연은 탄식했다롬 8:19~22.

두려움은
불법 난입자다

공포감을 조성하려는 사람은 사랑받기도 겁낸다.
두려움이 가장 큰 사람은 누구보다도 본인이다.
남들은 그 사람만 두려워하지만,
그는 모든 사람을 두려워하기 때문이다.

성 프란시스 드 살레 Saint Francis De Sales

빈스Vince는 가련하다면 가련한 인물이었다. 나를 찾아왔을 때 그는 우울하고 불행해 자살을 생각하고 있었다. 꿀에 벌떼가 꼬이듯 그는 여자들에게 인기가 좋았다. 그는 40대의 나이에도 야생마처럼 다부진 몸에 군살이 없고 힘이 좋았다. 웬만한 사람에게 미남으로 통했고 재정적으로 안정된 사업체도 있었다. 그러나 외관상의 모든 성공에도 빈스는 결코 행복하거나 평안하지 않았고 건강한 관계를 유지할 줄 몰랐다.

오래전부터 빈스는 관계마다 실패해 힘들어했다. 어떤 관계든 그 과정이 뻔했다. 우선 그는 여자에게 접근해 대개 애정을 얻어냈다. 하지만 일단 관계가 시작되면 두려움과 불안에 휩싸였다. 지금 사귀는 여자보다 자신이 못났다는 회의가 들었고, 자기를 정말 사랑해 줄 사람이 아무도 없을 것 같아 두려웠다. 그의 불안 때문에 이래저래 로맨스가 매번 깨질 수밖에 없었다.

빈스는 여자친구들에게 선물과 쪽지와 전화와 이메일 공세를 퍼부었는데, 그러고 싶어서가 아니라 칭찬과 인정을 얻어내기 위해서였다. 처음에는 여자친구들도 좋아서 그에게 푹 빠졌다. 그러나 시간이 가면서 그들은 칭찬과 주목과 인정을 받으려는 그의 끝없는 욕구에 하나같이 진저리를 쳤다.

물론 애정 표현만 있었던 것은 아니다. 빈스의 두려움에는 흉측한 면도 있었다. 그는 질투가 아주 심했고 매사에 위협을 느꼈다. 여자친구가 데이트 대신 시험공부를 선택하면 그는 다른 남자를 만나려는 것이라고 트집을 잡았다. 함께 있을 때 그녀가 전화를 받지 않으면 다른 남자의 전화라고 의심했다. 그녀 쪽을 쳐다보는 남자가 있으면 굳이 시비를 걸어 여자친구를 창피하게 만들었다. 불안과 두려움과 의심이 어찌나 많았던지 그는 여자친구의 전화와 행동과 이메일과 친구들을 감시했다. 그러니 모든 관계가 똑같이 끝날 수밖에 없었다. 매번 빈스 쪽에서 비참하게 버림을 받았다.

두려움은 무엇인가

두려움은 불법 난입자다. 외부에서 침입해 모든 피조물을 파괴하고 변질시키는 육식성 박테리아와 같다. 아담이 하나님에 대한 거짓말을 믿어 사랑과 신뢰의 서클이 깨지는 순간, 인간의 마음은 두려움의 병이 들었다. 인간의 상상력은 두려움과 이기심의 충동질로 거칠어져, 하나님에 대한 온갖 왜곡되고 변질되고 비뚤어진 개념을 지어냈다. 이는 다시 두려움을 더욱 조장하는 결과를 낳았다렘 17:9, 롬 1:18~21, 고후 10:5.

오늘날 두려움은 항상 우리 곁에 있다. 생각의 이면에 숨어 스토커처럼 쫓아다닌다. 잠깐은 물리칠 수 있을지 몰라도 여전히 두려움은 마음의 어둠 속에 도사리고 있다. 불청객처럼 우리의 삶 속에 끼어들어, 들꽃을 짓밟는 소처럼 우리의 세계를 밟아 버린다. 물론 집에 불이 났다든가 곰이 다가온다든가 벼랑 끝에 서 있을 때면 우리는 건강한 두려움을 느끼고 상황에 대응한다. 지금 말하는 두려움은 그런 것이 아니다. 죄에서 비롯된 두려움은 무의식적 사고 속에 부글부글 끓는 해로운 불안이다. 그것은 우리의 모든 행복을 멸하려고 위협한다. 우리가 피하여 달아나도 두려움은 끊임없이 뒤에서 우리를 조종한다. 아무리 벗어나려고 발버둥을 쳐도 두려움은 우리를 더 많은 고통 속으로 이끌 뿐이다.

두려움은 죄라는 병의 일부다. 두려움은 우리를 하나님과 치유와 평안으로부터 꾀어내 자꾸만 더 자멸로 치닫게 한다. 몇 년 전에 나는 어느 고등학교의 화학 교사와 두 졸업반 학생에 대한 기사를 읽었다. 그들은 모두 체포되어 방화죄와 보험 사기죄를 선고받았다. 교사는 자동차 월부금을 몇 달째 내지 못해 차를 회수당할 형편에 처했고, 두 학생은 화학 과목에 낙제점을 받았다.

교사가 거래를 제시했다. 두 낙제생이 그녀의 차를 훔쳐다 불태워 버리면 그녀가 보험금을 청구하기로 했다. 그러면 차도 빼앗기지 않고 신용 불량자의 신세도 면할 수 있었다. 그 대가로 그들에게는 낙제를 면하게 해주기로 했다. 세 사람은 계획대로 시행했으나 발각되어 모두 감옥에 갔다. 두려움은 우리의 판단력을 흐려놓고 이성을 마비시킨다. 그리하여 우리를 이기심의 길로 데려간다.

두려움의 많은 얼굴

두려움도 정도와 종류가 제각각이다. 두려움의 한쪽 끝에는 과대망상
증 환자들이 있다. 히틀러, 스탈린, 카스트로, 그 밖의 독재자들이 이런
두려움의 좋은 예다. 그들을 권좌에 오르게 한 원동력은 두려움이다. 그
들은 유대인, 집시, 슬라브족, 그리스도인, 자본주의, 자유 등을 두려워
했다. 역사의 이 악한惡漢들은 두려움에 사로잡혀 있었다. 하지만 두려
움을 뿌리 뽑기는커녕 오히려 그것을 받아들이고 마음으로 연합해 두려
움과 하나가 되었다. 그들은 두려움을 무기로 삼아 사회를 대적하고 갈
라놓고 분열시키고 정복하고 파괴했다. 이들 악의 사자使者들은 마음과
사고가 완전히 사랑과는 반대로 빚어져 있었다. 그래서 그들이 만들어
낸 사회는 두려움에 짓이겨져 만신창이가 되었다. 역사를 보면 분명히
알 수 있듯이 두려움이 만연한 곳에는 신속히 죽음이 뒤따른다.

과대망상증 환자의 대척점으로 반대쪽 끝에는 인간 "쥐들"이 있다.
사람들은 거부와 망신과 비판 당하는 것을 끔찍이도 두려워한다. 그래
서 두려움 때문에 굴종적으로 자신을 비하하여 아무에게나 짓밟히며 살
아간다. 거절할 줄도 모르고, 줏대도 없고, 선을 긋지도 못한다. 남들이
어떻게 말하고 생각하고 반응할까 하는 두려움에 지배당하기 때문이다.

이 양극단 사이에 두려움에 찌든 온갖 종류의 망령들이 있어, 불안을
자기 특유의 생존 방식으로 삼고 살아간다. 그들은 놀이터의 불량배, 교
만한 사람, 안하무인인 사람, 고집불통인 사람, 인종차별주의자, 성차별
주의자 등이다. 또한, 알코올 중독자, 마약 중독자, 성 중독자, 쇼핑 중독

자, 광신자, 이단 신봉자, 종교상의 분리주의자, 바람둥이, 거짓말쟁이, 속이는 사람, 사기꾼 등도 여기에 해당한다. 이들은 모두 두려움이 동기가 되어 어떻게든 자아를 보호하거나 높이거나 내세우려 한다. 하지만 생존과 치유와 성장은커녕 모두가 서서히 죽어가고 있으며, 그 과정에서 다른 사람들까지 파멸로 몰아간다. 생명과 치유와 행복은 사랑이 막힘없이 흐르는 곳에만 있다. 사랑이 막힘없이 흐르려면 하나님에 대한 진리를 알아야만 한다![1]

불안 경보를 울리는 균형을 잃은 뇌

균형을 잃은 뇌는 환경의 자극에 과잉 반응하여 끊임없이 불안 경보기를 울려댄다. 죄 때문에 우리 뇌는 온통 균형을 잃었다. 그래서 우리는 통제 불능의 스트레스를 너무 자주 경험한다. 편도체에서 쉬지 않고 경보를 보내기 때문이다. 진화생물학자들은 공격 아니면 도피의 반응이 당면한 위기 앞에서 어떻게든 살아남으려는 고도의 적응 반응이라고 말할 것이다. 하지만 시도 때도 없이 울리는 그 경보장치 때문에 뇌가 망가지고, 건강한 사고가 약해지고, 몸이 축난다. 경보기가 오래 울릴수록 피해도 더 커진다.

경보기(편도체)가 꺼지지 않는다면 설령 소방서장(해마이 119 교환대(시상하부)를 억제한다 해도 끊임없는 스트레스가 몸의 생장을 둔화시킨다. 내장의 피와 에너지가 근육으로 몰리기 때문이다. 나아가 면역체계가 약해지고 전전두피질이 마비된다. 스트레스가 많은 사람이 감기나 여러 질환에 걸리기 쉬운 것도 그 때문이다. 불안하고 두려울 때 시험 성적이 형편없게 나오는 것도 같은 이유에서다.[2]

두려움과 사랑은 서로 반비례한다

결론적으로 말해서, 두려움이 커지면 사랑과 성장과 발달과 건강한 사고는 줄어든다. 사랑이 커지면 두려움이 줄어들 뿐 아니라 성장과 발달과 건강한 사고가 모두 향상된다. 두려움과 사랑은 반비례 관계다. 우리가 건강한 사랑, 긍휼, 이타심, 공감, 논리력, 판단력, 예배하는 능력, 양심, 도덕성, 계획하고 조직하고 문제를 해결하는 능력 등을 경험하는 곳은 바로 전전두피질이다. 반면에 두려움, 불안, 이기심, 분노, 격분, 정욕, 질투, 시기, 공격은 끊임없이 자극된 대뇌변연계에서 발생한다.[3]

빈스의 사례도 그것으로 설명된다. 빈스는 만성적으로 불안했다. 두려움이 클수록 편도체가 흥분되어 전전두피질의 기능을 떨어뜨렸다. 빈스는 건강한 사랑을 겪어 보지 못했기에 대뇌변연계의 여러 충동이 전전두피질을 지배했다. 그래서 여자친구들을 사랑과 긍휼로 너그럽고 성숙하게 대하지 못했고, 그 결과로 관계마다 실패했다. 실패한 관계는 자신과 타인에 대한 부정적 사고를 유발했고, 부정적 사고 과정은 해로운 신경회로들을 전전두피질에 만들어냈다. 그 결과로 편도체가 더욱 격하게 흥분하면서 전전두피질의 건강한 기능이 더욱 저하되었다. 빈스는 고통스러운 악순환에서 헤어나지 못했다. 이런 과정은 뇌에 손상을 입히며, 그것을 중단시키지 않으면 결국 건강한 사고력을 완전히 잃게 된다. 그렇다면 이 모두는 어떻게 시작되었을까?

뇌의 발육

불안을 유발할 수 있는 요인 중 하나는 출생 전에 뇌가 입는 영향이다. 뇌의 발육은 태내에서부터 시작된다. 스트레스가 유난히 높으면 몸에서 스트레스 호르몬글루코코르티코이드이 분비되는데, 불행히도 임신 중에 그런 일이 벌어지면 스트레스 호르몬이 태반으로 들어가 태아의 뇌 발달에 나쁜 영향을 미친다. 그 결과 발육 중인 뇌의 편도체에 "제동 장치"가 부실해진다. 스트레스가 높은 어머니에게서 태어난 아이의 뇌는 스스로 진정하고 경보 회로를 끄는 능력이 떨어진다는 뜻이다. 이런 아이는 삶을 시작할 때부터 이미 불안과 두려움이 일반 아이들보다 높다.[4]

아이의 뇌에 들어 있는 신경세포는 출생 직후가 8세 때보다 수억 개나 더 많다. 생의 첫 8년 동안 뇌가 수억 개의 신경세포를 제거하느라 바쁜 것이다. 언뜻 보기에는 별로 생산적인 것 같지 않다. 하지만 그것을 미켈란젤로의 대리석에 비유해서 생각해 보라. 처음에는 그냥 돌덩어리이던 것이 작업을 통해 놀라운 예술 작품으로 변한다. 조각가가 일을 마치고 나면 대리석의 양은 줄어들지만 대신 걸작이 나와 있다. 뇌도 세상에 나올 때 교육과 환경과 경험을 통해 다듬어질 준비가 되어 있다. 무수히 많은 신경세포가 보존되고 강화되고 팽창되기를 기다리고 있다. 그러나 사용되지 않는 신경회로는 제거되거나 소멸하거나 재배치된다.[5]

언어를 정상적으로 접하지 못한 채 방치되거나 버림받거나 학대당한 아이들의 사례 보고를 당신도 아마 들어 보았을 것이다. 그렇게 방치된 아이들은 정상적으로 말하는 법을 배우지 못한다. 예컨대 "지니"Genie는 생후 약 20개월 때 방 안에 가두어져 이후 11년 동안 격리되어 살았다. 그녀는 13세에 구조되었으나 장애가 심했고, 집중적인 재활 치료에도 끝내 제대로 말을 익히지 못했다. 또 다른 사례는 늑대들과 함께 살다가 여덟 살 때 선교사 J. A. 싱J. A. Singh에게 발견되었다는 카말라Kamala다. 그녀는 말을 할 줄 몰랐고 알아들을 수 없는 소리로 울부짖었다. 엎드려서 걸었고, 음식을 개처럼 핥아 먹었다. 그 뒤로 9년을 더 살았지만 결국 말할 수 있는 단어가 50개를 넘지 못했다.[6]

이런 비극적 사례들을 통해 인간의 뇌의 통상적 과정을 볼 수 있다. 사용되지 않는 신경회로는 발육되지 못하거나 제거되어 소멸한다. 반대로 잘 사용되는 회로는 강화되고 팽창된다. 이런 일은 뇌 전반에 걸쳐 이루어진다. 그러므로 유년기에 편도체_{정보기}를 꾸준히 반복적으로 자극하거나 흥분시키는 활동들은 편도체를 무리하게 발육시키고 전전두피질의 성장을 저해한다.

오락이 뇌의 발육에 미치는 영향

두려움과 정신 장애의 증가를 부추기는 뜻밖의 요인 중 하나는 극도로 만연한 연예 오락물이다. 여기에는 텔레비전 시청도 포함되며, 특히 어린이들에게 미치는 영향이 크다. 연예 오락물이란 가상의 또는 인위적 연기演技를 통해 감정 반응을 일으키되 비판적 사고는 거의 배제할 목적으로 만든 프로그램을 말한다. 앞서 뇌의 정상 발육을 살펴보았듯이, 생의 첫 8년 동안 뇌는 신경연접부를 수억 개씩 제거하느라 바쁘다. 사용되는 신경회로는 그대로 남지만, 그냥 놀려두는 신경회로는 발육되지 못하거나 제거된다. 이런 정상적 생리 과정을 알아야만 연예 텔레비전이 뇌에 미치는 비참한 영향을 이해할 수 있다.

연예 프로그램을 교육 프로그램과 혼동해서는 안 된다. 연예 프로그램의 주된 효과는 대뇌변연계를 흥분시킴과 동시에 전전두피질의 활동을 억제하는 데 있다. 연예 오락물의 목적은 청중의 감정 반응을 끌어내는 것이며, 따라서 감정 반응이 강할수록 "더 좋은" 프로그램이 된다. 이런 프로그램은 비판적 생각을 아예 봉쇄한 채로 웃음, 눈물, 두려움, 흥분, 분노, 짜증, 좌절 따위만 유발하려 한다.[7]

텔레비전의 "24시24: Live Another Day"라는 인기 드라마를 즐겨 보던 친구들이 있었다. 그런데 내가 옆에 있을 때는 그들도 그 드라마를 보지 않았다. 걸핏하면 내가 "저런 말도 안 되는 이야기가 어디 있어!"라는 식으로 말하곤 했기 때문이다. 어느 한 시즌의 줄거리는 이런 식이었다. 외계인 테러리스트가 불법으로 미국에 침투한다. 그의 일당은 철통 보안이자 최고 기밀인 어느 군 기지에 접근해 핵무기를 작동 코드와 함께 훔쳐낸다. 이어 그는 다른 시설에 잠입해 스텔스 크루즈 미사일을 훔쳐낸다. 그다음에는 중서부의 어느 오지 농장에서 기술자들과 함께 그 두 요소를 결합해 미사일을 프로그램하고 발사해 미국의 어느 도시를 파괴한다. 이 모두가 24시간 안에 이루어진다. 잠시 한 번 생각해 보라.

내가 허무맹랑한 구성이라고 일축하면 친구들은 "이건 생각하는 게 아니야. 이성적인 논리는 접어 두는 거야"라고 대답했다. 다시 말해서 그 드라마를 즐기려면 뇌의 이성 부위배외측 전전두피질, DLPFC를 꺼서 대뇌변연계를 제멋대로 날뛰게 둔 채로, 드라마가 유발하려는 불안정서의 롤러코스터에 자신을 맡겨야 한다.

연예 프로그램도 인간의 뇌에 비슷한 영향을 미친다. 거의 누구에게나 그렇지만 8세 이하의 아이들이 특히 취약하다. 신경회로의 대대적인 수정이 그 시기에 이루어지기 때문이다. 여러 연구에서 밝혀진 대로 8세 이전의 아이들이 연예 오락물을 많이 시청할수록 주의력과 집중력이 떨어질 위험성이 크다전전두피질의 역기능. 아울러 이후에 폭력, 충동적 행동, 문란한 성생활, 불안, 정서 장애 등에 빠질 확률도 높아진다.

안타깝게도 많은 부모와 주류 대중매체는 물론 교회 단체들까지도 이 것이 전적으로 내용상의 문제라고 착각하고 있다. 많은 선의의 설교자들이 "쓰레기가 들어가면 쓰레기가 나온다"는 속담을 인용해 가며 해로운 내용물만 피하면 된다고 가르친다. 해로운 내용물을 삼가는 거야 지당한 일이지만 연예 오락물은 주로 내용상의 문제가 아니다. 문제는 뇌 신경의 발육이다. 다시 말해서 아무리 어린이용 프로그램이라 해도 연예 오락물을 시청하면 뇌의 발육에 손상을 입힌다.

폭력과의 연관성

브랜든 센터월Brandon Centerwall 박사는 이 주제로 아주 독창적인 연구를 시행하여 1992년에 〈미국 의학협회지〉에 게재했다. 그는 텔레비전 시청과 점증하는 사회 폭력 사이에 연관성이 있는지 알아보고 싶었다. 공격과 격노와 분노 같은 뇌 회로의 역기능은 대뇌변연계에서 일어나는 반면, 절제와 자제력은 전전두피질에서 관장한다. 따라서 폭력이 증가한다는 것은 전전두피질이 대뇌변연계의 충동을 제대로 통제하지 못한다는 뜻이다.

센터월 박사는 폭력의 지표를 명확한 것으로 정했다. 사회에 텔레비전이 도입되기 이전과 이후의 살인 비율을 조사한 것이다. 그는 미국, 캐나다, 남아프리카공화국 등 세 나라를 선택해 연구를 시행했다.

텔레비전이 도입된 시기는 미국과 캐나다는 1945년이고 남아공은 1974년이다. 캐나다를 포함한 이유는 캐나다에 총기 규제법이 엄격히 시행되고 있기 때문이다. 미국의 살인 비율이 증가한 것으로 나타날 경우, 자칫 그것은 총기를 쉽게 구할 수 있는 미국의 현실 때문으로 해석될 수도 있었다. 그래서 센터월 박사는 텔레비전 시청의 영향을 따로 구분하려 한 것이다. 아울러 남아공의 인종차별 정책 때문에 연구 결과가 비뚤어지지 않도록 그는 백인 대 백인의 살인만 통계에 포함했다.

결과는 놀라웠다. 텔레비전이 도입된 이후인 1945년부터 1974년까지 캐나다와 미국의 살인 비율은 각각 92%와 93%씩 증가했다. 반면에 같은 기간에 남아공의 백인 대 백인 살인 비율은 오히려 7%가 감소했다. 그보다 더 충격적인 사실이 있다. 남아공에 텔레비전이 도입된 이후인 1974년부터 1987년까지의 백인 대 백인 살인을 조사한 결과 충격적이게도 그 비율이 130%나 급증했다.[8]

그렇다면 1945년부터 1974년까지 미국에서 방영된 텔레비전 프로그램은 어떤 부류였을까? 하우디 두디Howdy Doody, 비버는 해결사Leave It to Beaver, 왈가닥 루시I Love Lucy, 지금은 순찰 중Car 54, 길리건의 섬Gilligan's Island, 래시Lassie, 린 틴 틴Rin Tin Tin, 론 레인저Lone Ranger와 같은 것들이다. 이 프로그램들에 등급을 매긴다면 어떻게 될까? 전부 "누구나 입장 가"로 나올 것이다. 그런데도 살인 비율이 캐나다는 92%, 미국은 93%나 증가했다. 1974년 이후로 내용물이 더 나빠지면서 살인 비율은 130%로 치솟았다. 텔레비전이 사회 폭력에 영향을 미친다면, 내용물은 문제를 더 악화시킬 뿐이지 핵심 이슈는 아닌 것으로 보인다.

2007년에 프레더릭 지머먼Frederick Zimmerman과 드미트리 크리스타키스Dimitri Christakis를 통해 확증되었듯이, 3세 이상 아동들의 교육 텔레비전 시청은 주의력 문제를 악화시키지 않았지만, 연예 프로그램은 폭력성 여부와 관계없이 주의력을 더 떨어뜨렸다.[9]

여기서 문제의 관건은 신경의 발육이다. 연예 오락물을 통해 대뇌변

연계가 과도히 자극되면동시에 발육기에 전전두피질의 사용이 억제되면 아이들은 뇌
의 균형을 잃은 채로 성장한다. 사춘기가 되어 호르몬이 급격히 분비되
면 대뇌변연계가 흥분되면서 감정이 불안정해진다. 그런 십 대 아이들
은 대뇌변연계를 처리하고 제어해야 할 전전두피질은 제대로 발육되지
않은 상태에서 감정 중추만 지나치게 발육되어 있다. 그래서 주의력 문
제의 위험이 커질 뿐 아니라 감정 기복과 충동성과 공격성을 보이기 쉽
다. 그것이 불안과 감정 폭발을 부추겨 문란한 성생활과 폭력으로 이어
지기도 한다. 아울러 술기운이나 약 기운으로라도 자신을 진정시켜 보
려고 알코올과 마약에 손댈 위험도 커진다.

　뮤직비디오도 대뇌변연계의 회로를 활성화해 폭력과 파괴적 행동을
증가시키는 것으로 드러났다. 지나 윙우드Gina Wingwood 팀의 연구 결과
에 따르면, 랩뮤직 비디오에 노출된 사춘기 아이들은 교사를 구타할 확
률이 3배, 체포될 확률이 2.5배 이상, 섹스 파트너가 여럿일 확률이 2배,
성병에 걸려 12개월의 치료 기간에 술과 마약을 할 확률이 1.5배 이상
높았다. 대중음악 비디오를 보면 사춘기에 술을 마실 확률이 31% 증가
한다는 결과도 다른 연구들을 통해 밝혀졌다.[10]

아동기의 스트레스는 뇌를 바꾸어 놓는다

　연예 오락물도 뇌의 발육에 부정적 영향을 미치지만, 아동기의 정신
적 상처는 더 큰 피해를 준다. 안드리아 대니즈Andrea Danese 박사 팀은
아동기의 스트레스가 정신적, 신체적 건강에 미치는 영향을 알아보려고
32년 동안 800명을 추적했다. 그들은 아동기의 스트레스를 명백한 구
타나 성폭행, 방치된 상태, 사회경제적 박탈 등 세 가지로 구분했다. 아

울러 대상자를 세 부류로 나누었다. 아동기에 위의 세 가지 나쁜 일을 하나도 겪지 않은 부류, 그중 한 가지만 겪은 부류, 두 가지 이상을 겪은 부류였다. 그 뒤로 32년 동안 연구팀은 우울증, 당뇨 같은 대사질환, 염증의 증가, 전반적 발병 위험의 증가 등을 보이는 사람들이 누구인지 조사했다. 그 결과 아동기에 스트레스가 많았을수록 나중에 우울증, 염증 여기에 함축된 의미는 뒤에서 살펴볼 것이다, 대사질환이 더 많은 것으로 입증되었다. 연구의 결론은 다음과 같다. "어렸을 때 해로운 심리 · 사회적 경험에 노출된 사람들은 정서와 면역과 대사에 지속적인 이상을 보였으며, 나이에 따른 질병에 걸릴 위험도 커졌다."[11]

스트레스가 많거나 잘 양육 받지 못하거나 폭력적인 환경에서 자라는 아이들은 두려움과 감정 중추는 과도히 발육되는 반면 이성과 사랑과 판단력 중추는 발육 부진을 보인다. 그들은 성장기 내내 스트레스 호르몬의 수치가 남들보다 높아서 우울증, 염증성 질환, 대사 장해 등의 다양한 만성병에 걸리기가 더 쉽다. 뇌가 그렇게 변한 결과로 이런 사람들은 공감, 긍휼, 신뢰, 이타적 사랑, 타인을 향한 동정심, 인내심, 건강한 관계 전반에 어려움을 겪는다.[12]

앞서 말했던 빈스도 그런 문제가 있었다. 그는 어렸을 때 나쁜 본보기들 속에 놓였을 뿐 아니라 스트레스를 많이 겪어 뇌가 변했다. 그래서 건강한 사랑과 건강한 사고가 더 어려워졌다. 과민한 편도체와 건강하지 못한 전전두피질 때문에 밴더스는 실제로 아무런 위협이 없을 때도 지레 자신이 상처받고 무시당하고 거부당할 줄로 생각했다. 그래서 그런 고통을 피하려고 지나치게 남들을 통제하려 들었다.

사랑과 두려움 사이에서 싸우는 사람은 밴더스만이 아니다. 아담과 하와의 후손인 모든 인간은 태어날 때부터 두려움과 이기심에 병들어 있다. 실패에 대한 두려움, 남들이 어떻게 생각할까에 대한 두려움, 그 일자리를 얻지 못할 거라는 두려움, 그 남자나 여자를 얻지 못할 거라는 두려움, 그 성적成績을 얻지 못할 거라는 두려움, 사랑받지 못할 거라는 두려움, 홀로 남을 것에 대한 두려움 등 우리의 두려움은 그야말로 끝이 없다!

전국 정신건강 연구소의 발표로는 미국인의 가장 흔한 정신건강 문제는 불안 장애로, 성인의 28.8%가 한 번쯤 그것을 겪는다. 불안 장애의 발생 비율은 증가 추세에 있다. 뇌의 두려움 중추편도체가 활성화되기만 하고 진정되지 않으면 그것이 연달아 가성假性 사건들을 일으켜 몸과 뇌를 상하게 한다. 교감 신경계가 스트레스 호르몬글루코코르티코이드와 아드레날린과 염증 인자사이토킨를 활성화한다. 염증 인자들은 몸을 망쳐 놓아 질병과 대사 장해와 고통을 가중시킨다.[13]

뇌의 비료

염증 인자들이 계속 많아지면 결국 그것이 뇌에 반작용을 일으켜, 신경영양 인자라는 단백질을 생성하는 유전자가 억압된다. 뇌유래 신경영양 인자BDNF도 그런 단백질의 하나다. "뇌유래"란 뇌가 만들어낸다는 뜻이고 "신경영양"이란 신경을 튼튼하게 해주는 물질을 가리킨다. 뇌유래 신경영양 인자BDNF를 신경세포의 비료라고 생각하면 된다. 이 단백질이 만들어져 있으면 신경세포가 그것을 받아 튼튼해질 뿐 아니라 다른 신경세포들에 신경연접부도 더 많이 내보낸다. 그만큼 뇌 회로의 수가 많아지는 것이다. 뇌는 그런 단백질의 영향으로 신경세포를 새로 만들어내기도 한다. 이 단백질이 있어야 할 부위들에 제대로 있으면 학습이 더 빠르고 쉬워진다. 이런 부류의 단백질이 없으면 뇌가 새로운 신경세포를 더 만들지 못할 뿐 아니라 이미 있던 신경세포마저 시들어 죽기 시작한다.

뇌의 신경세포는 우주비행사의 우주복 같은 백색 지원 세포들에 에워싸여 있다. 우주복이 우주비행사에게 안전한 환경을 제공해 주듯이 백색 세포도 신경세포와 수상돌기와 축삭돌기와 신경연접부를 에워싸고 있으며, 신경세포가 좋아하는 진한 영양 액체로 신경세포를 흠뻑 적셔 준다. 뇌유래 신경영양 인자BDNF는 신경세포에서만 아니라 이런 지원 세포에서도 만들어져 신경세포의 건강을 유지해 준다.

그러나 만성적 두려움과 불안에서 비롯되는 감염 인자가 계속 증가하면 뇌에 몇 가지 문제가 발생한다. 첫째로, 감염 인자는 신경세포를 보호하고 지지하는 백색 뇌세포에 손상을 입힌다. 둘째로, 스트레스공격 아니면 도피의 반응는 뇌유래 신경영양 인자BDNF 같은 성장 인자를 억압해 성장을 막는다. 그렇게 되면 새로운 학습과 발육이 저해된다.

만성적 스트레스 신호는 뇌세포신경세포와 백색 세포 둘 다의 DNA에 메시지가 전달되게 하고, 그러면 뇌유래 신경영양 인자BDNF를 생성하는 유전자가 꺼진다. 이 유전자가 꺼지면 전전두피질 일부와 해마에서 뇌의 용량이 줄어들기 시작한다. 뇌의 이런 변화는 우울증 같은 장애와 연관이 있다.14

다행히 신경가소성neuroplasticity, 뇌가 경험에 반응하여 스스로 변화하는 능력 - 역주이라는 성질 덕분에 뇌의 많은 부위는 평생 가변적이며, 특히 전전두피질이 그렇다. 건강한 뇌 회로를 구사하면 회로가 더 발육되고 강화되고 팽창된다. 그러나 뇌 회로를 쓰지 않고 그냥 두면 그런 건강하지 못한 회로를 뇌가 제거해 버린다.

하나님의 방법과 개인적 적용

뇌의 건강을 증진하고 정신적 안정을 보양하는 하나님의 방법이 있다. 이것을 적용하면 전전두피질의 뇌 회로가 실제로 더 강해지며, 그전에 손상되었더라도 치유가 뒤따른다. 건강한 신경연접부가 성장하고 발달한다. 당신은 어렸을 때 학대당했을지도 모른다. 대뇌변연계의 지나친 활동 때문에 과도한 공격성, 짜증, 조급증, 분노, 정욕, 이기심, 두려움, 불안 따위로 고생해 왔을지도 모른다. 그래도 낙심할 것 없다. 하나님의 방법은 치유를 가져다준다.

그렇다면 하나님의 방법이란 무엇인가? 진실과 사랑과 자유다. 어떤 치료법의 혜택을 보려면 그것을 적용해야 하듯이, 진실의 혜택도 그것을 깨닫고 믿고 적용할 때에만 나타난다. 그러므로 성경, 검증 가능한 자연의 법들, 경험, 이 세 가닥의 증거를 검토해 보라. 인류가 현재 두려움과 이기심으로 고생하고 있음을 세 가지 증거가 조화롭게 입증해 주는가? 그 증거는 남들을 이기적으로 이용하는 것이 해로운 일임을 확증해 주는가? 또한, 그 증거는 하나님의 방법이 치유와 회복을 가져다줌을 뒷받침해 주는가? 하나님의 방법을 일부만 살펴보면 다음과 같다.

- 사랑의 하나님을 예배하고, 두려움을 유발하는 하나님 개념을 거부한다.
- 하나님의 속성인 사랑의 일면을 적어도 하루에 15분씩 꾸준히 묵

상한다.

- 진실을 선택하고, 거짓은 종류 여하를 막론하고 생각 속에서 없앤다. 이것은 과거에 학대당한 사람들에게 특히 중요하다. 학대당하는 아이들은 뇌의 발육 수준이 떨어지기 때문에 학대의 의미를 잘못 해석해 자신에 대한 왜곡을 내면화한다. 전형적 거짓에는 다음과 같은 생각이 있다. "나는 못생겼고 징그럽다. 나는 불결하고 더럽고 혐오감을 주며 사랑스럽지 못하다." 이 모든 왜곡을 진실로 대체해야 한다. 생각해 보라. 여섯 살 난 아이를 학대하는 성인 남자를 혹시 본다면, 당신은 정말 "저 아이가 혐오감을 준다"고 생각하겠는가? 천만의 말이다! 그런데도 아이는 예외 없이 자신에 대해 끔찍한 느낌을 품는다. 이미 벌어진 일이야 어찌할 수 없지만, 학대당했던 성인은 과거의 일을 재평가해 진실을 적용할 수 있다. 여기서 진실이란 그때 경험했던 끔찍한 느낌이 사건 때문이지 자아와는 무관하다는 것이다. 진실을 적용하면 치유가 이루어진다.

- 베풀며 살라. 힘써 적극적으로 다른 사람들을 도와주라. 무언가 사역이나 자원봉사에 참여하라.

- 사랑이 많고 성품이 성숙한 사람들과 관계를 맺으라. 이용하고 이용당하는 파괴적인 관계는 종결하라.15

- 당신의 삶과 삶의 결과를 하나님께 의탁하라. 양심에 떳떳하고 하나님의 뜻에 맞게 주어진 책임을 다하기로 선택하라. 그리고 나서 결과는 하나님께 맡기라. 염려와 두려움의 가장 큰 원인 중 하나는 삶을 내 뜻대로 풀리게 하려는 데 있다. 반대로 우리는 자

아를 잘 다스리면서 단순히 옳은 길을 선택하고 결과는 하나님께 맡겨야 한다. 다니엘서에 기록된 두라 평지의 훌륭한 세 인물을 생각해 보라. 우상에게 절할 것이냐 말 것이냐, 그것이 그들 앞에 놓인 선택이었다. 결과는 그들의 소관 밖이었다. 하지만 그런 상황에서 우리는 주어진 책임에 집중하는 것이 아니라 내 선택의 결과로 벌어질 일에 집중할 때가 너무 많다. 그래서 우리는 결과를 바꾸려고 자신의 선택을 수정한다. 우리가 두라 평지에 있다고 하자. 우상에게 절하는 것이 잘못인 줄은 알지만 풀무불 속에 던져질 마음은 없다고 하자. 그렇다면 우리는 악기 소리가 날 때 혹시 몸을 굽혀 신발 끈이라도 묶지 않을까?

- 생명의 설계 원안에 맞게 생활하라. 예컨대 잠을 규칙적으로 자고, 물을 충분히 마시고, 꾸준히 심신의 운동을 하고, 독소를 피하고, 균형 잡힌 식생활을 하라.

- 실수를 범했을 때는 최대한 빨리 죄책감을 해결하라. 당신을 부당하게 대하는 사람들을 용서하라. 분노나 원한을 품지 마라. 그런 감정은 단계적으로 몸의 염증을 자극한다.

- 두려움을 처리하라. 두려움을 해결하지 않으면 피해를 면할 수 없다.

치유와 회복은 사랑에서 온다. 그러나 진정한 사랑을 경험하려면 하나님에 대한 거짓말을 없애야만 한다.

004

어떤 생각을 하느냐에 따라
뇌가 변한다

자유의 가장 큰 위험은
선의와 열정만 있고 무지한 사람들 속에
교활하게 침입해 도사리고 있다.

루이스 D. 브랜다이스 Louis D. Brandeis

"조Joe"의 이야기를 하려 한다. 20년 이상 같은 교회에 다녔지만 나는 그를 "알지" 못한다. 그 이유는 비록 그가 엄연히 살아 있는 인간이지만 엄격한 의미에서 그림자일 뿐이기 때문이다. 그림자는 실체가 없다. 그림자는 개성이나 정체도 없다.

조는 40년도 더 전에 마사Martha와 결혼했다. 둘 다 보수 교단에 속한 그리스도인이었고 교회에서 열심히 활동했다. 조는 지성인이자 숙련된 장인이었다. 일솜씨가 좋아 늘 일감이 많은 목수였다.

처음 결혼할 때만 해도 조는 사교 모임을 좋아했다. 자신의 경험을 나누고 사람들과 대화하며 여러 활동에 참여했다. 남성 사역에서 섬겼고 자원봉사를 통해 자신의 재능과 시간과 실력으로 어려운 사람들을 도왔다. 하지만 결혼 초부터 변화가 찾아왔다.

　그의 아내는 집에서 불행했다. 그녀는 남편이 시간을 들여 남들을 돕는 것에 질투를 느끼며 이것저것 요구하기 시작했다. 걸핏하면 삐치고, 성질을 부리고, 소리를 지르고, 애정을 거두었다. 처음에는 그도 그녀를 위로하고 잘 설명하고 진정시키려 했다. 하지만 아무것도 통하지 않았다. 그래서 조는 활동을 줄였다. 자원봉사도 그만두었고 친구들도 더는 만나지 않았다.

　세월이 갈수록 그는 아내를 늘 기쁘고 행복하게 해주려고 점점 더 외톨이가 되었다. 밖에서도 사람들과 어울리지 않았다. 대화를 먼저 꺼내지도 않았거니와 혹시 누가 질문을 해도 눈치를 살펴 아내의 승낙이 있어야만 입을 열었다. 거의 눈에 띄지 않게 서서히 조는 시들어 갔다. 자아를 잃어버렸다. 그의 전전두피질이 손상되었다. 그의 개성은 사라지고 남은 것이라곤 그림자뿐이었다.

자유가 없는 대기 속에는 사랑이 존재할 수 없다

　하나님은 자신의 우주를 일정한 원리와 기본 법칙에 따라 운행하신다. 삶은 그런 상수常數에 따라 돌아가도록 설계되어 있다. 앞서 보았듯이 궁극의 법은 사랑이다. 하나님의 마음에서 나오는 사랑이 삶의 기본 부호다. 그러나 자유가 없는 대기 속에는 사랑이 존재할 수 없다. 그것이 내 책 〈사고를 치유하는 단순한 성경적 모델〉*Could It Be This Simple? A Biblical Model for Healing the Mind*의 주제다. "자유의 법"을 그 책에 자세히 설명했다.

자유가 침해될 때마다 당연히 뒤따르는 세 가지 결과가 있다. (1)항상 사랑이 손상되고 결국에는 파괴된다. (2)마음속에 반항 심리가 싹튼다. (3)자유를 되찾을 방도가 있는데도 침해된 상태를 유지하기로 선택하면, 그런 사람은 서서히 개성을 잃고 조처럼 한낱 그림자가 되고 만다.

타인의 물 속에 처박힌 개성

린다Lynda의 문제도 조와 비슷했다. 린다는 상담자의 의뢰로 나를 찾아온 36세의 환자였다. 공황 발작과 우울증과 불안을 호소했고 늘 걱정이 끊이지 않았다. 생각이 명료하게 잘 안 되고 결정을 내릴 수 없다고 하소연했다. 실패하고 실수하고 거부당할 것에 대한 만성적 두려움도 있었다.

린다는 자살을 생각하고 총명함을 잃은 행동을 보여 몇 차례 입원까지 했다. 여러 해 동안 치료에 쓰인 약물이 열네 가지나 되었으나 이렇다 할 차도가 없었다.

린다의 남편은 매사에 통제하고 요구하는 군림형 남자였다. 그는 그녀의 일거수일투족을 감시했다. 그녀는 돈도 남편에게 타 쓰면서 그가 지시하는 대로만 써야 했다. 식료품비를 받았으면 모든 쓴 돈에 대해서는 남편에게 영수증을 제출해야 했고 거스름돈은 반납해야 했다. 전화도 허락이 없이는 쓸 수 없었고, 기존의 친구들과 대화하거나 새 친구를 사귀는 일도 금지되었다. 자잘한 일 하나까지도 남편이 시키는 대로만 해야 했다. 행여 그녀가 뭐라도 먼저 나서서 하거나 개성을 살리려 하면, 그는 아내를 욕하고 비난하며 사랑 없는 아내라고 흠을 잡았다. 그 결과로 린다는 공황 장애에 시달리게 되었다.

누군가 당신의 머리를 물속에 처박아 꾹 누르고 있다고 생각해 보라. 처음 5초 정도야 대수롭지 않은 장난이려니 할 수 있다. 하지만 15초, 30초, 60초 후에는 기분이 어떻겠는가? 1초가 지날 때마다 불안이 쌓이고, 결국 아찔한 공포가 밀려들 것이다. 머리를 물 밖으로 내놓지 않으면 곧 죽고 마는 것이다! 이것은 린다의 상황에 꼭 맞는 비유다. 그녀의 정체와 개성과 고유한 인격은 남편이라는 물속에 처박혀 있었다. 한 인간이 숨이 막혀 속에서 죽어가고 있었다. 주체성을 되찾지 않으면 완전히 자아를 상실한 채 남편의 그림자로 전락할 수밖에 없는 상황이었다.

하나님의 기준이 우리의 영적 무기다

자유를 침해하면 언제나 사랑이 손상된다. 결국, 사랑은 파괴된다. 마음속에 반항심리가 싹튼다. 그런데도 아주 오랫동안 침해에 굴복하면 개성은 소멸하고 그림자만 남는다. 자유가 없는 대기 속에는 사랑이 존재할 수 없다. 이 법이 입법화되거나 법제화된 적은 없다. 하지만 우리 삶은 그런 원리에 따라 돌아가게 되어 있다. 건강과 행복을 누리려면 반드시 자유의 법과 조화를 이루어야 한다.

이 법이 사실인지 의심이 들거든 부디 시험해 보기 바란다. 스스로 확신을 얻는 것이 중요하다. 당신의 중요한 타인에게 시험해 보라. 하루 동안 상대의 자유를 제한해 보라. 어디를 갈 수 있고, 어떤 옷을 입어야 하고, 언제 전화를 쓸 수 있고, 돈을 얼마까지 써도 되는지 그 특별한 사람에게 일일이 지시해 보라. 그러면서 사랑이 어떻게 되는지 당신의 눈으로 직접 보라.[1]

반대로 당신의 관계 속에 자유가 억압됐다면 이제부터 참 자유를 호흡해 보라. 그러면서 사랑이 되살아나지 않는지 보라. 배우자의 건강과 안녕과 행복을 위해 힘쓰라. 배우자가 꿈과 목표와 열망을 이룰 수 있도록 도와주라. 그러면서 사랑이 피어나 자라지 않는지 지켜보라.[2]

이 법은 사실이며 반드시 통한다. 절대로 변하지 않는 상수다. 일단 그 점을 깨닫고 나면 이제 우리에게 무언가 측정할 수 있고, 가시적이고, 믿을 수 있고, 예측할 수 있는 것이 생겼다. 우리의 이론, 교리, 하나님에 대한 신념을 시험하는 또 다른 기준이 생겼다. 건강한 하나님관과 해로운 하나님관을 구별하는 두 번째 도구가 생겼다. 하나님은 결코 자신의 속성인 사랑을 위반하지 않으신다. 자유를 앗아가거나 자유의 법에 어긋나게 행동하지 않으신다는 뜻이다.

기준이 되는 이 법은 악한 세력을 대적하는 전쟁에서 우리가 휘두를 수 있는 영적 무기의 하나다. 전쟁의 핵심 관건이 무엇인지 잘 보라.

> 우리가 육신으로 행하나 육신에 따라 싸우지 아니하노니 우리의 싸우는 무기는 육신에 속한 것이 아니요 오직 어떤 견고한 진도 무너뜨리는 하나님의 능력이라. 모든 이론을 무너뜨리며 하나님 아는 것을 대적하여 높아진 것을 다 무너뜨리고 모든 생각을 사로잡아 그리스도에게 복종하게 하니 고후 10:3~5.

사실 우리는 하나님 아는 것을 대적해 높아진 모든 것과 싸우고 있다. 이 전쟁의 관건은 하나님에 대한 진리다. 그분이 누구이며 어떤 분이신가 하는 것이다. 그분은 믿을 수 있는 분인가? 사탄은 하나님에 대해 거짓말을 했다. 그 거짓을 믿으면 사랑과 신뢰의 서클이 깨진다. 거짓이 남아 있는 곳에는 사랑이 흐를 수 없다. 그래서 우리는 거짓에 맞서 싸운다. 신뢰를 회복하고 사랑의 통로를 다시 열기 위해서다.

우리의 사고는 어떻게 뇌의 배선을 바꾸어 놓는가

하나님에 대한 진리를 아는 것이 왜 그렇게 중요한가? 그리고 그것은 뇌에 어떤 영향을 미치는가? 하나님은 우리를 그분의 형상대로 지으셨고, 우리의 선택과 경험에 기초해 적응하고 변화하는 능력을 주셨다. 하나님에 대한 거짓을 믿으면 그 잘못된 신념이 실제로 우리에게 해를 입히고, 신경회로를 바꾸어 놓고, 사고와 성품을 비뚤어지게 한다. 반대로 진리를 받아들여도 우리는 변화한다. 즉 성령의 역사로 말미암아 하나님의 형상으로 다시 빚어진다. 우리의 사고가 실제로 뇌를 바꾸어 놓는 신기한 경위를 뇌 과학을 통해 어느 정도 알 수 있다.

3장에서 신경영양 인자라는 단백질을 살펴보았다. 그중 하나인 뇌유래 신경영양 인자BDNF, 뇌에서 학습과 기억, 항우울 기능을 담당하는 것으로 알려짐는 뇌세포의 비료 역할을 하는 단백질이다. 이 뇌유래 신경영양 인자BDNF를 통해 신경세포가 강해지고, 가지를 치고, 연결되며, 새로운 신경세포를 만들어내기까지 한다. 혈관과 아교세포백색 뇌세포에서 생성되는 비슷한 단백질들도 같은 역할을 한다. 그러나 우리의 DNA는 뇌유래 신경영양 인자BDNF의 유전 암호를 직접 지정하지 않는다. 다시 말해서 뇌유래 신경영양 인자BDNF가 DNA를 떠날 때는 뇌유래 신경영양 인자BDNF가 아니라 프로BDNF라는 전구체前驅體, precursor, 전구체란 생명체의 물질 대사에서 반응이 일어나기 전의 원료물질을 가리키는 말이다. 예를 들어 베타카로틴은 비타민A의 전구체이다. 단백질이다. 하지만 프로BDNF도 활동하지 않고 가만히 있는 것은 아니다. 사실 그것의 효과는 뇌유래 신경영양 인자BDNF와 반대다. 뇌유래 신경영양 인자BDNF가 신경세포의 비료라면 프로BDNF는 신경세포의 제초제와 같다. 프로BDNF가 수상돌기나 축삭돌기나 신경세포와 결합하면 그 결합한 것들을 죽여 버린다. 신경세포나 신경회로가 얻는 것이 뇌유래 신경영양 인자BDNF, 비료일지 프로BDNF제초제일지를 판가름하는 결정적 요소는 효소의 존재 여부다. 효소는 긴 사슬분자프로BDNF를 쪼개거나 잘라서 짧은 분자BDNF로 만들어 준다. 이 효소가 있으면 뇌유래 신경영양 인자BDNF가 생겨나므로 회로가 강해진다. 그러나 이 효소가 없으면 프로BDNF가 쪼개지지 않기 때문에 결국 프로BDNF가 회로를 축소한다.[3]

프로BDNF를 뇌유래 신경영양 인자BDNF로 쪼개려면 효소가 필요한데, 그렇다면 신경회로에 효소가 있고 없고를 결정짓는 것은 무엇인가? 그것은 바로 신경회로 자체의 활동이다. 회로를 능동적으로 열심히 사용하면 그 회로에서 프로BDNF를 뇌유래 신경영양 인자BDNF로 쪼개주는 효소가 생성된다. 그래서 회로가 더 강해지고, 더 많은 신경세포를 보강하고, 새로운 신경연접부를 만들어낸다. 그러나 회로를 쓰지 않고 그냥 두면 효소를 생성하지 못해 프로BDNF가 쪼개지지 않는다. 그 결과 시간이 가면서 회로가 서서히 축소된다.[4]

외국어 강좌를 듣는다고 생각해 보라. 처음 며칠 동안 단어를 익히려고 억지로 외우다 보면 새로운 신경연접부들이 생겨난다. 날마다 연습하면 새로 생겨난 신경회로가 더 활성화된다. 뇌 회로 내의 이런 활동은 프로BDNF를 뇌유래 신경영양 인자BDNF로 쪼개는 데 필요한 효소를 생성한다. 그리하여 신경세포가 더 빠르게 팽창하고, 새로운 신경세포가 보강되고, 새로운 신경연접부가 만들어진다. 결과적으로 당신의 외국어 실력이 향상된다. 새 언어를 몇 년 동안 말하면 회로가 더욱 팽창해 어휘만 늘 뿐 아니라 구문과 발음까지 좋아진다.

그러다 그 언어로 말하기를 중단하고 20년이 흐른다면 당신의 유창한 실력은 어떻게 될까? 회로가 사용되지 않으니 프로BDNF를 쪼개 줄 효소가 생성되지 않는다. 결국, 세월이 가면서 이 언어에 해당하는 신경회로는 아주 서서히 제거된다.

외국어를 실제로 소리 내어 말하지는 않고 머릿속으로만 연습하면 어떻게 될까? 그래도 회로가 약해질까? 기능적 뇌 영상을 보면 그렇지 않다. 적어도 위의 경우만큼 빠르게 약해지지는 않는다. 이것을 정서 건강에 적용해 보자. 2007년에 뇌 연구를 통해 밝혀졌듯이, 고통스러운 자극을 받을 때 활성화되는 뇌 회로는 고통스러운 자극을 상상할 때도 똑같이 활성화된다. 2000년에 카를 허홀츠Karl Herholz와 볼프—디터 하이스Wolf-Dieter Heiss가 밝혀낸 바로는, 뇌졸중 환자들은 마비된 손이나 발을 움직이는 상상만 했는데도 그에 해당하는 뇌의 운동신경회로가 실제로 활성화되었다. 이것이 바로 예술이나 스포츠에 응용되는 시각화라는 개념이다. 여러 뇌 연구를 통해 입증된 것처럼, 음악가들은 악보를 연주하는 상상만 해도 마치 실제로 악기를 연주하는 것처럼 동일한 운동신경 경로가 활성화된다. 근육을 하나도 움직이지 않아도 말이다. 어떤 생각을 하느냐에 따라 실제로 우리 뇌가 새롭게 변한다![5]

생각을 사로잡아야 한다

모든 생각을 사로잡아 그리스도에게 복종하게 해야만 하는 이유는 무엇인가? 해로운 신경회로의 활성화를 능동적으로 중단하지 않으면, 그 해로운 사고방식이 약화하지 않아 우리의 성품이 그리스도의 형상으로 변화될 수 없기 때문이다. 예수께서 간음을 재해석하신 유명한 말씀의 배후 의미가 바로 그것이다. "또 간음하지 말라 하였다는 것을 너희가 들었으나 나는 너희에게 이르노니 음욕을 품고 여자를 보는 자마다 마음에 이미 간음하였느니라"마 5:27~28. 예수님은 우리가 상상 속에서 계속 죄를 지으면 해로운 회로가 더 강해져 성품이 치유될 수 없음을 물론 아셨다.

한 성경 기자는 "대저 그 마음의 생각이 어떠하면 그 위인도 그러한즉"잠 23:7이라고 했다. 어떤 회로가 활성화될지는 우리 마음의 결정에 달려 있다. 그 결정이 상상으로 그치든 행동으로 옮겨지든 관계없다. 어느 경우든 결국 활성화되어 강화되고 유지되는 신경회로는 우리 마음에서 정해진다. 2장에 말했듯이 신경계의 "마음"이란 곧 전두대상피질ACC이다. 배외측 전전두피질DLPFC : 판단, 안와 전두피질(OFC) 및 복내측 전전두피질(VMPFC : 양심)과 감정 대뇌변연계 사이에서 일을 처리하는 지점이 바로 전두대상피질ACC : 마음이다. 결국, 전두대상피질ACC : 마음이 모든 선택이 내려지는 곳이다.[6]

왜 우리는 하나님에 대한 모든 거짓말을 무너뜨려야 하는가? 전두대상피질ACC : 마음이 그런 거짓말을 받아들이면 해로운 신경회로가 가동되어 강해지고, 전전두피질이 손상되고, 사랑이 저해되고, 두려움이 자극되기 때문이다. 결국, 우리가 하나님에 대한 거짓말을 고수하면 그분이 우리 안에 자신의 형상을 회복하실 수 없다.

하지만 진리를 받아들이고 사랑의 하나님을 예배하면 전전두피질ACC

: 마음이 더 건강해져 두려움을 물리칠 수 있다.

"무서운 하나님"

하나님의 실체는 원수 마귀가 주장하는 대로인가? 아니면 예수께서 계시하신 대로인가? 이것은 반드시 답해야 할 질문이다. 이 질문에 어떤 결론을 내리느냐에 우리의 영원한 구원이 달려 있다. 우리의 이론을 시험하는 또 하나의 기준이 있다. 하나님은 권력에 환장한 존재인가? 자신의 권력으로 엄격한 응보와 형벌을 가해야만 직성이 풀리는 존재인가? 하나님은 "내가 너한테 바라는 것은 사랑뿐이다. 그런데 네가 나를 사랑하지 않는다면 나는 너를 죽을 때까지 지옥에서 불사르며 고문할 것이다."라고 말하는 분인가? 그분은 위무慰撫를 요구하는 존재인가? 그 아들의 피로 그분을 매수해야만 우리를 죽이지 않는 존재인가?그렇다고 회개하지 않는 사람들이 결국 죽지 않는다는 말은 아니다. 그들은 죽는다. 하지만 그들이 죽는 이유는 하나님이 강제로 고문하고 처형해서가 아니다. 그들의 죽는 이유는 뒤에서 살펴볼 것이다.

조엘 그린과 마크 베이커가 〈십자가와 구원의 문화적 이해〉에 지적했듯이, 성경에는 그렇게 무서움을 유발하는 하나님 개념을 떠받쳐 주는 근거가 전혀 없다. "속죄의 의미가 무엇이든, 속죄의 초점이 노하신 하나님을 달랜다든가 그분의 자비로운 주목을 얻어내는 데 있다고 생각한다면 그것은 중대한 오류다. ... 노하신 하나님을 속죄 제사로 달래야 한다는 개념은 성경 어디에도 없다."[7]

우리가 예배할 신은 둘 중 하나뿐이다. 하나는 예수께서 계시해 주신 사랑의 하나님이고 또 하나는 사랑이 아닌 다른 신이다. 후자의 신으로부터 자비와 용서와 은혜를 얻어내려면 우리 쪽에서 행위로 자격을 갖추어야 한다. 세상의 모든 잘못된 종교의 핵심 오류는 왜곡된 하나님관이다. 세상 종교의 신은 너무 바빠 우리를 돌볼 겨를이 없는 존재이거나, 무심하게 멀찍이 떨어져 있는 존재이거나, 절대 권력으로 잔인한 압제를 일삼아 우리 쪽에서 달래야 하는 존재라는 왜곡이다. 뇌 연구를 통해 입증되었듯이 어떤 하나님을 예배하느냐에 따라 당신의 뇌가 달라진다. 치유는 사랑의 하나님을 예배할 때에만 찾아온다. 거짓을 고수하면 치유 과정이 막힌다.

세상은 최후의 완성에 가까워지고 있다. 악과 싸우는 최후의 전쟁에서 관건은 무엇이 될 것인가? 성경에 예언된 사건들의 완성은 무엇인가? 이 싸움의 관건은 예배이고, 두 개의 체제이며, 두 가지 하나님관이다. 한쪽에는 자유를 침해하는 짐승의 체제가 있다. 짐승의 표를 가진 자 외에는 아무도 물건을 사고 팔 수 없다계 13:17. 다른 한쪽에는 하나님의 체제인 사랑이 있다. "사람이 친구를 위하여 자기 목숨을 버리면 이보다 더 큰 사랑이 없나니"요 15:13. 세상은 이 최후의 대결을 향해 정면으로 떠밀리고 있다. 그때 모든 사람은 선택해야 한다. 자유를 침해하든지 아니면 하나님과 사람들을 지극히 사랑하든지 둘 하나를 선택해야 한다.

자유를 중시하지 않는 신을 예배하면 그 결과는 무엇인가? 권력으로 파괴하는 신, 우리 쪽에서 달래야만 용서를 베푸는 신을 믿으면 어떤 결과가 나타나는가? 그런 믿음은 자유의 법을 거스른다. 따라서 인간관계에서와 마찬가지로 결과는 뻔하다. 사랑이 파괴되고, 반항심이 싹트고, 개성이 말살된다. 앞서 보았듯이 전전두피질이 손상을 입는다.[8]

예수님은 말세가 되면 대다수 사람의 사랑이 식을 것이라 말씀하셨다

마 24:12. 그 이유는 무엇인가? 악 때문이다. 바울이 로마서 1장 18~31절
에 말했듯이 악은 하나님에 대한 진리를 거부한 결과다. 하나님을 아는
지식을 거부하면 언제나 하나님의 방법과 멀어진다. 그래서 종교적인
사람들은 강요하고 통제하는 신을 얼마든지 예배할 수 있다. 자유가 억
압되면 사랑이 파괴된다. 뇌 영상을 통해 입증된 현상이 있다. 자유를
억압하는 복수復讐의 신을 예배하며 신의 형벌과 응보를 예상하고 있으
면, 두려움 회로가 강해지고 전전두피질이 손상된다. 다시 말하지만, 전
전두피질은 사랑과 공감과 이타심을 경험하는 뇌 부위다. 바울은 말세
에 경건의 모양은 있으나 경건의 능력은 부인하는 자들이 있을 거라고
했다딤후 3:5. 이것은 불가지론자와 무신론자에 대한 말이 아니다. 바울이
지금 말하는 사람들은 말로는 하나님을 믿는다고 주장하면서 그분과 그
분의 속성인 사랑에 대한 진리를 부인하는 사람들이다.[9]

경건의 모양은 있으나 사탄이 주장하는 신을 예배하면 사랑이 파괴되
고 두려움이 커진다. 시간이 가면서 우리는 그림자와 같은 존재가 된다.
이성적 사고력을 이미 잃었거나 잃어가고 있는 조나 린다처럼 말이다.
우리는 형벌이 두려워 예배하는 사람, 독자적 사고를 겁내는 사람이 된
다. 아무 생각도 없는 빈껍데기가 된다. 믿음의 의미를 "하나님이 말씀
하셨으니 무조건 그대로 믿으면 된다"고만 보는 개념이 그 한 가지 예
다. 하지만 믿음은 아무런 질문도 하지 않는다는 뜻이 아니다. 덮어 놓
고 믿는다는 뜻이 아니다. 이런 식의 "맹신"은 그 자체가 덕목이기는커
녕 우리를 뜻도 모른 채 무조건 규율과 의식儀式과 예식에 매달리는 사
람이 되게 한다. 나아가 나와는 다른 의식을 행하는 사람들을 비판하게
한다. 보다시피 난폭한 신을 "믿으면" 우리도 자기가 섬기는 난폭한 신

처럼 된다. 자신의 권력으로 남들을 통제하고 지배하며 그들에게 나의 생활방식을 강요하게 된다.

정치적 성향과 뇌

정치적 성향에 따라 뇌 구조가 다르다는 사실이 최근의 한 흥미로운 연구를 통해 밝혀졌다. 보수 성향이 강할수록 오른쪽 편도체에 회색질의 용량이 증가하고, 진보 성향이 강할수록 전두대상피질ACC, 마음에 회색질의 용량이 증가함이 이 연구를 통해 입증되었다. 독립적 표본인 추가 피험자들을 통해서도 동일한 결과가 확인되었다. 이런 뇌 변화가 서로 다른 정치적 입장을 유발한 것인지 아니면 그런 정치적 입장의 결과인지에 대해서는 연구진도 결론을 내리지 못했다.[10]

기억하겠지만 편도체는 두려움을 경험하는 부위이고, 전두대상피질ACC, 마음은 다른 사람들을 향한 긍휼과 공감과 관심을 경험하는 부위다. 관찰된 뇌의 차이가 서로 다른 정치적 성향에서 유발된 것인지 아니면 그런 관점의 결과인지는 연구진도 밝혀내지 못했지만, 정치적 성향이 설혹 그런 차이의 원인은 아니라 해도 그런 차이를 가중시켰을 것이라는 게 나의 가설이다. 여기에는 두 가지 근거가 있다. 하나는 뉴버그의 연구 결과에 대한 가소성可塑性의 연구함께 활성화되는 신경회로들이 어떻게 팽창하고 강해지는가에 관한 연구들이다. 앞서 언급했듯이 뉴버그는 하루 12분의 묵상이 전두대상피질ACC, 마음을 상당히 발달시켜 줌을 밝혀낸 바 있다. 또 하나의 근거는 직업에 따른 뇌의 변화다예컨대 런던의 택시 운전사들은 공간 지향에 상응하는 뇌 부위에 회색질의 용량이 증가했다.[11] 그래서 나는 정치적 견해 차이가 진보와 보수에서 관찰되는 뇌의 차이에 이바지한다고 본다.

내 생각이 옳다면 이는 더할 나위 없이 기쁜 소식이며, 우리에게 새 마음을 주시고 사고를 치유해 속에서부터 재창조하시겠다는 하나님의 약속과도 잘 들어맞는다. 아울러 여러 성경 인물의 기록된 이력과도 부합한다. 예컨대 다소의 사울은 어느 모로 보나 매우 보수적인 사람이었다. 그는 관용을 모르는 엄격한 율법주의자였고 온갖 방법으로 강요를 일삼았다. 공권력을 이용해 자신의 종교적 신념을 떠받드는 일이 그에게는 아무런 문제도 되지 않았다. 하지만 회심 후의 사울^{사도 바울}은 너그럽고, 사랑이 풍성하고, 자기를 희생하고, 인내심이 많은 사람이었다. 결국, 그는 다른 사람들을 위해 자신의 목숨까지 기꺼이 바쳤다. 이런 극적인 변화가 일어나려면 당연히 서로 다른 뇌 회로가 활성화되어야 한다. 그래서 이런 가설이 가능해진다. 회심 전의 사울은 편도체는 아주 잘 발육되어 있었으나 전두대상피질ACC, 마음은 발육 부진이었는데 비해 회심한 바울은 그 반대였을 것이다. 여기서 미루어 알 수 있는 것이 있다. 하나님에 대한 신념이 바뀌어 그분을 신뢰하게 되면 마음속에 새로운 동기가 솟아오르면서 새로운 신경회로가 활성화된다. 그리고 그 결과로 뇌에 긍정적 변화가 일어난다.

속성이 왜곡된 하나님을 예배하면 사랑이 파괴되고 개성이 사라진다. 서글프게도 많은 사람이 다른 하나님관^{사랑의 하나님}을 들어 보지 못한 채 계속 자신의 힘으로 생각하고 추론한다. 그러다가 아예 신이라는 개념 자체를 부정하고 불가지론자나 무신론자가 되기도 한다.

힘으로 되지 않는다

하나님은 이 싸움에 이기실 때 즉 우리의 마음을 얻어 사랑을 회복시키실 때, 힘이나 능력을 쓰지 않으신다.

"이는 힘으로 되지 아니하며 능력으로 되지 아니하고 오직 나의 영으로 되느니라"슥 4:6.

앞서 보았듯이 진정한 변화는 사고가 변해야만 가능하다. 생각이 바뀌어야 뇌가 바뀐다.

때로 우리는 범죄인들의 행동을 "통제하기" 위해 그들을 감옥에 가둘 수 있고 마땅히 그래야 한다. 하지만 그들의 상상까지 통제할 수는 없다. 생각이 바뀌지 않으면 뇌가 바뀌지 않고, 따라서 성품이 변할 수 없다. 하나님은 억지로 우리의 행동을 고치실 능력이 있다. 하지만 사고의 노선을 억지로 뜯어고치신다면 그분은 개성을 말살하시고 로봇을 만드실 수밖에 없다. 사랑은 명령으로 되는 것이 아니다. 그래서 하나님은 우리에게 "나를 사랑하라, 그렇지 않으면 너를 죽이겠다. 나를 사랑하라, 그렇지 않으면 억지로 너를 지옥에서 영원히 고문하겠다"라고 말씀하실 수 없다. 이런 개념은 우리의 기준이자 상수인 사랑과 자유의 법에 비하면 모두 거짓으로 판명이 날 수밖에 없다.

나도 처음에는 그것을 이해하기가 참 힘들었다. 아주 오랫동안 나는 구약의 하나님을 몰랐고 그분을 피했다. 하나님이 힘과 능력을 쓰실 때가 성경에 너무 많아서 머리가 혼란스러웠다. 노아의 홍수, 소돔과 고모라, 이집트의 장자들, 18만 5천의 앗수르 군사, 엘리야를 체포하러 왔던 군인들, 고라와 다단와 아비람, 웃사, 나답과 아비후 등 성경에는 하나님이 힘을 써서 사람들을 무덤에 들어가게 하신 사례가 많다. 내가 배운 바로는 이는 하나님이 인내심을 잃고 사람을 죽이신다는 증거였다. 화를 못 이겨 결국 자신의 자녀들을 쳐서 멸하신다는 증거였다.

내 인생의 그 시절을 되돌아보면 마치 할머니의 안경으로 세상을 보는 것과 같았다. 어렸을 때 나는 교회에서 할머니 옆에 앉아 안경을 써 보곤 했던 기억이 있다. 할머니의 안경은 콜라병 바닥만큼이나 두꺼웠다. 그것을 쓰고 보면 세상이 흐릿했다. 모든 것이 초점을 잃어 내가 무엇을 보고 있는지조차 알 수 없었다.

마찬가지로 나는 하나님의 말씀을 왜곡과 전통과 오해의 렌즈로 보았다. 내가 무엇을 읽고 있는지조차 몰랐다. 내 머릿속에 거짓이 너무 많이 들어와 있었다. 새로운 안경이 필요했다. 예수님이 필요했다! 예수님이라는 렌즈를 통해 성경을 이해해야 하는데 나는 그러지 못했다. 살아 계신 말씀이신 그분이 기록된 말씀을 해석해 주셔야 했다. 나는 예수님의 친구가 되어 그분의 가르침을 받아야 했다. 예수께서 계시해 주신 하나님의 속성, 즉 사랑을 깨닫고 나서야 비로소 성경에 초점이 잡혔다.

예수님을 보면서 나는 어마어마한 사실을 깨달았다. 예수님육신을 입으신 하나님은 죽음을 보시는 눈이 우리와 달랐다. "예수께서 그 관리의 집에 가사 피리 부는 자들과 떠드는 무리를 보시고 이르시되 '물러가라. 이 소녀가 죽은 것이 아니라 잔다' 하시니 그들이 비웃더라"마 9:23~24. 그들은 왜 비웃었을까? 그들의 인간적 관점에서 보기에는 소녀가 죽었기 때문이다.

그렇다면 "이 소녀가 죽은 것이 아니라 잔다" 하신 예수님의 말씀은 거짓인가? 그분이 오도하고 속이려 하신 것인가? 그들의 생각을 어둡게 하시려고 일부러 오해를 조장하신 것인가? 아니면 그분은 그냥 만인을 깨우치는 빛이 되려 하신 것인가? 그들의 비웃음을 무릅쓰고서라도 부드럽게 그들의 생각을 틔워 주려 하신 것인가? 예수님은 늘 진실과 정직의 원리를 주창하셨다. 그런 그분이 사람을 속이실 리가 만무하다. 그래서 나는 예수께서 더 큰 진리를 계시해 주신 거라는 결론을 내렸다.

더 많은 증거

나는 예수께서 죽은 사람을 대면하신 또 다른 이야기에서 더 많은 증거를 찾아보았다. "이 말씀을 하신 후에 또 이르시되 '우리 친구 나사로가 잠들었도다. 그러나 내가 깨우러 가노라.' 제자들이 이르되 '주여, 잠들었으면 낫겠나이다' 하더라. 예수는 그의 죽음을 가리켜 말씀하신 것이나 그들은 잠들어 쉬는 것을 가리켜 말씀하심인 줄 생각하는지라. 이에 예수께서 밝히 이르시되 '나사로가 죽었느니라'"요 11:11~14. 이번에도 자문해 보았다. 예수님은 거짓말을 하신 것인가? 제자들을 속이며 혼란을 조장하신 것인가? 아니면 그들의 생각을 열어 진리를 보게 하려 하신 것인가? 나는 예수께서 하늘의 빛을 계시해 주셨음을 깨달았다. 내 사고가 치유되려면 그 빛을 받아들여야 함도 깨달았다. 이런 새로운 이해를 바탕으로 나는 오랫동안 나를 괴롭혀 온 구약의 모든 이야기를 재검토해 보았다.

나 자신에게 물었다. "예수님을 나의 렌즈로 삼고 죽음의 정의定義를 인간의 몸으로 오신 하나님으로부터 얻는다면, 그렇다면 하나님은 사람을 죽이셨는가?" 그때 깜짝 놀랄 깨달음이 찾아왔다. 하나님은 자신의 수많은 자녀를 무덤 속에 잠자게 하셨다. 하지만 그것은 하나님이 정의定義하시는 죽음이 아니므로 그분은 아무도 죽이지 않으셨다. 하나님의 생각 속에서 잠과 죽음은 같지 않다. 둘은 목적이 아주 다르다.

예컨대 성경은 죄의 삯이 잠이라든지 죄가 장성한즉 잠을 낳는다고 말하지 않는다롬 6:23, 약 1:5. 하나님의 언어에서 잠은 일시적이고 죽음은 영원한 것이다. 컴퓨터를 끄고 전기 코드를 뽑고 배터리를 빼면 컴퓨터는 "잠든" 상태가 된다. 다시 동력을 받아 "깨어나기를" 기다리는 동안 데이터는 조금도 손상되지 않는다. 하지만 컴퓨터를 뜨거운 불 속에 던져서 녹이면 완전히 파괴되어백업 하드드라이브를 새로운 기계에 다운로드하지 않는 한 다시는 깨어날 수 없다. 예수님의 말씀도 그런 뜻이 아닐까? 우리가 말하는 죽음은 사실 컴퓨터의 전원만 뽑혀 있는 상태인데 반해 하나님이 생각하시는 죽음은 지적 존재가 영원히 멸망한 상태라는 뜻이 아닐까?[12]

만일 그렇다면, 하나님의 관점에서 보면 아직 아무도 죽은 것이 아니라 모두 잠자고 있을 뿐이다. 생명의 부활이나 심판의 부활로 그분이 다시 깨우실 때를 기다리고 있을 뿐이다단 12:13, 요 5:29, 살전 4:13. 하지만 이런 개념은 더 많은 의문을 불러일으킨다. 하나님은 왜 힘을 써서 사람들을 무덤 속에 "꺼두신" 것일까?

그 생각을 하다가 나는 문득 놀라운 사실을 깨달았다. 하나님은 그리스도께서 오시기 전에는 자신의 자녀들을 무덤 속에 잠자게 하셨으나 그리스도께서 부활하신 후로는 그런 일을 하지 않으셨다. 그 이유는 무엇인가? 예수님 시대 이후로 이 세상의 사랑과 자비와 은혜가 더 많아졌는가? 악이 사라졌는가? 예수께서 이 땅에 오시기 전에 벌어졌던 쾌락주의, 우상숭배, 폭력, 학대 등의 문제가 지금은 그때보다 줄었단 말인가?

그리스도께서 부활하신 후의 인류 역사를 생각해 보았다. 네로, 스탈린, 히틀러, 이디 아민, 식인食人 행위, 힌두교의 죽음의 여신인 칼리 숭배, 1차 세계대전, 2차 세계대전, 르완다, 보스니아... 십자가 이전처럼 그 이후로도 악은 줄어들지 않았다. 하지만 십자가 이전에는 개입하셨던 하나님이 이 모든 악에도 불구하고 그 후로는 개입하지 않으셨다. 그 이유가 궁금했다.

어렸을 때 나는 하나님이 죄에 벌을 내리신다고 배웠다. 하지만 하나님이 행동하시는 이유가 무엇이든, 그것이 내가 유년기에 배운 그대로일 수는 없음을 마침내 깨달았다. 벌이 이유라면 그분은 지금도 벌하셔야 한다. 악이 조금도 줄어들지 않았으니 말이다. 또 하나 깨달은 것이 있다. 하나님의 형벌을 믿는 사람들의 논리대로 보더라도 그분은 심판 때까지는 죄를 벌하지 않으신다. 심판은 아직 이루어지지 않았으므로 그분이 과거에 하신 행동도 벌이 목적이 아니었다. 벌이 목적이 아니라면 구약 시대에 하나님이 그 많은 사람을 무덤 속에 잠들게 하신 이유는 무엇인가? 십자가 이전과 이후에 그토록 극적인 변화가 나타난 이유가 무엇인가?

그때 문득 깨달아졌다. 인류는 사랑의 서클을 끊고 영원한 죽음으로 곤두박질치고 있었다. 다시는 되돌릴 수 없는 영구적 죽음이다. 하지만 하나님은 그대로 그냥 두기에는 우리를 너무도 사랑하셨다. 그래서 구주를 약속하셨다. 장차 구주가 오셔서 세상을 하나님의 사랑의 서클에 다시 이으실 것이었다. 하나님은 예수께서 오실 길을 열어 두셔야 했다. 그런데 사탄은 그분이 오실 때 나타날 영원한 결과를 익히 아는지라 그분을 막으려고 맹렬히 싸웠다. 십자가 이전까지는 하나님이 개입하셨다. 하늘의 궁정에서 베들레헴의 마구간으로 오실 우리 구주의 길을 열어 두시기 위해서였다. 그러나 예수께서 이 땅에서 사명을 완수하신 후

에는 하나님이 더는 그런 식으로 일하실 필요가 없어졌다. 사랑의 서클
이 다시 이어졌기 때문이다.

구원의 아들

아담이 죄를 짓고 나자 하나님이 인류를 구원하는 길은 그 아들을 보
내시는 것뿐이었다. 거기 에덴동산에서부터 하나님은 구주를, 즉 뱀의
머리를 상하게 하실 후손을 약속하셨다창 3:15. 사탄은 이 세상에 대한
자신의 지배력이 확고하지 못함을 알았다. 예수께서 오셔서 사탄의 나
라의 굴레를 꺾으시고 우리를 구해 자유롭게 하실 것을 알았다. 그래서
사탄은 자신의 악한 능력을 총동원해 곧바로 싸움에 돌입했다. 메시아
가 도래하실 길을 막기 위해서였다. 그는 어떻게 예수님을 오지 못하게
막으려 했는가? 모든 인간을 유혹해 하나님께 마음을 닫게 하려 했다.
그래서 예수의 어머니가 되기로 자원할 여자가 하나도 없게 하려 했다.

하나님이 홍수로 세상을 멸하실 때 이 땅에 의인은 하나밖에 남지 않
았었다. 딱 한 명이었다. 그리스도께서 오실 길이 거의 막힐 뻔했다. 하
지만 사랑이신 하나님은 그대로 두실 수 없었다. 그래서 그분이 개입하
셔서 불순종하는 수많은 자녀를 무덤 속에 잠들게 하셨다. 형벌이 아니
라 이 땅을 구하시기 위해서였다. 우리와의 관계를 유지하고 통로를 열
어 두기 위해서였다. 그 일이 하나님께 얼마나 힘들었겠는가!

당신에게 열 명의 자녀가 있다고 생각해 보라. 다섯은 스무 살이 넘었
고 다섯은 아직 일곱 살이 안 됐다. 위의 다섯은 반항아, 폭력범, 치한,
마약 중독자, 살인자이며 늘 밑의 다섯을 괴롭히고 죽이려 한다. 당신이
회개로 이끌려 할 때마다 그들은 당신을 멸시하고 공격한다. 만일 불순

종하는 그들을 극저온 상태로 저장해 두었다가죽이지는 않고 그냥 "전원만 꺼서" 어린 자녀들이 안전하게 장성할 때까지 활동을 보류했다가 나중에 다시 깨어나게 할 능력이 당신에게 있다면, 당신은 그렇게 하지 않겠는가? 나이 든 자녀들의 시간을 잠시 정지했다가 어린 자녀들이 다 자란 후에 다시 해제해 삶을 마치게 하지 않겠는가? 하나님이 구약에서 하신 일이 바로 그것이 아닌가? 하나님은 사랑으로 개입하셨다. 그런데 사탄은 하나님의 그런 활동을 복수의 행위로 왜곡했고, 우리를 하나님께 겁먹게 하려고 무서운 하나님관을 지어냈다. 거짓말을 믿으면 사랑과 신뢰의 서클이 깨지고 대뇌변연계가 자극을 받아 전전두피질의 기능이 저해되기 때문이다. 하나님에 대한 거짓말이 넘쳐나는 곳에는 사랑이 흐를 수 없다.

나는 하나님이 죄인들을 어떻게 대하시는지 그 진실을 알고자 십자가를 보았다. 그러자 예수님이 두 강도처럼 무력한 피해자가 아니었음이 깨달아졌다. 모든 권세가 그분께 주어졌다요 13:3. 그분은 창조주요 하늘과 땅의 왕이시다. 그것을 묵상하다 보니 옛날의 텔레비전 프로그램인 "내 사랑 지니"I Dream of Jeannie와 "아내는 요술쟁이"Bewitched가 떠올랐다. 그런데 예수님은 굳이 눈을 깜짝이거나 코를 씰룩하지 않아도 무엇이든 하실 수 있는 분이다. 그분이 "없어져라!"라고 생각만 하셨어도 악인들은 모조리 제거되었을 것이다. 상상해 보라. 십자가의 처절한 고통 속에서도 그분은 "너희가 없어졌으면 좋겠다"라는 생각조차 품지 않으셨다.

끔찍한 악의 한복판에서도 그리스도는 단 한 번도 공격자들을 해치거나 자신을 구원할 생각을 하지 않으셨으니 이 얼마나 놀라운 사랑인가! "권력은 부패를 낳고 절대 권력은 절대 부패를 낳는다."라는 옛말이 있지만, 예수님의 경우는 그렇지 않다. 그분이 의심의 여지 없이 입증하셨 듯이 그분은 모든 권력을 가지고도 안전하신 분이다. 절대로 사리사욕 을 위해 권력을 쓰실 분이 아니다. 얼마나 멋지신 하나님인가! 그분은 차라리 피조물에 학대와 죽임을 당하실지언정 자신의 권력으로 그들을 막지 않으신다. 하나님은 우리에게 얼마나 온전한 자유를 주셨는가. 죽 임을 당하신 어린양은 참으로 합당하고 합당하고 합당하신 분이다. 모 든 권세를 가지시기에 합당하신 분이다. 모든 권세를 가지고도 안전하 신 분임을 친히 입증하셨다.

사랑은 자유의 대기 속에만 존재할 수 있다. 하나님은 사랑이시다. 그 분이 원하시는 것은 그분의 방법인 진리를 통해서만 얻어질 수 있다. 진 리는 사랑으로 나타나며 타인의 자유를 침해하지 않는다. 하나님에 대 한 거짓말이 진리를 몰아내면 그때부터 사랑이 깨진다.

하나님의 치료법은 진리로 시작된다.

"진리를 알지니 진리가 너희를 자유롭게 하리라" 요 8:32.

Part
Two

상 충 되 는

하나님관의

싸   움

005

회심한 사람의 뇌 안에서
벌어지는 싸움

사랑은 내가 얻으려는 것과 무관하다.
사랑은 전부 다 주는 것이다.

작가 미상

내가 그녀를 만났을 때 그녀는 겨우 열아홉 살이었고 극심한 통증으로 괴로워하고 있었다. 몸은 부서졌으나 다행히 목숨은 건졌다. 사만다 Samantha는 병원의 화젯거리이자 기적의 주인공이었다. 고등학교를 졸업하자마자 육군에 입대한 그녀는 특수부대 훈련과 포트 브래그의 낙하산 학교에 지원했다.

훈련소를 퇴소한 직후 그녀는 포트 브래그에 도착해 낙하산 부대원이 되기 위한 고된 훈련에 들어갔다. 낙하산을 접는 법, 장비를 제대로 넣는 법, 비행기에서 안전하게 뛰어내리는 법을 익혔다. 낙하산이 잘못되었을 때 잘라내는 법, 비상시에 예비 낙하산을 활용하는 법도 배웠다.

착륙해 웅크린 자세로 구르는 법도 제대로 연습했다. 모든 실습 낙하를 아무런 어려움 없이 마쳤다. 마침내 졸업식 날이 되자 그녀는 자신이 이루어낸 일이 자랑스러웠다.

졸업생 가족이 초대받은 졸업식은 어느 졸업식과도 달랐다. 포트 브래그의 졸업생들은 오케스트라가 "위풍당당 행진곡"을 연주하는 가운데 졸업 가운과 사각모 차림으로 걸어서 입장하지 않는다. 그들은 요란하게 하늘을 나는 허큘리스 C-130 수송기에서 전투복 차림으로 낙하산을 타고 내려온다. 스탠드에 가득한 가족들은 흥분에 젖어 있었다. 이윽고 수송기들이 상공을 지나가기 시작하자 낙하산이 하나씩 펴지면서 작고 푸른 군인들이 바람결에 나부끼듯 하늘을 장식했다. 졸업생들은 가족이 지켜보고 있는 연병장의 관중석 앞에 착륙했다.

갑자기 관중석에서 흠칫 놀라는 소리가 났다. 낙하산 하나가 펴지지 않은 것이다. 모든 시선이 상공에서 하강 중인 한 군인에게 쏠렸다. 불안한 군중이 지켜보는 가운데 군인은 엉켜 버린 낙하산을 잘라내고 비상용 낙하산을 폈다. 그러나 비상용 낙하산마저 엉켜서 펴지지 않자 연병장은 비명으로 가득해졌다.

사만다의 부모는 낙하산이 펴지지 않은 군인이 자신들의 딸인 줄은 꿈에도 몰랐다. 그들은 충격 속에 말없이 지켜보며 누구인지 모를 군인을 위해 기도했다. 나중에 알고 보니 딸이었다.

사만다는 훈련받은 대로 했다. 땅에 닿는 순간 몸을 웅크리고 굴렀다. 강한 충격으로 두 다리와 골반이 부러졌고 척추의 천골薦骨도 꽤 손상되었다. 그런데도 그녀는 신기하게 살아났다.

병원에서 사람들이 웅성거리던 소리가 기억난다. 한 간호사는 "정말

기적이에요. 그녀의 인생에 정말 하나님의 무슨 목적이 있는 게 분명해요."라고 말했다. 그러자 다른 간호사가 얼른 이의를 제기했다. "하나님이 기적을 행할 거라면 왜 그냥 낙하산이 펴지게 하지 않았을까요? 뭔가 하나님께 잘못한 게 있으니까 이런 일을 당했겠지요."

나도 사만다가 다친 이유를 생각해 보았다. "선하신" 하나님이 그녀를 구하려고 개입하신 것일까? "악한" 신이 그녀를 벌하려고 개입한 것일까? 아니면 "흉한" 신이 무심하게 내버려 둔 것일까?

자연법

사만다가 접었던 낙하산이 수거된다면 분명히 부모는 낙하산을 잘못 접었다고 딸을 미워하지 않을 것이다. 그때 퍼뜩 깨달아졌다. 하나님은 인류가 죄에 빠졌다고 인류를 미워하지 않으신다. 사만다의 부모가 싫어한 것은 딸이 비행기에서 뛰어내릴 때 낙하산이 작동하지 않았다는 사실이다. 왜 그럴까? 그 결과로 사랑하는 딸이 고통과 고생을 겪게 되었기 때문이다.

다시 말하지만 사만다가 접었던 낙하산이 수거되어도 아무도 그녀에게 낙하산을 잘못 접었다고 벌을 가할 필요가 없다. 물론 육군은 그녀에게 낙하산을 접는 법을 명확히 지시했다. 하지만 설령 그녀가 그 규정을 어겼다 해도 정부는 굳이 정의를 내세워 그녀에게 벌을 가할 필요가 없다. 펴지지 않는 낙하산을 메고 비행기에서 뛰어내리면 당연히 피해가 발생하게 마련이다. 그래서 정부는 오히려 피해를 막으려고 개입했다. 사전에 피해를 면하는 법을 가르쳤던 정부가, 그녀가 땅에 떨어지는 그 순간부터, 이제 이미 발생한 피해를 치료하는 데 자원을 투입했다.

지상의 응급 요원, 구급차, 의무병, 의사, 간호사, 물리치료사^{사만다를}
구하고 치료하는 데 필요한 정부의 모든 자원가 즉각 동원되었다. 정부의 개입은 그
녀가 땅에 떨어지기 전부터 시작되었다. 응급 요원들은 그녀를 살리려
고 이미 예상 추락 지점으로 이동하고 있었다.

현대의 이 장면을 생각하노라니 먼 옛날 하늘에 울려 퍼졌을 아찔한
비명이 연상되었다. 천사들은 아담과 하와가 뱀의 거짓말을 믿고 열매
를 따 먹어 영원한 죽음으로 곤두박질치는 모습을 보며 기겁했을 것이
다. 그러나 하나님은 그들이 죄로 추락하기 전부터 이미 움직이셔서 응
급 상황에 대처하셨다. "창세 전부터 죽임을 당한 어린양"^{계 13:8, NIV}예
수께서 이미 그 자리에 계시다가 그들을 사랑의 품 안에 받으셨다.

하나님의 정부는 아담과 하와만 아니라 당신과 나까지도 구하고 치료
하려고 모든 요원을 일제히 행동에 투입했다. 우리가 거짓말을 믿어 사
랑과 신뢰의 서클이 깨졌다. 그러나 하나님을 찬양하라. 사랑이신 그분
은 그대로 손을 떼지 않으셨다. 사랑은 반격했다. 예수께서 개입하셨다.
그리하여 인류에게, 우리 모두에게 구원의 길이 열렸다!

사랑의 중보

하나님은 우리를 버리실 수 없었다. 사랑이신 그분은 우리에게 등을
돌리실 수 없었다. 그분은 우리를 놓으시느니 차라리 자신이 죽으실 분
이다. 그러나 우리는 거짓말을 믿었다. 인간의 뇌는 사랑이 아니라 두려
움과 이기심에 지배당하게 되었다. 죽음이 인류를 쫓아다니며 괴롭힌
다. 그럼에도 하나님은 우리를 구원하고 치유하려고 즉시 자신을 쏟아
부으셨다.

우리의 첫 조상은 하나님에 대한 거짓말을 믿어 사랑과 신뢰의 서클을 깨뜨리고 "무조건 내가 먼저"라는 원리로 타락을 자초했다. 그러나 사랑이신 하나님은 그 순간부터 하늘에서 내려와 중보하셨다. 그분이 들어서셨다. 우리 앞에 서서 죄의 암적 공격을 가로막으셨다. 인류를 치료하고 우리를 영원한 죽음에서 구하려고 그분이 개입하셨다.

하나님은 세 가지 방법으로 중보하신다

1. 하나님은 어둠의 통치자들과 권세들을 대적하시고 악의 세력을 억제하신다. 성경에 보면 그분은 천사들을 보내 사방의 바람을 저지하시고 계 7:1, 자기 백성의 둘레에 보호의 울타리를 두르시며, 사탄의 활동을 제한하신다 왕하 6:17, 욥 1:10, 시 91:11.

2. 하나님은 또한 우리의 마음과 생각 속에서 중보하신다. 자신의 영을 보내 우리의 뇌 속에 역사하게 하신다. 그리하여 진리를 밝혀 주시고, 죄를 깨닫게 하시고, 이끄시고, 구애하시고, 선한 소원을 주시고, 마음속에 사랑을 사모하게 하신다 창 3:15, 요 16:8. 아담과 하와가 타락한 이후로 사랑이신 그분은 늘 악과 싸우시며 악의 치명적 의도를 차단하셨다. 동시에 그분은 인간의 마음에서 두려움과 이기심의 병을 뿌리 뽑고자 싸우셨다.

3. 예수님은 죄성의 자리로 직접 오셔서 중보하셨다. 그분은 우리를 대신해 죄가 되셨다 고후 5:21. 우리의 불치병을 정복하고 물리치고

치료하시려고 그것을 친히 대신 지셨다. "그는 실로 우리의 질고를 지고 우리의 슬픔을 당하였거늘" 사 53:4. 그렇다, 예수님은 우리 중 하나가 되셨다. 이는 죄 때문에 그분의 창조 세계에 닥친 모든 피해를 되돌리시기 위해서였고, 그분의 자녀인 우리를 회복시켜 하나님과 다시 연합시키시기 위해서였다. 예수님은 뱀의 머리를 상하게 하려고 오셨다 창 3:15. 사탄을 멸하시고 이 세상에서 죄의 병을 근절시키려 오셨다 히 2:14.

하나님이 중보하시기 때문에 이제 지구에는 두 가지 원리가 서로 대적해 싸우고 있다. 하나는 사랑의 원리이고 또 하나는 적자생존의 원리다. 하나님의 사랑의 원리는 우리를 위해 자기 목숨을 버리신 예수님으로 압축된다 요 15:13. 그것은 이런 의미다. "나는 너를 한없이 사랑하기에 너의 건강과 안녕과 유익을 위해서라면 무엇이든 할 것이다. 필요하다면 내 목숨까지도 바쳐 너를 살릴 것이다." 반대로 이런 경건한 사랑에 맞서 싸우는 적자생존의 원리는 이렇게 말한다. "나는 나 자신을 한없이 사랑하기에 나를 보호하고 앞세우고 높이기 위해서라면 무엇이든 할 것이다. 필요하다면 너를 죽이고라도 내가 살 것이다." 내 목숨을 바쳐 너를 살릴 것인가, 아니면 너를 죽이고라도 내가 살 것인가? 이 두 원리가 우리 각자의 마음속에서 서로 싸우고 있다.

진리를 알아야 한다

하나님은 우리를 깨우치고 치유하고 회복시키시고자 성령을 통해 역사하신다. 예수님은 말씀하셨다.

"진리를 알지니 진리가 너희를 자유롭게 하리라" 요 8:32.

진리는 전전두피질의 회로를 통해 사고 속에 들어온다. 그런데 원수는 거짓말로 우리의 사고를 혼미하게 하려 할 뿐 아니라 또한 우리의 대뇌변연계를 자극한다. "사람이 시험을 받을 때에 내가 하나님께 시험을 받는다 하지 말지니 하나님은 악에게 시험을 받지도 아니하시고 친히 아무도 시험하지 아니하시느니라. 오직 각 사람이 시험을 받는 것은 자기 욕심에 끌려 미혹됨이니 욕심이 잉태한즉 죄를 낳고 죄가 장성한즉 사망을 낳느니라" 약 1:13~15. 악한 욕심은 감정과 갈망의 중추인 대뇌변연계에서 생겨난다.

하나님은 우리를 치유하고 마음속에 온전한 사랑을 회복시키려고 늘 역사하시되, 그분의 방법인 진리와 사랑과 자유를 통해서만 하신다. 그러나 사랑의 정반대인 사탄은 멸망시키려고 일한다. 거짓의 아비인 그는 하나님의 사랑의 개입을 전부 왜곡하고 변질시키고 와전시킨다. 앞서 보았듯이 거짓을 믿으면 사랑과 신뢰의 서클이 깨져 우리가 하나님을 늘 무서워하게 되기 때문이다. 하나님의 사랑에 반응하고 그분의 방법을 실천하면 우리 뇌의 더 고차원적인 부위들이 강해진다. 그러나 이기심을 선택하면 대뇌변연계가 강해져 죄책감이 커지고 전전두피질이 손상된다. 하나님을 신뢰하는 관계로 다시 돌아가야만 우리 뇌가 치유되고 성품이 정화될 수 있다.

오지의 마을

아프리카 오지의 어느 마을을 상상해 보라. 아직 현대 서구인의 발길이 전혀 닿지 않은 곳이다. 농업에 생계를 의지하는 원주민들은 조상들이 지난 천 년 동안 이용했던 고대의 방법과 농기구를 그대로 이용하고 있다. 그들은 현대의 과학이나 첨단기술이나 의술을 전혀 모른다.

어느 날 일단의 의료 선교사들이 필요한 의술을 제공하기 위해 이 마을을 찾아간다. 도착하던 그 날 그들은 야영지의 언저리에서 고통으로 몸부림치는 한 아이를 만난다. 얼른 진찰해 보니 급성 맹장염이다. 급히 수술하지 않으면 아이는 죽을 것이다.

다행히 의료 선교사들에게는 이동 수술실이 있고, 아이의 목숨을 구하는 데 필요한 수술 장비도 완비되어 있다. 그들은 소리치며 발버둥 치는 아이를 들쳐 안고 비상 개입에 돌입한다. 의료팀이 아이의 생명을 건지려고 온 힘을 기울이는 동안 다른 세 아이가 근처에 숨어 열심히 지켜보고 있다. 의사의 품에 안긴 아이의 팔뚝에 간호사가 바늘을 꽂아 액체를 주사한다. 환자는 무서워 몸을 마구 뒤틀지만 금세 마취 효과가 나타나 얌전해진다. 이윽고 마스크를 쓴 남자가 날카로운 칼을 들고 자기네 친구의 배를 가르자, 지켜보던 세 아이는 기겁한다. 공포에 질려 마을로 달려간 그들은 침입자들이 와서 사람을 잡아 탁자에 올려놓고 돼지를 잡듯이 칼질을 한다고 소리친다.

온 마을에 소동이 벌어진다. 아이들과 노인들과 병약자들과 겁에 질린 사람들은 끔찍한 위협을 피해 재빨리 어디론가 숨고, 전사들은 적의 침입에 맞서 싸울 방도를 짜낸다. 마침내 의료 선교사들이 마을로 다가가자 전사들이 공격해 쫓아낸다. 그런 "야만족"의 접근을 허용할 만큼 미련한 사람은 그 마을에 아무도 없다.

신뢰를 구축하기 위해 의료진이 할 수 있는 일은 무엇인가?

군인들을 불러들여 무력으로 마을을 점령하면 신뢰가 회복될까? 선교사 중에 그 부족의 일원이 있다면 얼마나 좋을까? 부락민들을 알고 그들의 언어를 쓰는 사람이 앞서 가서 진실을 말해 줄 수만 있다면 얼마나 좋을까? 이 의료팀의 누군가가 그 마을에 태어나 그들 속에서 자랄 수 있다면, 그리하여 자기들이 적이 아니라 친구임을 알려 줄 수만 있다면 얼마나 좋을까?

우리의 첫 조상이 사랑과 신뢰의 서클을 깬 뒤로 하나님이 인류에게 하신 일이 바로 그것이다. 우리는 아파서 죽어가고 있다. 그래서 하나님은 우리를 구원하고 치유하려고 늘 역사하셨다. 우리의 신뢰를 회복시켜 그분의 치료를 받게 하려 하셨다. 하지만 그 부락민들처럼 우리도 사고가 어두워져 하나님이 하시려는 일을 오해하기 일쑤였다. 우리는 하나님을 무섭거나 적대적인 존재로 보았고, 그 결과 그분의 사자들과 선지자들과 대언자들을 거부하고 공격하고 쫓아냈다.

"보라, 어둠이 땅을 덮을 것이며 캄캄함이 만민을 가리려니와" 사 60:2.

그래서 하나님은 자기 아들을 보내 하나님의 참된 속성을 알리게 하셨다.

"참 빛 곧... 각 사람에게 비추는 빛" 요 1:9이신 예수님은 우리의 신뢰를 다시 얻어 우리를 사랑의 서클에 도로 이어 주려 오셨다. 그러나 안타깝게도 "빛이 어둠에 비치되 어둠이 깨닫지 못하"였다 요 1:5. 그 빛예수님을 통해 계시된 하나님에 대한 진리을 깨닫지 못하는 한 우리의 사고는 치유될 수 없다.

왜 그런가?

거짓을 믿으면 대뇌변연계가 자극되고 전전두피질이 손상되어 우리의 존재 안에 사랑의 흐름이 막히기 때문이다. 반면에 진리는 거짓을 무너뜨리고 신뢰를 회복시킨다. 그렇게 하나님과의 관계에 신뢰가 싹트면 그때부터 생명을 구하는 그분의 사랑이 다시 우리를 통해 흐른다. 그 사랑이 우리를 통해 흘러야만 뇌가 치유되고 영혼이 변화된다.

요컨대 치유 과정의 첫걸음은 하나님에 대한 진리를 깨닫는 것이다.

회심한 사람의 뇌 안에서 벌어지는 싸움

거짓을 무너뜨리고 우리의 신뢰를 회복시키는 것은 바로 하나님에 대한 진리다. 그런 신뢰가 있을 때 우리는 마음을 열고 하나님의 사랑을 경험할 수 있다. 그러면 두려움이 극복된다. 늘 받으려고만 하던 우리가 능히 베풀게 된다. 이것이 회심이다. 회심은 마음을 지배하는 동기가 근본적으로 바뀌는 경험이다. 즉 적자생존의 타고난 이기심에서 타인 중심의 사랑으로 바뀐다.

회심의 경험은그리스도 옆의 십자가의 강도나 다메섹 도상의 사울처럼 한순간에도 가능하지만, 하나님이 우리 삶을 치유하시는 변화는 서서히, 꾸준히, 점진적으로 이루어진다. 건강하지 못한 신경회로가 없어지고 건강한 신경회로가 만들어지려면 시간이 걸린다.

당신이 탄저병에 걸렸다고 가상해 보라. 치료를 받지 않으면 죽는다. 의사에게 갔을 때는 이미 병이 상당한 피해를 일으킨 후다. 물론 의사가 병을 고치려고 항생제를 주겠지만, 당신 쪽에서 의사를 신뢰하고 치료 절차에 잘 따라야 한다. 항생제를 처음 먹는 순간 당신은 죽음의 길을 벗어나 생명에 들어갔다. 이것을 회심에 비유할 수 있다. 하지만 모든 증상이 당일에 모두 해결될까? 아니면 점진적인 치유 과정이 뒤따를까?

마찬가지로 우리는 다 죄와 허물로 죽어 있었고엡 2:1 이기심이라는 불치병에 걸려 있었다시 51:5. 하지만 하나님에 대한 진리를 깨닫고 회심할 때 우리는 예수 그리스도를 신뢰하는 관계에 들어가 내 삶을 향한 그분의 치료를 받아들인다. 죽음의 길을 벗어나 영원한 생명에 들어간다. 이런 구원의 관계 안에서 하나님의 치유력이 우리 삶 속에 역사하기 시작한다. 하지만 사고의 치유, 성품의 변화, 뇌의 배선 수정은 그리스도께서 재림하실 때까지 계속되는 싸움이다. 이전의 신경회로가 없어지고 건강한 신경회로가 만들어져야 한다.

바울이 로마서 7장에 한 말이 그것이다. 뇌 생리학의 통찰을 보태서 내가 바울의 말을 풀어 써 보았다.

그러므로 우리가 무슨 말을 하겠는가? 율법이 악하고 이기적인가? 율법 때문에 악과 이기심이 더 많아지는가? 천만의 말이다! 율법의 진단이 아니었다면 나는 악과 이기심을 알지 못했을 것이다. 율법이 "탐내지 말라"고 하지 않았다면 나는 탐심이 악하고 이기적인 줄을 알지 못했을 것이다.

그러나 이기심은 율법이 진단의 도구일 뿐이요 치료제가 아니라는 사실을 이용해 내 속에 온갖 탐심을 증폭시켰다. 율법의 진단이 없이는 죄를 식별할 수 없기 때문이다. 전에는 내가 불신과 두려움과 이기심에 병들지 않고 건강한 줄로 알았다. 그러나 계명으로 진찰해 본 결과 내게 가망 없는 불치병의 진단이 내려졌다. 진단의 목적으로만 주신 계명을 나도 모르게 치료에 쓰려다 보니 오히려 내 병이 더 악화되었다. 계명은 진단만 할 수 있고 치료는 할 수 없거늘, 이기심은 계명을 지키면 치료될 수 있다고 나를 속였다. 그래서 내 불치병이 더 악화되었다. 이로 보건대 율법의 진단은 정확하며 계명은 하나님이 정하신 선과 의의 기준이다. 계명은 악하고 해로운 것을 드러내 준다.

그렇다면 내 병을 진단해 준 선한 율법이 내 불치병의 원인인가? 물론 아니다! 율법은 이미 내 안에 있던 것을 드러내 주었을 뿐이다. 그래서 내가 얼마나 타락하고 부패해 죽음의 목전에까지 와 있는지 깨닫게 해주었다. 계명의 렌즈를 통해 나는 악과 이기심에 아주 질색하며 치료를 소원할 수 있다.

우리가 알다시피 율법은 일관되고 믿을 수 있고 합리적이다. 그러나 나는 모순되고 믿을 수 없고 비합리적이다. 불신과 두려움과 이기심의 병이 내 뇌와 사고를 뒤틀어 훼손했기 때문이다. 나는 내 행동에 좌절을 느낀다. 이제 신뢰가 회복되었으니 하나님과 그분의 방법인 사랑에 맞게 행동하고 싶다. 하지만 하나님을 신뢰함에도 불신과 이기심에서 비롯된 구습, 조건화된 반응, 선입견 등 피해의 잔재가 아직 완전히 없어지지 않았다. 구습 때문에 가증한 행동을 할 때면 나는, 율법이 치유를 요구하는 피해의 잔재를 드러내 주는 아주 유용한 도구임을 시인한다.

내게 벌어지는 일은 이렇다. 내 전전두피질은 하나님을 신뢰하고 있고 그분의 뜻을 행하기 원한다. 하지만 어떤 상황에서는 구습과 조건화된 반응이 거의 반사적으로 튀어나온다. 건강하지 못한 신경회로가 대뇌변연계를 자극하기 때문이다. 이런 건강하지 못한 신경회로가 아직 완전히 제거되지 않아 내가 원하지도 않는 일을 하게 만든다. 이전에 내 사고는 완전히 불신과 두려움과 이기심에 병들어 있었고, 따라서 내 모든 소원과 기능도 전적으로 타락한 상태였다. 오랜 세월 불신과 이기적 행동이 일으킨 피해는 불신이 근절되고 신뢰가 회복된 후에도 아직 완전히 치유되지 않았다. 그래서 어떤 때는 옳은 일을 하고 싶어도 전전두피질이 완전히 치유되지 않아 아직 실행에 옮길 능력이 없다.

구습과 조건화된 반응은 대뇌변연계를 자극하는 건강하지 못한 신경 회로에서 비롯된다. 그것은 내가 하고 싶은 선행이 아니라 회심하기 전의 이기적 사고의 잔재다. 그러므로 만일 내가 원하지도 않는 일을 한다면 그것은 내가 아니라 아직 제거되지 않은 구습과 조건화된 반응의 흔적이다. 하나님의 은혜로 그것도 머잖아 제거될 것이다.

그러므로 나는 엄연한 현실을 깨닫는다. 내가 선을 행하고 싶어도 이기적인 구습과 두려움의 잔재가 바로 나와 함께 있다. 내 전전두피질은 하나님의 방법과 원리를 즐거워하지만, 오랜 세월 불신에 병들어 사탄의 방법대로 살았던 피해가 아직 내게 남아 있다. 그래서 불신의 병이 고쳐졌음에도 불구하고 두려움과 자만심의 구습이 여전히 속에서 나를 유혹한다.

아, 나는 얼마나 치명상을 입은 타락한 인간인가! 이렇게 병들고 일그러진 뇌와 몸에서 누가 나를 건져내 치료해 줄 것인가? 우리 주 예수 그리스도를 통해 치료제를 마련해 주신 하나님을 찬양하리라!

요컨대 내 전전두피질은 이미 새롭게 되어 하나님을 신뢰하고 그분의 방법을 사랑하지만, 내 뇌와 몸 전체에는 오랜 세월 방종하며 살아온 피해가 남아 있다.

마침내 나는 아주 분명히 깨달았다. 거짓을 믿으면 사랑과 신뢰의 서클이 깨진다. 사랑과 신뢰가 없으면 두려움과 이기심이 사고를 장악한다. 우리 뇌는 손상되어 하나님에 대한 온갖 왜곡되고 비뚤어진 개념들

로 가득 차 있다. 거기서 벗어나려 안간힘을 써도 더 깊은 혼란에 빠져
들 뿐이다. 하나님에 대한 기쁜 소식이 그런 왜곡되고 비뚤어진 개념들
을 처치해 주어야만 우리의 사고가 치유될 수 있다.

006

우리의 사고를 치유하기 위해 사랑은 계속 싸운다

예수님의 죽음이 꼭 필요한 쪽은 하나님이 아니라 인류였다.

하나님과 인간의 관계라는 이야기에는 두 가지 배역밖에 없다.

박해하는 쪽과 박해받는 쪽이다.

하나님은 고통을 가하실 수도 있었고 당하실 수도 있었다.

그리스도로 오신 하나님은 후자를 택하셨다.

마이클 하딘 Michael Hardin

서배너Savannah는 빨간 머리에 눈동자가 청록색인 열다섯 살 소녀였다. 햇살처럼 환한 그녀의 미소는 사람을 매료하는 힘이 있었다. 하지만 그날의 서배너는 미소를 잃은 채 마치 빛을 잃은 해처럼 얼굴이 침울했다. 눈도 거의 마주치지 않았고 양어깨는 죄책감과 자기혐오로 축 늘어져 있었다. 그녀는 꿈쩍도 하지 않고 앉아 자기 손만 응시하고 있었다.

서배너의 부모는 최근에 딸이 이상해져서 나에게 데려왔다. 그들이 변화를 감지한 것은 3주쯤 전이었다. 서배너는 평소의 화색과 생기를 잃고 한없이 우울해졌다. 식욕도 떨어져 몸무게가 3주에 5kg이나 줄었다. 친구들에게 전화하거나 문자도 보내지 않았다. 삶에 흥미를 잃은 채 가족을 피해 혼자 방 안에 틀어박혀 있곤 했다. 부모는 당연히 걱정되었고 혹시 자살을 생각하는 것은 아닌지 겁이 났다.

소녀는 마음이 굳게 닫혀 있었다. 정신과 의사를 볼 마음도 없었고 내 사무실에 있을 마음도 없었다. 그래서 도움을 주기가 더욱 힘들었다.

부모가 방을 나간 뒤에 내가 조용히 말했다.

"서배너, 부모님이 무슨 일로 너를 데리고 왔을까?"

침묵만 흘렀다.

"네가 오고 싶어 온 거니?"

"왜 나를 그냥 내버려 둘 수 없는 거죠?" 아이는 눈을 들지 않은 채로 말했다.

"누가 말이냐?"

"다들요. 왜 다들 나를 그냥 내버려 둘 수 없냐고요."

"부모님이 너를 너무도 사랑하시기에 아파하는 너를 보면서 그냥 가만히 계실 수 없는 거지."

아무런 대답도 없이 아이의 눈에 눈물이 맺혔다. 부모를 사랑하는 마음이 느껴졌다. 나는 잠시 기다렸다가 물었다.

"부모님이 너에게 관심이 없었으면 좋겠니? 너의 고통을 보고도 그냥 내버려 두는 부모였으면 좋겠니?"

그녀는 계속 자기 손만 보고 있었다. 나는 속으로 기도했다. "주님, 이 아이를 잘 도울 수 있도록 저에게 지혜를 주소서. 주의 영을 보내셔서 아이의 마음을 녹여 주시고 힘과 위로를 주소서. 주의 천사들을 보내셔서 모든 악한 세력을 물리쳐 주소서."

"저는 그래도 싸요." 아이가 기어들어가는 목소리로 말하며 울음을 터뜨렸다.

"뭐가 그래도 싸다는 거지?"

"저는 부모님의 관심을 받을 자격이 없어요."

"어째서 네가 부모님의 사랑과 관심을 받을 자격이 없다고 생각하는 거지?" 나는 또 기다렸다가 가만히 물었다. "서배너, 무슨 일이지?"

"사고를 쳤어요." 그녀가 불쑥 내뱉었다.

"사고라니?"

"그거요." 나를 바라보는 그녀의 눈빛에 "제발 더 묻지 말아 주세요." 라는 애원이 담겨 있었다.

내가 대신 말해 주었다. "섹스 말이니?"

그녀는 울며 고개를 끄덕였다.

그러면서 천천히 고통스럽게 내막을 털어놓았다. 3주 전 방과후에 그녀는 잘 모르는 두 남학생과 함께 드라이브를 나갔다. 처음에는 재미있었다. 음악도 듣고, 학교에 대해 불평도 하고, 다른 아이들에 대해 이야기도 했다. 하지만 점차 불편해졌다.

한 학생이 운전하는 동안 다른 학생이 슬슬 접근해 왔다. 서배너는 섹스할 마음이 없었지만 어찌해야 좋을지 몰랐다. 그녀는 그들이 화를 내거나 자기를 싫어할까 봐 차마 싫다는 말을 못했다. 몸을 뒤틀며 뿌리치려 해보았으나 자꾸만 다그치는 남학생의 완력에 결국 굴하고 말았다. 서배너의 전전두피질은 단호히 거부하고 싶었으나 편도체의 두려움과 불안이 건전한 판단력을 마비시켰다.

어느새 그녀는 나를 보지 않고 양손에 얼굴을 파묻은 채 엉엉 울고 있었다. 몸동작에서 수치심과 죄책감과 두려움이 풍겨 나왔다. 거부당할

것에 대한 두려움, 다시는 사랑받지 못할 거라는 두려움, 자신의 삶을
망쳐 버렸다는 두려움이었다. 그래서 내가 말했다.

"지금 기분이 어떠니?"

"끔찍해요! 저 자신이 한심하고 쓸모없게 느껴져요!"

"네 인생을 망친 것 같아 두렵니?"

그녀는 여전히 시선을 아래로 둔 채로 고개를 끄덕였다.

그녀가 신실한 그리스도인임을 알았기에 나는 그녀가 하나님을 벌하
시는 분으로 보고 있지 않은지 의문이 들었다. 그래서 물어보았다.

"네가 너무 큰 죄를 지어 하나님이 다시는 너를 사랑하실 수 없을 것
같아 두렵니? 네가 너무 더럽고 흉하고 나빠서 하나님께 용서받을 수 없
을 것 같니? 하나님이 너한테 화가 나셨을까 봐 두렵니?"

내 말이 채 끝나기도 전에 그녀는 얼른 나를 보았다. 얼굴에 섬뜩한
두려움과 공포가 서려 있었다. 간절히 애원하는 눈빛으로 그녀는 흐느
끼며 말했다.

"하나님이 어떻게 용서하실 수 있겠어요? 순결을 잃은 저를 그분 아
니라 누구라도 어떻게 다시 사랑할 수 있겠어요?"

두려움이 그녀의 영혼을 괴롭히고 있었다. 거부와 파멸과 정죄와 수
치에 대한 두려움이었다. 그것이 그녀의 생각을 사로잡고 기쁨을 앗아
가고 있었다. 그녀가 회복되려면 이 끔찍한 두려움부터 누그러져야 했
다. 하지만 그녀는 자신과 하나님에 대한 거짓말을 믿었다. 거짓말은 치
유와 사랑의 흐름을 막는다. 사실 그녀가 믿은 거짓말 때문에 그녀의 전
전두피질은 대뇌변연계를 가라앉힌 것이 아니라 오히려 더 자극했다.
그녀는 진리를 경험할 필요가 있었다. 누군가가 사랑으로 진실을 말해

주어야 했다.

나는 잠시 진정할 시간을 준 뒤에 물었다.

"이제 그만 아팠으면 좋겠지? 비참하게 죄책감에 시달리는 것도 지긋지긋하지? 이제 치유 받고 싶니? 평화와 행복을 다시 찾고 싶니?"

"그야 물론이죠!" 그렇게 말하면서도 그녀의 눈빛에는 "그게 가능할까요?"라는 의문이 담겨 있었다.

"아담이 타락한 이야기, 기억나니?"

그녀는 고개를 끄덕였다.

내가 말했다. "아담이 죄를 짓고 나서 동산에 숨어 있을 때 하나님이 부드럽게 그를 부르셨지. 물론 하나님은 아담이 어디 있는지 아셨어. 하지만 그분이 얼마나 부드러우신 분인지 보렴. 그분이 아담을 부르신 것은 그러잖아도 두려운 그를 더 두렵게 하려는 게 아니었어. 하나님은 '아담아, 네가 어디 있느냐?'라고 말씀하셨지."

나는 성경책을 펴 아담의 대답을 읽어 주었다.

"내가 동산에서 하나님의 소리를 듣고 내가 벗었으므로 두려워하여 숨었나이다." 그러고 나서 서배너에게 하나님의 놀라운 물음을 잘 보라고 했다.

"누가 너의 벗었음을 네게 알렸느냐." 창 3:9~11 참조

나는 가만가만 말했다. "잘 생각해 보렴. 에덴동산에서 하나님의 이 물음에 과연 어떤 답이 가능했을까? 아담에게 그가 벗었음을 알려 줄 사람이 몇이나 되었을까? 그렇다면 하나님은 무슨 뜻으로 그렇게 물으셨을까? '누가 너의 벗었음을 네게 알렸느냐?'라는 그분의 물음은 이런 뜻이란다. '내 아들 아담아, 나는 너의 벗었음을 지적하지 않았단다. 네

가 벗었다는 말을 너는 나한테 들은 게 아니야. 아담아, 너를 정죄하는 것은 내가 아니라 네 양심이야. 네 기분이 몹시도 비참한 것은 네 뇌가 본래 내가 설계해 준 균형을 잃었기 때문이야. 나는 너를 사랑한다. 나는 너를 구원하려고 여기 있다!' ”

서배너의 눈이 희망으로 커졌다. 그녀의 사고가 되살아나고 있었다. '이것이 정말 가능한 일일까?'

나는 말을 이었다.

"간음하다 잡힌 여인의 이야기도 기억나니?"

그녀가 이번에는 약간 빨리 고개를 끄덕였다.

"예수께서 무리를 보내시고 여자와 단둘이 남으셨을 때, 그녀를 고발하던 자들에 대해 뭐라고 말씀하셨는지 보렴. '그들이 어디 있느냐. 너를 정죄한 자가 없느냐' 요 8:10. 지금 대화하는 사람은 누구뿐이지? 예수님과 여자뿐이지. 그런데 예수님은 왜 그런 질문을 하셨을까? 그분의 말씀은 이런 것이란다. '여자여, 나는 너를 정죄하지 않는다. 나는 너의 모든 것을 알고 있고, 네가 무슨 일을 하다 잡혀 왔는지도 알고 있다. 하지만 네가 나한테 들은 것은 고발이 아니다. 나는 너를 사랑한다! 나는 너를 구원하고 치유하려고 여기 있다.' 곧이어 예수님은 행여 아무도 이 대화를 오해하지 못하도록 '나도 너를 정죄하지 아니하노니' 라고 못 박아 말씀하셨지. 그리고 이렇게 덧붙이셨어. '새사람이 되어 여기를 떠나라. 죄를 이기는 승리의 삶을 살아라' 요 8:11, 내가 풀어 쓴 표현."

나는 부드럽게 말을 이었다.

"서배너, 하나님은 너를 정죄하지 않으셔. 너에게 화가 나신 것도 아니야. 하나님은 너를 사랑하신단다. 너를 구원하고 치유하기 원하셔. 정죄는 하나님한테서 오는 게 아니라 네 양심으로부터 오는 거야."

내 젊은 환자는 하나님이 자기를 정죄하지 않으시고 여전히 사랑하신다는 말을 간절히 믿고 싶은 게 분명했다. 그녀의 마음이 진리 쪽으로 끌리는 게 보였다. 하지만 그녀는 아직 자유롭지 못했다. 사고 속에 왜곡이 더 있었고, 깨끗이 씻어내야 할 오해가 더 있었고, 깨달아야 할 진리가 더 있었다. 그래서 나는 이렇게 말했다.

"네 양심이 이렇게 몹시 아프고 심한 죄책감을 일으키니 정말 다행이구나."

그녀는 어리둥절한 표정으로 나를 보았다. 자기가 고통을 당해도 싸다는 뜻이냐고 묻는 것 같았다.

"뜨거운 불에 손을 대면 고통이 느껴지잖니? 그게 왜 좋은 일이라고 생각하니?" 내가 물었다.

"그래야 얼른 손을 떼잖아요."

"바로 그거야! 얼른 손을 떼서 피해를 최대한 줄이는 거지. 웬만큼 민감한 사람이라면 굳이 불에 손을 대지 않고도 열기를 감지해 화상을 면할 거야. 우리의 양심도 잘못된 행동에 민감한데, 그런 잘못된 행동이 불러올 피해는 몸의 화상에 비할 게 못 된단다. 우리의 마음과 사고와 성품을 해치고 파괴하는 행동을 양심이 감지해내는 거지. 불에 손을 대면 고통이 따르니까 얼른 손을 떼서 피해를 줄이지. 마찬가지로 건강한 죄책감 덕분에 우리는 성품을 해치는 행동을 중단해 피해를 줄이는 거야. 화상을 입으면 통증 때문에 병원에 가서 치료를 받잖아. 죄책감의 역할도 그와 같단다. 하나님께 가서 죄를 영원히 치유 받게 해주는 거지."

"그러니까 죄책감이 나쁜 게 아니라는 말인가요?" 그녀가 물었다.

"물론이지. 죄책감은 너의 마음과 사고가 성령의 역사에 민감하게 반응하고 있다는 증거야. 통증처럼 죄책감도 영영 없어지지 않을 때에만 나쁜 거란다. 생각해 보렴. 이번 일을 겪었으니 앞으로 너는 남자들의 엉큼한 수작에 더 잘 넘어갈 것 같니, 아니면 그 반대일 것 같니?"

"엉덩이부터 걷어차 버려야죠!"

그녀의 입꼬리에 살짝 웃음이 물렸다.

"당연히 그렇겠지!" 내가 웃으며 말했다.

상담 첫 시간에 그 정도면 충분했다. 서배너는 눈물을 닦았고 내게 감사를 연발하며 떠났다. 하지만 아직도 할 일이 훨씬 더 남아 있었다.

"하나님이 그 아들을 세상에 보내신 것은 세상을 심판하려 하심이 아니요 그로 말미암아 세상이 구원을 받게 하려 하심이라" 요 3:17. 하나님은 사랑과 진리로 우리에게 다가오신다. 그러나 안타깝게도 우리는 사고가 어두워지고 마음에 두려움이 가득해 그것을 깨닫지 못한다. 하나님에 대한 진리를 받아들이기 전까지는 우리의 사고가 치유될 수 없다. 그래서 사랑은 계속 싸운다.

007

건강한 행동 노선을 선택하라

우리의 참 정체는 불안과 두려움 없이 사랑하는 것이다.
그 방향으로 계속 가야만 인간 최고의 잠재력을 실현할 수 있다.
사랑과 긍휼은 불안을 변화시키는 위력이 있다.

독 칠드리 Doc Childre

    뉴저지 주 남부 시골에 교실이 두 개뿐인 기독교 학교가 있었다. 여섯 살 때 나는 그 작은 학교의 1학년 학생이었다. 1학년부터 5학년까지 한 교실을 썼고 6학년부터 8학년까지 다른 교실을 썼다. 쉬는 시간의 즐거움으로 그네 타기를 빼놓을 수 없었다. 딱 세 개뿐인 그네는 앉는 부분이 나무판자로 되어 있었다. 쉬는 시간만 되면 우리는 인기 좋은 그네를 먼저 차지하려고 작은 놀이터로 달려갔다. 하지만 그네가 1학년 학생들의 몫이 되는 경우는 거의 없었다. 큰 아이들이 훨씬 빨라서 늘 먼저 도착했다.

    아이들이 흔히 그렇듯이 우리도 다른 재미난 놀이를 생각해냈다. 큰 아이들이 일어서서 힘차게 그네를 타는 동안 우리는 그네 밑으로 후다닥 뛰어 지나가는 짜릿한 기분을 즐겼다. 어느새 각 그네 앞에 아이들이 줄을 섰다. 그네에 부딪치지 않도록 타이밍을 잘 맞추어 한 사람씩 그네 밑을 쏜살같이 내달렸다. 드디어 내 차례가 되었다. 최대한 빨리 달렸으나 타이밍을 놓치고 말았다. 쾅! 그네가 전속력으로 내 이마를 들이받아 살이 터지고 피가 철철 흘렀다.

나는 뒤로 벌렁 나자빠진 채로 아파서 비명을 질렀다. 아이들이 큰 소리로 부르고, 교장 선생님이 나를 학교 안으로 옮기고, 엄마가 차에 태워 병원으로 가던 일들은 모두 가물가물한 기억으로 남아 있다. 하지만 한 가지 또렷하고 생생한 기억이 있다. 진찰실에 누워 있는데 의사가 주사기를 들고 다가왔다. 여섯 살 난 내 눈에는 그 주사기가 족히 1.5m는 되어 보였다. 그가 바짝 옆에 서서 내 이마 쪽에 주사기를 들이댈 때는 마치 내 눈을 찌르려는 것처럼 보였다.

나는 무서워서 최대한 빨리 달아나고 싶었다. 하지만 엄마가 나를 꼭 붙들고 있었다. 빠져나가려고 몸을 뒤틀어 보기도 하고 울며 조르기도 했지만, 엄마는 놓아 주지 않았다. 나를 한없이 사랑했기 때문이다. 엄마는 그 일만 한 게 아니라 나에게 말도 했다. 자신이 옆에 있다는 사랑의 말, 다 잘될 거라는 격려의 말로 나를 다독여 주었다. 엄마의 다독임으로 여섯 살 난 나의 머릿속에서 두려움이 몽땅 사라진 것은 아니지만, 한결 두려움이 덜해졌다. 고통의 싸움터에서 사랑과 두려움이 서로 싸우고 있었다.

엄마의 사랑 덕분에 나는 끝까지 버틸 수 있었다. 엄마가 그런 사랑을 보여 주지 않았다면 분명히 나는 달아났을 것이다. 나의 대뇌변연계가 미친 듯이 흥분해 두려움을 증폭시키고 있었다. 내 어린 뇌는 그 순간의 감정을 처리할 수 없었고 건강한 길을 선택할 수 없었다. 나는 아직 어려서 참고 견디는 일의 중요성을 몰랐다. 여섯 살배기 아이가 생각할 수 있는 거라고는 고통밖에 없었다. 어떻게든 그 주사기를 피하고 싶었다. 엄마가 나에게 왜 그런 고통을 당하게 하는지 그때는 이해할 수 없었지만, 지금은 고통과 두려움에도 불구하고 나를 꼭 붙들고 놓아 주지 않은 엄마에게 오히려 깊은 감사를 느낀다. 엄마의 사랑 덕분에 나는 치료될 수 있었다.

그때는 몰랐지만 이제 깨달아 알고 있는 사실이 있다. 두려움에 지배권대뇌변연계을 내주면 오히려 결과가 악화될 뿐이다. 그때의 나도 두려움에 굴했다면 환부가 제대로 아물지 않아 더 심하게 덧났을 수도 있다. 목숨까지 잃지는 않았을지 몰라도 틀림없이 보기 흉한 흉터가 남았을 것이다.

두려움과 불안은 내 존재 속에 아주 깊이 뿌리박혀 있다. 그래서 달아나는 게 훨씬 쉬워 보이고 정당해 보인다. 지금도 나는 엄마가 붙들어 주어야만 견딜 수 있던 그 어린아이와 같을 때가 너무 많다. 일단 상처를 입으면 치유의 길은 언제나 고통스럽다. 그런데 나는 고통이 싫다. 고통을 피해 달아나라고 두려움이 나를 유혹한다. 사과하거나 회개하거나 나 자신을 낮추거나 상대와 마지막으로 식사하거나 하지 말고 그냥 달아나라고 유혹한다. 나는 자아 속으로, 나만의 구석으로 숨어들고 싶다. 나에게 거슬리는 진실을 내 작은 세상 속에 묻어 버리고 싶다. 하지만 계속 달아나면 결코 평안을 얻을 수 없다. 결코, 건강해질 수 없다. 오히려 대뇌변연계가 더 강해져 두려움만 가중될 뿐이다.

상처는 고통스러운 법이다. 몸의 상처이든 감정의 상처이든 영혼의
상처이든 다 마찬가지다. 그런데 우리는 모두 상처가 있다. 우리 마음을
치유하는 것은 사랑이다. 꿋꿋이 맞설 수 있는 힘을 주는 것도 사랑이
다. 사랑이 두려움을 물리친다.

사랑은 꿋꿋이 맞선다

2001년 2월에 사랑이 어둠과 싸워 이겼다. 펜실베이니아 주 레드라
이언에 있는 노스 호프웰-윈터스토운 초등학교의 노리나 벤철Norina
Bentzel 교장이 막 전화 통화를 끝내고 있는데 한 남자가 학교로 들어오는
게 보였다. 어느 학생의 할아버지일지도 모른다는 생각에 그녀는 자기
가 도와줄 일이 있느냐고 물었다. 남자는 갑자기 긴 칼을 뽑아 노리나를
공격했다. 그녀의 어깨를 치고 손을 벴다. 복부에도 휘두르는 순간 그녀
는 가까스로 뒤로 물러나 치명상을 면했다.

남자는 돌아서서 교실 쪽으로 달려갔다. 교실에는 아무런 의심도 없
는 아이들이 기다리고 있었다. 노리나는 "119에 신고하고 교실 문을 잠
그라!"고 외친 뒤 교장실로 달려가 경보기를 울렸다. 교실 문을 잠그라
고 교사들에게 보내는 경보였다. 하지만 교장이 미처 막지 못한 사이에
그 남자는 K학년 미국 초등학교에 포함되는 1학년 이전의 학년-역주의 한 교실에 들
어갔다. 53세의 린다 콜리어Linda Collier 교사가 23명의 학생을 가르치고
있던 반이었다.

미친 남자는 칼을 휘두르며 들어가서는 한 아이의 팔을 벴다. 다른 아
이의 목에도 휘둘렀으나 아이가 피했다. 다행히 칼이 빗나가 그 아이의
묶은 머리칼만 잘렸다. 린다는 냅다 소리를 질렀다.

"멈춰요! 지금 뭐하는 거예요? 아이들을 치지 말라고요!"

그러자 남자는 돌아서서 린다에게 칼을 휘둘러 손에 깊은 상처를 입혔다. 하지만 그 정도면 그의 주의를 흩뜨려 놓을 만했다.

아이들은 교실에서 뛰쳐나가 교장실로 갔다. 그 미치광이도 악착같이 뒤를 쫓아왔다. 노리나는 재빨리 아이들을 안으로 들인 뒤, 늑대를 노려보는 어미 닭처럼 문간에서 공격자와 자칫 피해를 당할 수 있는 아이들 사이에 버텨 섰다. 가해자가 쉴 새 없이 칼을 휘두르는데도 그녀는 그대로 서서 물러나지 않았다! 왼쪽 팔뚝이 부러졌고 손가락도 몇 개가 잘릴 뻔했다. 그래도 노리나는 당당히 버텼다. 결국, 괴한이 연타를 퍼붓는 사이에 린다 콜리어와 보건 교사가 뒤에서 그를 덮쳤다. 그는 쓰러져 항복했다. 다행히 노리나와 린다는 모두 목숨을 건졌다.[1]

사랑은 두려워하지 않는다. 사랑은 자기를 희생한다. 사랑은 옳은 일을 행한다.

사랑은 불의에 항거한다

엘렌Ellen은 심란하고 절박하고 눈앞이 캄캄했다. 그녀의 목소리에서 고통이 들렸고, 얼굴에 고뇌가 보였고, 긴장된 분위기가 느껴졌다. 그녀의 감정의 잔은 가득 차 있었다. 중압감이 너무 커서 더는 품고 있을 수 없었다. 거기서 벗어나지 않으면 머리가 터져 버릴 것 같았다.

내가 진료실 문을 닫자마자 엘렌은 폭발해 버렸다.

"어떻게 해야 할지 모르겠어요. 어디로 가야 할지 막막했어요. 누구한테 말해야 할지도 모르겠고요. 제가 여기 와 있다는 게 믿어지지 않아요. 오지 말았어야 하는데, 죄송합니다. 선생님을 귀찮게 해드려서는 안

되는데요. 통 잠을 이룰 수 없어요. 생각도 제대로 안 되고요. 이제 저는 어떻게 해야 하나요? 좀 도와주세요."

그녀의 말은 터진 댐의 물처럼 콸콸 쏟아져 나왔다. 더는 속에 담아둘 수 없었다.

"엘렌, 여기는 안전한 곳입니다. 무슨 일인지 말씀해 보십시오." 내가 부드럽게 말했다.

"여기 오지 말았어야 해요. 여태까지 정신과에 가본 적이 없거든요. 제 힘으로 감당할 수 있어야지요."

"무엇을 감당하신다는 거지요?"

그녀는 나를 바라보며 말없이 저울질했다. "이 사람에게 말해도 괜찮을까? 그가 감당할 수 있을까? 여기는 정말 안전한 곳일까?" 그녀는 잘 모르겠다는 눈빛으로 실내를 대강 훑어보았다. 갈등하는 표정이었다. 나는 속으로 기도했다. "주님, 지금 이곳에 주의 천사들을 보내 주소서. 이곳이 안전한 피난처가 되게 하소서. 엘렌이 꼭 해야 할 말을 하도록 도와주소서. 저에게도 엘렌을 도울 지혜를 주소서."

"남편 때문에 어찌해야 할지 모르겠어요." 엘렌이 말했다.

애써 마음을 열려는 그녀를 보며 나는 우선 감정적 부담이 덜한 질문들로 시작했다.

"결혼하신 지 얼마나 됐습니까?"

"13년요."

"이번이 처음 결혼인가요?"

"예."

"남편도요?"

"예."

"자녀는 있고요?"

"아뇨."

"결혼생활은 어떻습니까?"

"우리의 결혼생활은 아주 좋았어요. 적어도 제 생각에는 그랬죠. 아무런 문제도 없는 줄 알았어요. 저는 아내라는 자리가 참 좋아요. 남편을 행복하게 해주는 것도 참 좋고요. 여태까지 남편이 원하는 거라면 무엇이든 항상 다 해주었어요."

엘렌 부부는 그리스도인이었다. 어려서부터 그녀는 남편을 섬기는 것이 아내의 도리라고 배웠고, 그 본분을 이의 없이 받아들였다. 그녀는 결혼생활 내내 남편에게 싫다는 소리를 해본 적이 없다고 자랑스레 말했다. 남편의 요청을 거부하거나 요구에 불응한 적이 없다고 했다. 그녀는 남편의 리더십과 지도에 복종하는 것이 그리스도인으로서 자신의 도리라 믿었고, 그 역할대로 사는 게 정말 즐거웠다. 남편을 사랑하는 여자는 남편이 원하는 대로 해주는 거라고 엘렌은 믿고 있었다.

나는 이런 의문이 들었다. 이번에는 남편이 무엇을 원하는 것일까?

"그동안 그렇게 남편이 하자는 대로 완전히 복종하고 살면서 아무런 문제도 없었습니까?" 내가 물었다.

"이번이 처음이에요."

"무슨 일이 있었습니까?"

마침내 진실이 쏟아져 나왔다.

"3주 후면 남편이 마흔이 돼요. 그런데 남편이 저한테 그러는 거예요. 40번째 생일에..."

거기서 말이 끊겼다. 그녀는 눈에 눈물이 가득 고인 채로 적절한 표현
을 골랐다.

"40번째 생일에, 나더러 다른 여자를 하나 구해서 우리 침대로 데려
오라는 거예요." 엘렌은 울고 있었다.

"어떻게 해야 할지 모르겠어요. 남편에게 복종해야 하잖아요. 남편을
사랑한다면 남편이 원하는 것을 주어야 하잖아요. 저는 사랑의 아내가
되고 싶어요. 남편을 행복하게 해주고 싶어요. 달라는 대로 주고 싶어
요. 하지만 이것만은 못하겠어요. 이건 아니죠. 어찌해야 좋을지 모르겠
어요. 남편을 실망하게 하고 싶지 않은데..."

문제가 똑똑히 보였다. 나는 그녀에게 필요한 일이 무엇인지 알았다.
아니, 그것은 남편을 갈아치우는 일이 아니었다. 엘렌은 사랑의 법을 적용해야 했다.
남편도 문제의 일부이긴 했지만, 엘렌의 근본적 문제는 남편이 아니었
다. 엘렌의 근본적 문제는 하나님관이었다. 사랑이 무엇이고 건강한 관
계가 본래 어떤 것인가에 대한 그녀의 개념이 문제였다. 엘렌은 인류를
향한 하나님의 설계 원안을 아직 모르고 있었다. 건강하고 경건한 사랑
이 어떤 것인지도 몰랐다. 그녀는 잘못된 개념과 왜곡된 관점을 받아들
인 상태였다. 진정한 사랑은 무조건 상대가 원하는 대로 하는 게 아니라
상대에게 가장 유익한 일을 하는 것이다. 그런데 엘렌은 그걸 몰랐다.
그녀가 믿은 거짓말은 전전두피질의 기능을 훼손했고, 따라서 사랑이
흐를 수 없었다. 그러니 두려움과 불안이 해결될 리가 없었다.

하나님을 닮은 진정한 사랑은 이타적으로 상대의 유익을 꾀하는 법이
다. 엘렌에게 그 점을 환기시켜 주었다. 영원의 관점에서 상대에게 가장
유익한 일을 하려는 마음, 그것이 사랑이다. 무조건 상대가 달라는 대로

주는 게 아니라 상대에게 실제로 가장 좋은 것을 준다는 뜻이다.

"엘렌, 자녀가 숙제는 하지 않고 텔레비전만 보려 할 때 부모가 보일 수 있는 '사랑의' 반응은 무엇일까요?" 내가 말했다.

"아이에게 가장 좋은 길을 생각한다면, 당연히 텔레비전을 보지 못하게 하겠죠."

"맞습니다. 그런 행동은 좋은 성적이라는 단기적 유익만 가져다주는 게 아니라 자녀에게 성숙한 성품과 책임감과 자제력을 길러 주는 데도 도움이 됩니다. 아이가 장기적 유익을 위해 당장의 보상을 희생할 줄 알게 되는 거지요. 부모의 그런 결정은 자녀의 영원한 유익을 생각한 것이므로 본질상 진정한 사랑입니다. 그런데 만일 부모가 자기 자신밖에 모르거나, 자녀의 반응을 두려워하거나, 자녀에게 인정받으려 한다면 어떻게 될까요? 그런 부모는 어떤 행동을 취할까요?"

엘렌은 핵심을 간파했다.

"자기가 원하는 대로 자녀에게 인정받으려고 무조건 자녀의 요구에 응하겠지요."

"그러면서도 부모는 자신이 이타적으로 자녀를 사랑하고 있다고 생각할 수 있지 않을까요? 하지만 그것은 거짓말입니다. 사랑의 행동은 무조건 자녀가 원하는 대로 해주는 게 아니라 자녀에게 가장 유익한 일을 하는 것이니까요. 설령 그것 때문에 자녀의 기분이 상할지라도 말입니다. 사랑이란 이 원리를 모든 관계에 적용하는 것입니다. 알코올 중독에 걸린 남편이 술을 사오라고 한다면 이때 사랑의 반응은 무엇입니까? 남편이 해달라는 대로 해주는 겁니까? 아니면 사랑으로 이렇게 말하는 것입니까? '여보, 나는 당신을 사랑해요. 당신을 사랑하기 때문에 당신의 자멸을 도울 수 없어요. 당신의 유익과 건강과 복을 위해서라면 내 힘닿는 한 무엇이든 하겠어요. 하지만 자신을 해치려는 당신을 돕는 일만은 할 수도 없고 하지도 않을 거예요.'"

엘렌은 덫에서 헤어나지 못했다. 사랑에 대한 거짓말을 받아들였기 때문이다. 그녀가 믿는 사랑이란 자신을 희생해 상대에게 실제로 가장 유익한 일을 하는 게 아니라 자신을 희생해 상대를 기분 좋게 해주는 상대가 달라는 대로 주는 것이었다. 그래서 그녀는 남편이 "나를 사랑한다면 이렇게 혹은 저렇게 해주시오"라고 말할 때마다 갈등을 느꼈다. 남편의 부당한 요구에 양심의 가책을 느끼면서도 자기 기준의 사랑으로 남편을 행복하게 해주어야 했다. 사실 그녀는 최고의 사랑을 베풀기보다 남편의 호감을 잃지 않는 데 더 관심이 있었다. 엘렌의 문제는 사랑의 개념이 왜곡된 데 있었고, 그 뿌리는 두려움과 불안이었다.

건강한 행동 노선을 선택하라

알다시피 엘렌에게 올바른 선택은 남편의 음란한 요구를 거부하는 것이다. 하지만 그것이 왜 올바른 선택인가? 다음과 같은 대답이 가능하다. "하나님의 계명에 어긋나는 요구이기 때문이다." "그냥 잘못된 길이기 때문이다." "그런 행동에 가담하면 하나님의 영적 성전인 내 몸을 욕되게 하기 때문이다." 모두 다 맞는 답이다. 그런데 이 질문에 사랑의 법을 적용하면 어떤 답이 나올까? 참으로 엘렌의 남편에게 가장 유익한 길은 무엇일까? 엘렌이 요구에 응하는 것이 과연 영원한 영적 의미에서 남편에게 가장 유익할까? 물론 아니다. 하나님을 영화롭게 하는 면에서나 자신의 덕을 지키는 면에서나 엘렌은 이 요구를 거부하는 게 옳다.

하지만 그뿐만이 아니다. 남편을 사랑하고 남편의 영원한 운명을 생각한다면 엘렌의 대답은 더할 나위 없이 명확하다.

"안 돼요! 나는 당신을 한없이 사랑하기에 이 요구에 응할 수 없어요. 내게는 당신의 성품과 사고와 영적 성장과 영원한 운명이 더 중요해요. 그런 행동은 당신에게 해가 돼요. 당신의 양심을 마비시키고, 성품을 비뚤어지게 하고, 영혼을 망가뜨려요. 나는 거기에 따를 수 없어요."

하나님이 우리를 사랑하시듯 우리도 다른 사람을 사랑하면, 상대가 달라는 대로 무조건 내주지 않는다. 오히려 성령의 조명하에 하나님이 주신 판단력을 사용해 우리의 에너지와 자원으로 상대를 복되게 한다. 상대를 일으켜 세워 주고, 성장을 도와주고, 마음과 사고와 성품의 온전한 치유를 경험하여 예수님을 닮아가도록 지원해 준다. 사랑으로 거절해야 할 때도 많다.

그러려면 전전두피질을 사용해 대뇌변연계를 다스려야 하고, 감정에 어긋나더라도 건강한 행동 노선을 선택해야 한다. 삶의 활동 중에서 전전두피질의 기능을 강화하는 모든 활동은 장차 시련의 때를 성공적으로 극복하도록 우리를 준비시켜 준다. 반대로 전전두피질을 훼손하고 대뇌변연계를 강화하는 인생 경험은 실제로 영적 실패와 상실을 부르는 단초가 된다.

그날 상담실에서 엘렌은 한없는 안도감에 젖었다. 남편의 요구에 따르고 싶지 않은 자신의 마음이 옳음을 깨달았다. 내면의 긴장이 녹아내렸다. 하지만 그녀는 아직 자유롭게 되지 못했다. 아직 남편을 제대로 상대할 준비가 되어 있지 못했다. 그녀의 사고 속에 작동하고 있는 또 하나의 굵직한 왜곡 때문이었다. 그것은 바로 하나님이 설계하신 결혼에 대한 그녀의 믿음이었다.

"하지만 어떻게 남편에게 거절하면서 동시에 하나님의 말씀에 순종할 수 있지요? 성경에는 남편에게 복종하라고 했잖아요."

내가 말했다.

"엘렌, 신약에 보면 아내가 남편에게 복종해야 한다는 바울의 교훈이 나오지요. 그 의미를 이해하려면 먼저 결혼에 대한 하나님의 설계 원안을 알아야 합니다. 그래야만 하나님이 이 죄 많은 세상에서 무슨 일을 이루려 하시는지 깨달을 수 있습니다."

나는 엘렌과 함께 결혼에 대한 하나님의 설계 원안을 살펴보았다. 하나님이 "사람이 혼자 사는 것이 좋지 아니하니 내가 그를 위하여 돕는 배필을 지으리라" 창 2:18라고 말씀하신 이유는 무엇인가? 안타깝게도 예로부터 이 말씀을 엘렌처럼 잘못 해석한 사람들이 너무 많았다. 그 해석에 따르면 여자는 본래 아담의 "조력자"로 지어졌다. 남편의 연장을 들어 주고, 옷을 빨아 주고, 식사를 차려 주는 존재였다. 하지만 이것은 잘못된 생각이다. 인류 역사에 여성의 비참한 예속이 등장한 것은 하나님 때문이 아니라 죄 때문이다. 창조주의 설계는 전혀 달랐다.

인류는 하나님의 형상대로, 즉 하나님이 사랑하시듯 사랑하도록 지음을 받았다. 아담이 혼자 사는 것이 좋지 않았던 이유는 그가 섬길 대상이 없이는 하나님을 닮은 충만한 사랑에 들어갈 수 없었기 때문이다. 아담은 자신을 내주고 희생할 수 있는 대상이 필요했다. 하와는 아담의 이타적 사랑의 수혜자로 지음을 받았다. 또한, 그 사랑을 받은 뒤에는 하와도 타인 중심으로 아낌없이 베풀고 사랑하도록 지어졌다. 아담은 하와가 없이는 충만하게 살아갈 수 없었다. 하와는 아담이 사랑과 섬김으로 자신을 내줄 대상이었다. 이러한 타인 중심의 전적인 베풂을 통해 둘이 마음과 사고와 목적과 애정과 정절에서 하나가 되는 것, 그것이 하나님의 설계였다. 영원한 사랑으로 하나의 서클을 이루게 하신 것이다.

"왜 저는 이런 말을 처음 듣는 거죠? 교회에서 왜 이렇게 가르치지 않는 거죠?" 엘렌이 약간 분하다는 듯이 물었다.

나는 이렇게 설명해 주었다.

"그것은 우리가 하나님에 대한 거짓말을 믿었기 때문입니다. 그 결과로 죄가 들어오고 사랑과 신뢰의 서클이 깨졌습니다. 죄는 사랑의 결속을 깨뜨리고 인간의 마음과 사고를 두려움과 이기심으로 병들게 했습니다. 정서가 불안한 사람들은 남을 통제하려 합니다. 또 우리는 자기가 생각하는 하나님의 행동을 그대로 따라 하는 경향이 있습니다. 예컨대 권위주의적인 신을 믿는 사람은 대개 남에게 군림하려 들지요."

고개를 끄덕이는 엘렌에게 나는 말을 이었다.

"남편과 아내 사이에 불평등이 출현한 것은 죄가 들어선 이후입니다. 한쪽이 다른 쪽에 종속되는 것은 하나님의 설계 원안도 아니고 그분의 치유 해법도 아닙니다. 삶 속에서 하나님의 치유력을 더 많이 경험할수록 부부 사이에 이기심이 씻겨가고 사랑이 회복될수록 우리는 하나님의 이상적 원안으로 더 온전히 돌아가게 됩니다. 그 원안이란 바로 참되고 진정한 평등이지요. 양쪽 모두 희생해 서로를 세워 주고 복되게 하고 보호해 주는 것입니다. 하나님의 설계나 그분을 섬김에 있어 남녀의 도덕적 가치, 중요도, 지위 등에 불평등을 고착시키는 모든 가르침은 하나님을 잘못 대변하는 것입니다. 아울러 인류를 이상적 원안대로 회복하시려는 그분의 계획에 반대하는 것입니다."

엘렌은 내 말을 쏙쏙 빨아들였으나 성경의 증거가 필요했다. 이 진리를 하나님의 말씀에서 볼 필요가 있었다. 그래서 나는 성경책을 건네주며 에베소서 5장 21~25절을 읽어 보게 했다.

> 그리스도를 경외함으로 피차 복종하라. 아내들이여, 자기 남편에게 복종하기를 주께 하듯 하라. 이는 남편이 아내의 머리됨이 그리스도께서 교회의 머리됨과 같음이니 그가 바로 몸의 구주시니라. 그러므로 교회가 그리스도에게 하듯 아내들도 범사에 자기 남편에게 복종할지니라. 남편들아, 아내 사랑하기를 그리스도께서 교회를 사랑하시고 그 교회를 위하여 자신을 주심 같이 하라.

"엘렌, 첫 문장에 보면 누가 누구에게 복종하라고 했습니까?" 내가 말했다.

그녀는 그 구절을 속으로 다시 읽고는 이렇게 반문했다.

"부부가 양쪽 다 피차 복종해야 한다고 하지 않았나요?"

내가 말했다.

"바로 그겁니다! 이어서 바울은 아내들에게 남편에게 복종하라고 말합니다. 하지만 보다시피 남편들은 자기 아내를 그리스도께서 교회를 대하시듯이 대해야 합니다. 그리스도께서 교회를 어떻게 대하시지요?"

엘렌은 잠시 생각하다가 나를 똑바로 바라보며 말했다.

"자신을 희생하셨지요."

"맞습니다! 아내들은 남편에게 맹목적으로 복종하는 게 아니라 그리스도를 닮은 모습으로 자신을 대하는 남편에게 복종하는 것입니다. 그것이 성경의 가르침입니다. 그리스도는 우리에게 모본을 보이셨습니다. 사랑으로 진리를 제시하셨고 사람들에게 스스로 생각하고 결정할 자유를 주셨습니다. 또 그리스도는 자신을 내주셨습니다. 그분은 섬김을 받으러 오신 게 아니라 섬기러 오셨습니다. 그러므로 이 말씀을 근거로 아내의 복종을 얻어내려는 남편은 먼저 자기부터 예수님처럼 되어야 합니다. 아내를 앞세우고 세워 주며 아내의 안녕과 행복과 꿈을 밀어주어야 합니다. 방법도 그리스도를 닮아서 사랑으로 진실을 제시하고 아내에게 자유를 주어야 합니다. 아내의 건강과 행복을 보호하기 위해 궁극적으로 자신의 행복을 희생할 뿐 아니라 필요하다면 목숨까지 버려야 합니다. 어떻습니까?"

"정말 딴 세상 같네요." 엘렌은 잠시 말을 끊었다가 덧붙였다.

"그러니까 아내라는 이유만으로 무턱대고 남편의 말대로 해서는 안 된다는 말이군요?"

"가장 큰 계명이 무엇이지요?" 내가 물었다.

"마음과 뜻과 목숨과 힘을 다해 주님을 사랑하는 겁니다."

"맞습니다. 두 번째로 큰 계명은 무엇입니까?"

"이웃을 나 자신처럼 사랑하라 하셨지요."

"그렇다면 배우자는 하나님의 범주에 속합니까, 아니면 가장 가까운 이웃의 범주에 속합니까?"

"그야 가장 가까운 이웃이죠." 그녀가 말했다.

나는 몸을 앞쪽으로 기울이며 말했다. "엘렌, 하나님을 향한 책임이 항상 먼저입니다. 하나님은 당신에게 고유한 인격과 정체와 스스로 사고할 수 있는 이성을 주셨습니다. 당신의 사고를 하나님 외에 누구에게

든 넘겨주는 것은 그분이 원하시는 바가 아닙니다. 심지어 그분도 당신
의 사고를 통제하시는 게 아니라 치유하실 뿐입니다. 그분은 당신의 능
력을 치유하고, 양심을 정화하고, 이성을 고양하려 하십니다. 스스로 사
고하도록 당신을 자유롭게 하십니다. 하나님은 당신이 옳고 건강하고
합리적인 길을 지혜롭게 선택하되, 그것이 옳고 건강하고 합리적이기
때문에 선택하기를 바라십니다. 남이 시키는 대로 생각하거나 행동하는
것은 그분의 뜻에 어긋나며, 상대가 남편이라도 예외가 아닙니다. 예수
님은 이렇게까지 말씀하셨습니다. '무릇 내게 오는 자가 자기 부모와
처자와 형제와 자매와 더욱이 자기 목숨까지 미워하지 아니하면 능히
내 제자가 되지 못하고' 눅 14:26. 우리는 배우자까지 포함해서 세상 모든
것보다 하나님을 첫 자리에 두어야 합니다."

　진리를 받아들이자 엘렌의 모습이 달라졌다. 눈물이 싹 그치고, 두려
움과 공포가 가라앉고, 기품 있는 평온함이 그녀를 지배했다. 자신이 해
야 할 바를 깨닫고 나자 그녀는 침착하고 차분해졌다. 나는 그녀에게 진
리를 깨닫고 이해하는 데서 그치지 말고 집에 가서 남편을 대할 때 적용
하도록 권면해 주었다.

　다음 주에 다시 왔을 때 엘렌은 완전히 달라져 있었다. 환한 미소와
기쁨이 넘쳤다. 그녀는 그동안 있었던 일을 어서 말하고 싶어 조급했다.

　"남편에게 말했어요. 그를 한없이 사랑하기에 생일에 대한 그 요구에
따를 수 없다고요. 자신의 사고와 성품과 영혼을 해치는 그를 가만히 서
서 보고만 있을 수는 없다고요. 남편과 하나님과 나 자신을 너무도 사랑
하기에 그런 끔찍한 행위에 응할 수 없다고요. 또 이런 말도 했어요. 사
랑하는 남편을 잃고 싶지 않지만, 만일 그가 다른 여자를 원한다면 우리

의 결혼생활은 그것으로 끝이라고요."

"잘하셨습니다. 훌륭하십니다!" 내가 칭찬해 주었다.

하지만 엘렌의 이야기는 다 끝난 게 아니었다. 그녀는 소리를 낮추어 말을 이었다.

"그런데 믿을 수 없는 일이 벌어졌어요. 남편이 울음을 터뜨린 거예요. 미안하다며 저한테 용서를 빌더군요. 용감히 맞서 준 저를 오히려 더 사랑하고 귀히 여긴다고도 했어요. 우리는 함께 기도했습니다. 먼저 남편을 용서해 달라고 구한 뒤, 우리 부부 관계에 하나님의 복을 주시도록 기도했지요. 제닝스 박사님, 믿어지지가 않아요."

나는 속으로 "주님, 감사합니다!" 하고 아뢰었다. 엘렌의 남편이 그렇게 반응해서 감사했다. 하지만 설령 그런 반응이 없었더라도 엘렌은 옳은 길을 갔다. 그녀 자신이 건강해지고 결혼생활이 건강해지는 유일한 희망은 불변의 원리인 사랑의 법을 진실하게 적용하는 것이었다. 그녀가 남편의 요구에 굴했다면 행복과 건강은 불가능했다. 만일 그랬다면 남편의 대뇌변연계가 더 자극을 받아 전전두피질이 손상되었을 것이다. 그녀는 그녀대로 죄책감과 원망을 품었을 것이고, 그리하여 사랑이 허물어졌을 것이다. 치유와 생명과 행복의 길은 오직 하나뿐이니 곧 사랑의 길이다. 나는 엘렌의 남편이 사랑의 진실을 받아들여서 감사했다. 사랑으로 진실을 적용할 때에만 진정한 치유가 이루어진다.

하지만 사랑도 모든 사람을 살려내지는 못한다. 내 마음속에도 패배한 싸움, 이혼, 깨어진 우정, 교회 분열 등의 상처가 남아 있다. 우리의 사랑이 순수해도 모든 관계가 화해에 이르는 것은 아니다. 나는 하나님을 생각해 보았다. 그리고 그분의 온전한 사랑에도 불구하고 끝내 그분과 화목하게 되지 못하고 잃어진 많은 자녀를 생각했다. 그들이 잃어진 이유는 하나님이 원하시는 반응이 결코 강요될 수 없기 때문이다. 그것은 우리 쪽에서 자원해 드려야만 한다.

오늘 당신의 삶에 적용해 보라

당신도 두려움과 불안으로 힘들었던 적이 있는가? 사람에게 인정받으려고 양심에 어긋나는 행동에 혹했던 적이 있는가? 그렇다면 여기 도움이 될 만한 몇 가지 간단한 조치가 있다.

1. 머릿속에서 한 걸음 물러나 이렇게 물어보라. 여기서 진실은 무엇인가? 내가 취해야 할 옳고 건강하고 합리적인 행동은 무엇인가?

2. 당신이 옳은 일을 했다는 이유로 누군가가 당신을 거부하거나 당신에게 화를 낸다면 이렇게 자문해 보라. 이 사람은 정말 나의 친구인가? 정말 이 사람에게 인정받고 싶은가?

3. 자신에게 물어보라. 나는 다른 사람들을 놓아 줄 마음이 있는가? 나에 대해 그들 마음대로 생각하고 느끼도록 자유를 줄 마음이 있는가? 아니면 나는 나에 대한 다른 사람들의 생각을 어느 정도 통제하려 드는가? "원하는 대로 해주면 사람들이 나에게 화를 내지 않겠지" 하는 생각이 있는가? 이제부터 그들에게 마음대로 생각할 수 있는 자유를 주어 보라. 하나님의 법인 자유의 법에는 다음과 같은 매력이 있다. 즉 당신에 대해 마음대로 생각하도록 다른 사람들을 자

유롭게 해 주면, 그 순간 당신도 그들의 생각에 동조해야 한다는 압박감에서 자유롭게 된다.

잊지 마라, 사랑이 옳고 건강하고 합리적인 일을 하는 이유는 그것이 옳고 건강하고 합리적이기 때문이지 당장 느낌이 좋아서가 아니다. 그러므로 눈앞의 상황을 벗어나 하나님 나라의 원리를 보라. 그리고 당장 불편하게 느껴지더라도 그 원리를 적용하라.

위의 각 조치대로 하면 전전두피질이 대뇌변연계의 감정을 처리하고 조절하고 결국 지배하게 된다. 하나님의 방법은 전전두피질을 강화하고, 명료히 사고하는 능력과 온전히 사랑하는 능력을 향상하게 한다. 그러나 두려움 회로가 전전두피질을 지배하면 뇌의 건강과 균형을 잃게 된다.

008

지성을 사용하여
왜곡된 하나님관을 바꾸라

권력에는 두 가지가 있다.
무섭게 벌해서 쟁취되는 권력도 있고
사랑의 행위로 얻어지는 권력도 있다.
사랑에 기초한 권력이
형벌에 대한 두려움에서 비롯된 권력보다
천 배나 더 유효하고 오래간다.

마하트마 간디 Mahatma Gandhi

로라Laura는 오랜 우울과 불안에 시달리다 나를 찾아왔다. 그녀는 매사에 걱정이 많았다. 사람들이 자기를 어떻게 대할까, 생활비가 떨어지지는 않을까, 일자리를 잃지는 않을까, 친구들이 정말 자기를 좋아할까 등 끝이 없었다. 버림받을 것에 대한 만성적 두려움과 극도의 외로움도 있었다. 하지만 로라에게 가장 무서운 일은 사랑하는 사람들을 잃는 것이었다. 그래서 그녀는 절대로 누구와도 너무 가까워지지 않았다. 그녀는 결혼했지만 행복하지 않았다. 자녀들이 있었지만 갈등을 겪고 있었다. 직장이 있었지만 일을 싫어했다. 그동안 여러 가지 약으로 치료를 받았으나 뚜렷한 차도가 없었다.

로라는 자신의 삶과 환경이 마음에 들지 않았다. 두려움과 낙심의 이면에는 분노가 들끓고 있었다. 하나님을 믿느냐고 물었더니 노기와 상처와 고통이 뒤섞인 얼굴로 "감히 저한테 하나님에 대해 말하지 마세요."라고 말했다. 그러면서 하나님의 존재를 믿지는 않지만, 그분께 몹시 화가 나 있다고 덧붙였다. 로라는 평생 하나님께 박해와 벌을 받고 매를 맞은 심정이라고 했다. 삶에 나쁜 일이 벌어질 때마다 그녀는 하나님이 자기한테 그러시는 거로 생각했다. 평소에 그녀는 절대로 희망을 높이지 않았다. 하나님이 어느 때라도 끼어들어 기쁨을 짓밟을 거라는 생각 때문이었다. 로라는 하나님을 믿지 않으면서도 그분을 미워하고 두려워했다.

로라의 인생 역정을 탐색해 보니 그녀가 일곱 살 때 엄마가 교통사고로 돌아가셨다. 그 고통스러운 경험을 다시 말하면서 그녀는 엉엉 울었다. 나에게 엄마 이야기를 해주면서 오랜 세월이 지난 지금도 엄마가 그립다고 했다. 그러면서 장례식 때 있었던 일을 들려주었다. 어린 로라가 교회의 맨 앞자리에 앉아 있는데 설교자가 그녀를 똑바로 바라보며 말했다. "하나님이 네 엄마와 함께 있으려고 엄마를 데려가신 거다." 로라는 분노가 타오르는 눈으로 나를 보며 말했다. "하지만 나도 엄마랑 함께 있어야 했다고요!"

그 말이 내 머릿속에 맴돌았다. "하지만 나도 엄마랑 함께 있어야 했다고요!" 그 선의의 설교자는 무슨 일을 한 것인가? 가장 취약했던 순간에 로라에게 어떤 하나님이 제시된 것인가? 악의없이, 본의 아니게 그녀의 머릿속에 하나님에 대한 거짓말이 심어졌다. 단순히 이런 거짓말이었다. "하나님은 아이들에게서 엄마를 앗아가는 존재다. 하나님은 아픔과 고통과 죽음을 주는 존재다." 하나님에 대한 이런 거짓말을 믿을 때 나타나는 신경생물학적 결과는 무엇인가?

거짓말을 믿으면 사랑과 신뢰의 서클이 깨진다. 그렇게 무서운 하나님관을 믿은 결과, 로라의 전전두피질은 편도체를 진정시키기는커녕 오히려 편도체에 신호를 보내 경보를 울리게 했다. 불안과 두려움이 가중되었고 이는 다시 전전두피질을 자극했다. 그녀는 더욱더 삶을 위협의 관점에서 해석하게 되었고, 그럴수록 두려움과 불안은 더 심해졌다. 거짓말을 제거하지 않는 한 로라의 사고는 치유될 수 없었다.

> 우리가 육신으로 행하나 육신에 따라 싸우지 아니하노니 우리의 싸우는 무기는 육신에 속한 것이 아니요 오직 어떤 견고한 진도 무너뜨리는 하나님의 능력이라. 모든 이론을 무너뜨리며 하나님 아는 것을 대적하여 높아진 것을 다 무너뜨리고 모든 생각을 사로잡아 그리스도에게 복종하게 하니고후 10:3~5.

로라의 사고는 두려움과 의심의 견고한 진이 되어 있었다. 하나님에 대한 거짓말을 믿은 탓에 원한과 분노와 원망으로 가득 차 있었다. 하나님에 대한 거짓말이 버티고 있는 곳에는 사랑이 흐를 수 없다. 하나님에 대한 진리가 없이는 두려움과 이기심의 병을 고칠 해독제가 없다. 로라의 상태는 자꾸 더 악화되었다. 그녀는 늘 두려웠고, 진정한 기쁨이나 평안을 누릴 줄 몰랐고, 매사를 외부의 공격과 가해로 해석했고, 다른 사람들을 진정으로 신뢰하지 못했다. 로라가 회복되어 평안을 얻으려면 압제적인 하나님관에서 자유롭게 되어야 했다.

나는 로라에게 그녀가 믿지 않는다는 하나님에 대해 말해 달라고 했다. 그녀가 몇 분 동안 묘사한 하나님은 잔인한 폭군이었다. 제멋대로 권력을 휘둘러 자신의 피조물에 고난과 고통을 가하는 존재였다. 우리 쪽에서 비위를 맞추어야 하는 존재, 아이들이 학대당해도 개의치 않는 존재, 아이들에게서 엄마를 앗아가는 존재였다.

다 듣고 나서 나는 그녀의 눈을 똑바로 보며 말했다.

"잘하시는 겁니다. 나도 그런 하나님을 믿지 않습니다!"

그리스도인 정신과 의사에게서 그런 대답이 나오자 그녀는 깜짝 놀라 나를 미심쩍게 바라보았다. 그래서 나는 그런 섬뜩한 하나님관을 거부한 그녀를 재차 인정해 주었다. 자신의 사고를 굽히지 않고 그런 잔인한 신에게 맹목적으로 굴종하지 않은 그녀를 칭찬해 주었다. 로라는 다소 누그러졌고 시간이 가면서 마음이 편안해졌다. 그래서 우리는 하나님에 대해 그리고 고통스러운 일들이 일어나는 이유에 대해 다른 가능성을 탐색해 보았다. 그 가능성 덕분에 그녀의 두려움과 박해받는 심정이 서서히 줄어들면서 치유의 길이 열렸다.

하나님에 대한 거짓말은 두려움을 시작으로 단계적 흥분을 불러일으켜 뇌와 몸을 훼손한다. 우리의 사고가 치유되려면 하나님이 우리 편이시라는 진리를 깨달아야 한다. 그분은 우리의 아버지이시고 친구이시고 구주이시다! 거짓을 물리치고 신뢰를 되찾으면 그때부터 회복이 시작된다. 다행히 로라는 질문을 던지고 증거에 기초한 답을 찾으려는 마음이 있었다. 하지만 그녀에게 그런 마음이 없었다면 어떻게 되었을까? 질문이 허용되지 않는다면 어떻게 거짓을 물리칠 수 있을까?

사고하고 질문하는 그리스도인이 되라

프랜Fran은 60세의 소심한 여성으로, 만성적 두려움과 불안 때문에 나를 찾아왔다. 그녀는 평생 그리스도인이었고, 교회 생활을 열심히 했고, 주일학교에서 가르쳤고, 자원해 단기 선교를 다녔다. 열네 살 때 예수님을 자신의 구주로 영접했고 계속 그분을 사랑했다. 그런데 그녀는 평생 원인 모를 불안감과 뿌리 깊은 두려움에 시달렸다. 마음 한구석에 염려의 어두운 그림자가 드리워져 있었다. 그것을 한 번도 입 밖에 낸 적은 없었다. 예수님을 구주로 믿고 사랑한다면 그런 게 없어야 함을 알기 때문이다. 하지만 그것은 버젓이 존재했고, 그래서 그녀는 늘 불안하고 초조하고 두려웠다.

그동안 프랜은 여러 가지 항불안제를 복용했고 많은 치료사와 상담자와 의사를 만났다. 그러나 여태 평안을 얻지 못했다. 백약이 무효였다. 그녀는 절박한 심정이 되어 있었다.

프랜은 보수적인 기독교 가정에서 자랐다. 집안의 일정은 교회를 중심으로 돌아갔다. 그녀는 기독교 사립학교에 다녔고, 매주 주일학교에 나갔고, 꾸준히 가정 예배를 드렸다. 그러면서 믿음의 중요성을 배웠다. 유한한 인간의 사고로 이해가 안 될 때도 있었지만, 그래도 하나님의 말씀을 믿어야 했다. "믿음"만 있으면 굳이 질문이 필요 없이 그냥 "믿어진다"고 배웠다. 하지만 프랜은 질문이 있었다. 질문이 많았지만 두려워서 입 밖에 내지 못했다. 질문하고 증거를 조사하고 논리를 구사하는 것은 믿음이 없다는 표시 같았다. 믿음이 없이는 구원받을 수 없었다. 그래서 그녀는 모든 의문을 믿음의 가면 뒤에 감추었다. 하지만 그럴수록 의문은 더 많아질 뿐이었다.

프랜은 끊임없이 자기 생각과 싸웠다. "질문도 못 하게 하시다니 무슨 이런 하나님이 다 있지? 뭔가 숨기실 거라도 있단 말인가? 비밀이 밝혀지면 우리가 싫어할까 봐 두려우신 건가? 너 지금 무슨 생각을 하는 거지? 예수님은 너를 위해 돌아가셨어. 너는 그분을 믿어야 해. 그분을 믿는다면 이따위 어리석은 질문은 하지 않을 거야. 너는 믿음이 없어. 믿음이 없으면 지옥에 가는 거야." 이런 식으로 그녀의 머릿속에 걷잡을 수 없는 싸움이 벌어졌고, 그럴수록 그녀는 질문한다는 이유로 어린 소녀들을 지옥 불에 던지시는 하나님이 점점 더 두려워졌다.

프랜의 생각 속에는 하나님에 대한 온갖 왜곡들이 가득했다. 하나님을 아는 참된 지식에 이르지 않는 한 그녀의 두려움과 불안은 치료될 수 없었다. 그녀는 질문이 불신의 증거라는 개념을 받아들인 지 오래였다. 그 기간 그녀의 전전두피질은 사용되지 않고 묵혀져 있었다. 하지만 전전두피질을 구사하지 않고는 하나님의 이상理想대로 치유나 구원이나 회복을 얻을 수 없다. 인간의 사고가 진리를 깨닫고 사랑을 경험하고 하나님과 교제하는 부위가 바로 전전두피질이기 때문이다. 프랜은 하나님에 대한 거짓에 사로잡혀 있었다. 그녀의 마음이 그분의 사랑으로 치유될 수 있으려면 그 거짓을 무너뜨려야 했다. 그녀의 전전두피질을 활성화해야 했다.

우리는 우선 이사야 1장 11절을 읽었다. 거기 보면 하나님이 이스라엘 백성을 호되게 꾸짖으시는데, 그 이유가 우상숭배나 반항이나 불순종 따위가 아니다. 전혀 뜻밖의 다른 이유가 있다. 하나님이 자신의 선민을 책망하신 것은 그들이 번제물을 가져오고, 지정된 절기를 지키고, 그분께 기도하고, 안식일을 준수하고, 성전에 나오기 때문이었다.

그들은 하나님이 명하신 의식을 행했을 뿐인데 하나님은 바로 그것을 싫어하셨다. 왜 그러셨을까? 그들에게 논리적 사고가 없었기 때문이다. 그들은 기계적으로 종교의식을 행했을 뿐, 그 상징적 예식에 담긴 교훈의 의미를 헤아리지 못했다. 예배 행위로 재현되는 사랑의 원리를 깨닫지 못했고, 그리하여 가난한 이들과 과부들을 돕지 않았다. 그들은 "교회에는 다녔으나" 아무 생각이 없다 보니 "헛된 제물"을 가져왔다사 1:13. 그래서 하나님은 그들에게 밝히 말씀하셨다.

"오라, 우리가 서로 변론하자[논리적으로 생각해 보자]. 너희의 죄가 주홍 같을지라도 눈과 같이 희어질 것이요 진홍 같이 붉을지라도 양털 같이 희게 되리라"사 1:18.

나는 본문을 가리키며 프랜에게 사랑의 하나님은 아무것도 숨기실 게 없다고 말해 주었다. 그분은 자기 자녀들과의 대화를 즐기시며 우리의 질문을 얼마든지 반기신다. 그분은 각종 의식儀式을 계기로 우리의 사고를 자극하시고 자신과의 대화로 끌어들이신다. 지성知性으로 하나님을 만날 때 우리는 모든 진리의 근원이신 분을 만난다. 하나님과 변론하면 어둠이 물러가고 신뢰의 마음이 열린다. 죄성이 정화되어 우리가 순결해진다.

본문의 의미가 프랜의 오랜 두려움의 벽을 뚫었다. 그러자 그녀에게 변화가 나타났다. 내면에 작은 불씨가 댕겨지고 희망의 불꽃이 살아났다. "정말 이것이 사실일까?" 프랜은 속으로 그렇게 묻고 있는 게 분명했다. 그녀는 더 알고자 했다.

나는 그녀에게 로마서 14장 5절을 읽게 했다.

"각각 자기 마음으로 확정할지니라."

히브리서 5장 14절도 읽게 했다.

"단단한 음식은 장성한 자의 것이니 그들은 지각을 사용함으로 연단을 받아 선악을 분별하는 자들이니라." 그러고 나서 이렇게 물었다.

"생각하지 않고 질문하지 않고 증거를 찾아보지 않고서야 어떻게 자기 마음으로 확정할 수 있을까요? 묻지도 않고 진리를 탐구하지도 않는다면 어떻게 연단을 받아 선악을 분별할까요?"

이제 그녀의 사고의 문이 거의 열렸다. 평생 답답한 질문들을 가두어 두었던 댐이 터지기 일보 직전이었다. 한 번만 더 살짝 건드려 주면 되었다. 나는 그녀에게 요한복음 15장 15절에 나오는 예수님 자신의 말씀을 읽게 했다.

"나는 너희를 더는 종이라고 부르지 않겠다. 종은 주인이 무슨 생각을 하고 무슨 계획을 세우는지 알지 못하기 때문이다. 그러나 나는 너희를 친구라고 불렀다. 내가 내 아버지께 들은 것을 모두 너희에게 알려 주었기 때문이다"〈메시지〉.

프랜은 핵심을 깨달았다. 예수님은 우리가 아무런 생각도 없이 그저 시키는 대로만 하는 종이 되기를 원하지 않으신다. 그분은 우리가 스스로 사고하는 지성적이고 이해력 있는 친구가 되기를 원하신다. 선악을 분별하는 능력이 회복되기를 원하신다. 드디어 수문이 열리고 질문이 쏟아져 나왔다.

하지만 다른 어느 질문보다도 더 프랜을 괴롭히는 질문이 하나 있었다. 나의 다른 환자 중에도 이 문제로 힘들어하는 경우가 많다. 이 개념은 하나님을 향한 신뢰를 무너뜨린다. 프랜이 평안을 얻으려면 그것이 해결되어야 했다.

하나님은 불량품을 만들지 않으신다!

"하나님은 왜 나를 이렇게 만드셨나요? 왜 나에게 불안과 우울을 주셨나요?"

프랜의 질문은 그것이었다. 그녀는 전능하신 하나님이 우리 개개인을 현재의 이 모습대로 만드셨다고 믿었다. 한 번은 "나는 하나님의 작품이다. 하나님은 불량품을 만들지 않으신다"라고 적힌 티셔츠를 입고 온 적도 있었다.

여기 그녀의 사고 속에 몰래 기어들어 온 또 하나의 아주 교활한 왜곡이 있었다. 그것이 그녀에게 정신적 고통을 유발하고 하나님을 향한 신뢰를 무너뜨리고 있었다. 그녀는 하나님이 우리 각자를 지금의 모습대로 즉 유전적 흠과 병과 결함과 죄까지 모두 갖춘 상태로 직접 지으셨다는 거짓말을 믿고 있었다.

에덴동산에서 아담과 하와를 창조하실 때 하나님은 그들을 흠이 없게 지으셨을 뿐 아니라 그들에게 출산의 능력도 주셨다 창 1:28. 하나님은 그들을 지으실 때 선택의 자유를 주셨고, 본인의 선택에 따라 변화하거나 적응할 자유도 주셨다. 이는 아담과 하와의 선택 자체가 그들을 변화시킨다는 뜻이다. 건강한 선택은 더 깊은 성장과 건강을 낳을 것이고, 사랑의 법에서 이탈하면 결함과 손상은 물론 하나님의 개입이 없는 한 죽음이 따를 것이다. 아담과 하와가 하나님께 등을 돌리고 죄를 지은 뒤로 그들의 모든 후손도 "죄악 중에서 출생" 했고 "어머니가 죄 중에서... 잉태" 했다 시 51:5. 다시 말해서 죄의 결과로 모든 인간은 결함을 안고 태어났다.

나의 많은 환자가 하나님이 자신을 정확히 지금의 모습대로 만드셨다는 거짓말을 믿었다. 그러니 그분과의 관계가 힘들 수밖에 없었다. 그들은 이렇게 묻곤 한다.

"하나님은 왜 나에게 조현병을 주셨습니까?"

"하나님은 왜 우리 아이에게 자폐증을 주셨나요?"

"하나님은 왜 나를 조울증 환자로 지으신 거죠?"

사실 하나님은 그런 일을 하신 적이 없다! 하나님은 자신의 능력으로 죄와 병과 기형이 있는 결함투성이 존재를 만들지 않으신다. 모든 결함은 죄의 결과다. 죄가 하나님의 창조 세계를 더럽히고 망가뜨렸다. 사랑이신 그분은 불완전한 것을 만들어내지도 않고 그럴 수도 없다.

프랜은 처음에는 이 부분을 이해하지 못했다. 그래서 질문이 더 나왔다. "그렇다면 '주께서 내 내장을 지으시며 나의 모태에서 나를 만드셨나이다'시 139:13라고 한 성경 말씀은 어떻게 되나요?"

"아주 좋습니다!" 내가 대답했다. "잘 물으셨습니다. 다른 사람의 생각을 무턱대고 받아들이면 안 됩니다. 스스로 생각하셔야 합니다. 질문하고 논리를 구사하십시오. 방금 성경 구절을 인용하셨지요. 하지만 인용하는 것만으로 부족합니다. '이 말씀이 무슨 뜻이지?' 하고 물어야 합니다."

그녀는 이런 것에 익숙하지 않았다. "성경에 나와 있는 대로 무조건 믿으면 된다."고 배웠기 때문이다. 하지만 그녀가 깨달았듯이 그런 접근은 사고를 막고 이성을 차단한다. 하나님과 그분이 일하시는 방식을 실제로 알고 깨닫는 능력도 저하한다. 그래서 그녀는 생각하기 시작했다. 이 말씀은 무슨 뜻일까? 덕분에 전전두피질이 활성화되고 그녀의 사고가 성령께 열렸다.

이미 설명했듯이 하나님의 법은 사랑의 법이며, 그분은 늘 사탄의 악에 맞서 싸우신다. 또한, 모든 자연은 죄에 짓눌려 신음하고 있다. 하지만 프랜에게는 이 모두가 새로운 개념이었다. 그녀는 그것을 자신의 사고 속에 통합하느라 애쓰고 있었다. 내가 말을 이었다.

"하나님이 각 개인을 직접 지으신다면, 아이들이 선천성 심장 결함이나 척추 피열披裂이나 각종 기형을 안고 태어나는 날에는 하나님의 일진이 나빠서 그런 겁니까? 모든 유전적 결함과 기형을 정말 하나님 탓으로 돌려도 무방할까요? 하나님이 선천성 결함을 지닌 아이들을 직접 만드신다면, 영아의 생명을 살리려는 의사들의 수술은 하나님의 뜻을 거스르는 겁니까? 하나님이 원하셔서 그렇게 태어난 것이니 의사들은 선천적 결손을 치료하지 말아야 할까요? 하나님이 자신의 능력으로 우리 각자를 만드신다면, 그분의 능력은 과음을 일삼는 죄인보다 약합니까? 그래서 그 엄마에게 태아 알코올 증후군에 걸린 아기가 태어나는 것입니까? 이 아기를 하나님이 직접 빚으신다면, 그분의 능력은 경솔한 엄마가 마셔대는 술보다 강해야 하는 것 아닙니까? 그래서 과음에도 불구하고 건강한 이이가 태어나야 하는 것 아닙니까?"

프랜은 이런 새로운 개념들과 씨름하는 듯 보였으나 나는 계속 밀고 나갔다.

"그뿐만이 아닙니다. 수단이 무정부 상태에 빠졌을 때 아랍 남자들은 아랍인 후손의 수를 늘리려고 수단 여자들을 수만 명이나 강간했습니다. 하나님이 각 개인을 지금의 모습대로 만드신다면, 그 여자들은 그 일로 인해 하나님께 감사해야 할까요? 하나님은 강간을 통해 사람을 만드시는 분입니까? 사랑의 법에 강간도 포함됩니까? 몸의 기형과 강간보다 더 심각한 문제가 있습니다. 하나님이 정말 죄와 죄인들을 만드신다고 믿는 겁니까? 하나님이 우리 개개인을 자신의 능력으로 직접 지으신다면, 하나님이 죄인들을 지으신다는 말입니까? 우리는 모두 태어날 때부터 죄인이니 말입니다."

그게 사실일 수 없음을 프랜도 알았다. 성경에 보면 하나님이 직접 만드신 인간은 아담과 하와 둘뿐이다. 물론 나중에 예수님을 인간으로 태어나게 하신 분도 하나님이다. 세 사람은 모두 죄가 없었다. 예수님은 끝까지 그 상태를 유지하셨지만, 아담과 하와는 그렇지 못했다.

프랜의 생각이 열심히 돌아가고 있었다. 진리를 통합하며 왜곡의 잡초를 뽑아내고 있었다. 그녀는 나를 바라보며 말했다.

"그러면 우리 개개인이 만들어지는 데 하나님은 어떤 역할을 하시는 건가요?"

나는 대답이 준비되어 있었다.

"하나님은 삼손에게 힘을 주신 뒤에 삼손이 그 힘을 사용하는 방식을 통제하셨습니까? 하나님은 솔로몬에게 지혜를 주신 뒤에 솔로몬이 그 은사를 활용하는 방식을 통제하셨습니까? 하나님은 인류에게 출산의 능력을 주신 뒤에 우리가 어디서 누구와 짝짓기를 해야 하는지 정해 주십니까? 하나님은 자신이 주신 은사의 사용을 통제하십니까? 아니면 우리에게 능력과 재능과 기회를 주신 뒤 좋은 쪽으로든 나쁜 쪽으로든 우리 마음대로 사용할 자유를 주십니까?"

프랜은 이런 가능성을 한 번도 생각해 본 적이 없었다. 생각 없는 믿음에 익숙해져 있던 그녀에게는 이것이 힘든 작업이었다. 그래서 나는 기도하는 마음으로 천천히 말을 이었다.

"삼손에게 힘을 주신 분은 하나님이지만, 그 힘으로 이방 여자들을 희롱한 것은 하나님이 선택하신 일이 아닙니다. 솔로몬에게 지혜를 주신 분은 하나님이지만, 그 지혜로 처첩을 칠백 명이나 두고 우상들의 제단을 만든 것은 하나님이 선택하신 일이 아닙니다. 인류에게 출산의 능력을 주신 분은 하나님이지만, 그분은 우리가 그 능력을 사용하는 방식을 통제하지 않으십니다. 하나님은 인간의 원형을 설계하고 창조하신 분입니다. 아울러 출산을 관장하는 자연의 법과 물리적 과정도 그분이 만드셨습니다. 따라서 그분이 정하신 설계와 법을 통해 그분이 우리를 '만드시는' 것은 사실입니다. 하지만 그분이 우리 각자를 죄와 병과 결함을 지닌 상태로 직접 만드시는 것은 아닙니다."

내가 이 환자에게 상기시켜 주었듯이, 우리의 현 상태는 하나님의 창조 세계가 죄로 병든 결과이며 모든 자연은 죄에 짓눌려 탄식하고 있다 롬 8:22.[1]

프랜은 사랑이 이기심과 싸우고 있다는 진리를 깨달았다. 하나님이 자신을 죄와 병과 결함을 지닌 상태로 지으신 게 아니라 오히려 자신을 구원하고 치유하려고 역사해 오셨다는 사실도 깨달았다. 마침내 그것을 알고 나자 그분에 대한 그녀의 두려움과 불신이 점차 사라졌다. 믿기 어려운 새로운 가능성이 그녀의 사고 앞에 열리기 시작했고, 마침내 그녀의 영혼 속에 자유의 신선한 바람이 불어왔다. 생각할 자유, 질문할 자유, 선택할 자유였다. 자유가 밀려들고 하나님을 향한 사랑과 감사가 커지자 두려움은 잦아들었다.

성경 전체가 프랜에게 새로운 의미로 다가왔다. 간음하다 잡힌 여자에 대한 대목에서는 "나도 너를 정죄하지 아니하노니"라는 예수님의 말씀이 아버지의 음성으로 들려왔다. 배신자의 발을 씻어 주시는 예수님을 볼 때는 친히 몸을 굽혀 죄인들의 죄를 씻어 주시는 아버지로 보였다. 성난 군중에게 잠자코 구타와 침 뱉음을 당하시고 십자가에 달리신 예수님에게서는 채찍에 맞아 피를 뚝뚝 흘리며 고통 중에 죽어가시는 하나님의 얼굴이 보였다. 친구로 지내자는 예수님의 초대요 15:15에서는 자신을 집으로 부르시는 아버지의 사랑이 느껴졌다.

우리 중 많은 사람은 하나님에 대한 거짓말을 들었다. 그런 거짓말을 믿으면 우리 마음속에 사랑과 신뢰의 서클이 깨지고, 두려움과 이기심이 재빨리 그 자리를 장악한다. 거짓의 뿌리가 깊을수록 두려움은 커진다. 하지만 이야기는 거기서 끝날 필요가 없다. 사랑이 회복되려면 언제나 진리를 되찾아야 한다.

009

진실을 받아들여야
회복이 가능하다

진실은 아픔을 더하기보다 오히려 줄여 준다.
기름이 물 위에 뜨듯이 진실도 언제나 거짓 위로 떠오른다.

미겔 데 세르반데스 Miguel De Cervantes

조Joe는 대장암으로 죽어가고 있었다. 너무 늦어 치료할 수 없었다. 암세포가 너무 넓게 퍼져 있어 손을 쓸 수 없었다. 조는 5년 전 직장直腸에 출혈이 있었는데 병원에 가보지 않고 그냥 치질이려니 했다고 내게 말했다. 혹시 암일까 봐 두려웠다. 암이라고 생각만 해도 마음이 너무 괴로워 진실을 알아내기보다 그냥 피했다. 하지만 조가 그 후에 뼈저리게 깨달았듯이 진실이란 피할 수 없다. 진실에 마주 설 날을 뒤로 미룰 수 있을 뿐이다. 뒤로 미룬다고 진실이 없어지는 것은 아니다. 미루면 문제가 악화될 뿐이다. 언젠가는 어쩔 수 없이 부딪쳐야 한다.

진실을 알아내는 궁극적 목적은 치유다. 안타깝게도 그 사실을 모르는 사람들이 너무도 많다. 수많은 사람이 오히려 진실을 두려워한다. 그들은 진실이 밝혀지면 고통과 수치가 따를까 봐 두렵고 지위, 직장, 존중, 건강, 관계, 평판 등을 잃을까 봐 두렵다. 그래서 진실을 피해 도망친다. 하지만 우리는 모든 일, 모든 상황, 모든 관계 속에서 진실해야 한다. 진실해야 거짓이 무너져 생명체에 치유의 물꼬가 트인다.

지금 이 땅에서 진실에 마주 서면 삶의 풍랑을 여전히 겪겠지만, 하나님의 위로와 보호와 은혜 아래서 겪게 된다. 천국의 모든 세력이 우리 편이 되어 힘써 우리를 치유해 주고 정신적, 정서적, 영적 건강을 회복시켜 준다. 그러나 진실을 부정하거나 회피하거나 억압하거나 심지어 무시하면, 진실에 마주 설 순간이 뒤로 미루어질 뿐이다. 자꾸 미루다 보면 결국 회복 불능이 되고 만다. 몸이나 영이나 마찬가지다.

진심만으로 부족하다

그레그Greg는 23세 남자로 혈당이 1천도 넘어 중환자실에 입원했다. 병명은 당뇨병성 케톤산증으로 인슐린을 투입하지 않을 때 발생하는 치명적 병이었다. 그레그는 어려서부터 당뇨병이 있었다. 과거 여러 번 입원했고 인슐린을 끊는 게 위험하다는 것도 잘 알고 있었다. 그래서 그가 한 고비를 넘긴 후에 병원 측에서 정신과에 감정을 의뢰해 왔다. 그가 자살하려고 일부러 인슐린을 끊었는지 알아보기 위해서였다.

그레그가 내게 하는 말이 자기는 죽을 마음이 없으며 정말 병이 "나아서" 인슐린을 끊은 거라고 했다. 그러면서 최근 어느 교회 "부흥회"에 참석했던 이야기에 열을 올렸다. 집회 중 환자들을 앞으로 초청하는 시간이 있었다. 사람들이 뜨겁게 통성으로 그에게 안수 기도를 해주었다.

"주 예수 그리스도의 이름으로 명하노니 병이 떠나갈지어다!" 신유의 기도였다. 그레그는 날아오를 듯이 기뻤고 진심으로 병이 나았다고 믿었다. "기분"이 그렇게 좋기는 그때가 처음이라고 했다. 그래서 인슐린 주사를 중단했다. 그런 그가 이제 중환자실에서 죽음의 문턱에 와 있었다. 병이라는 진실이 그의 진심 어린 믿음과 충돌을 일으켰다. 그는 증거를 무시한 채 치유를 사실로 확신했다. 진심이긴 했지만, 진실에 기초한 게 아니었다. 물론 기적은 일어날 수 있고 실제로 일어난다. 진실을 중시하는 사람들도 그것을 안다. 하지만 그들은 진실을 사랑하기에 두려움 없이 증거를 조사한다^{히 5:14}. 치유가 실제로 발생했음을 객관적으로 확인하는 것이다. 요컨대 "기분"이 아무리 좋아도 진실을 거부하면 병이 나을 수 없다.

뇌 영상의 연구를 통해 입증되었듯이, 그레그가 경험한 것 같은 종교 행위는 대뇌변연계의 구조를 자극하고 전전두피질의 활동을 둔화시킨다. 본래 진실은 전전두피질의 신경회로를 통해 우리의 사고 속에 유입된다. 따라서 강력한 감정적 경험 때문에 그레그가 진실에 근거해 합리적 결정을 내릴 수 없게 된 것은 당연한 일이다. 성령은 진리의 영이시므로 항상 진실과 조화를 이루어 역사하신다. 그분은 절대로 진실을 거스르시는 법이 없다. 성령께서 개입하시면 전전두피질이 더 건강해져 논리력이 향상되고 사랑과 긍휼과 공감이 깊어진다. 그러나 거짓 "영들" _{때로 감정들로 대변되는}이 개입되면 전전두피질의 활동이 손상되고 대뇌변연계가 자극되어 이성과 사랑과 긍휼이 약화된다. 진실을 받아들이기 전에는 치유란 불가능하다.[1]

진실을 적용해야 한다

제시Jesse는 인공호흡 장치를 달고 중환자실에 누워 있었다. 다량의 진정제가 투입된 상태라 어떤 식으로도 소통할 수 없었다. 그는 59세였으나 80세처럼 보였다. 씻지 않아 더러웠고 수염도 깎지 않았고 손가락마다 담뱃진이 찌들어 있었다. 체취에 담배 냄새까지 섞여 사방에 악취가 진동했다. 제시는 심각한 영양실조에 걸려 있었다. 피골이 맞닿은 채로 살가죽이 축 늘어져 있었다. 눈은 퀭하게 움푹 패여 있었고 흰자위가 누렇게 변한 데다 온통 실핏줄이 드러나 있어 섬뜩한 느낌을 주었다. 인공호흡 장치 덕분에 흉부가 위아래로 들썩이고 모니터에 심장 박동이 계속 표시되었으니 망정이니, 그게 아니었다면 영락없이 죽은 사람으로 보였을 것이다. 하지만 그는 죽지 않았다. 어쨌든 아직은 아니었다.

제시의 이력을 직접 들을 수 없어 진료기록을 다시 보았다. 간 기능 부전에 전해질 문제가 심해서 최근 발작을 일으켰고, 심장 부정맥 증세까지 있었다. 위장에도 출혈이 있는 상태였다. 이 모든 손상이 다년간의 폭음 때문이었다.

담당의는 나에게 이렇게 말했다.

"이 사람은 알코올 중독자입니다. 살려낼 수 있다 해도 그 뒤로 재활 치료가 필요합니다."

제시는 7일 만에 인공호흡 장치를 뗐다. 전해질이 안정되고 출혈이 멎고 간 기능이 간신히 회복되었다. 알코올 해독도 진척이 좋아서 정신이 더 맑아졌고, 덕분에 의미 있는 대화가 가능해졌다. 그의 병실에 들어가 손을 내밀며 말했다.

"안녕하십니까. 저는 제닝스 박사입니다. 담당 의사 의뢰로 찾아온 정신과 의사입니다."

"정신과 의사 따위는 필요 없소." 제시는 경멸조로 말했다.

"여기가 어딘지 아십니까?" 내가 물었다.

"병원이지요. 나 미치지 않았어요."

"아무도 당신이 미쳤다고 하지 않았습니다. 그냥 당신의 기억력을 검사해 보고, 지금 쓰고 있는 약들이 사고력에 영향을 미치고 있는지 알아보려는 겁니다. 왜 여기에 오셨는지 아십니까?"

"술을 마셨소."

"얼마나 마셨습니까?"

"취할 만큼이오."

"그게 얼마큼인데요?"

"5분의 1병이오."

"무슨 술의 5분의 1인가요?"

그는 얼버무리지 않고 탁 쏘아붙였다.

"위스키요, 짐 빔 위스키. 지금 당장 좀 마셨으면 좋겠군."

"왜 지금 당장 술을 마시고 싶은 거지요?"

"취하려고요."

"이번에 입원한 게 술과 상관이 있다고 보십니까?"

"물론이오. 나는 아마 술을 마시다 죽을 거요. 어차피 무엇 때문에든 죽을 거니까."

나는 환자를 한참 동안 쳐다보았다.

"중환자실을 나가도 될 만큼 안정되시면 알코올 재활 프로그램에 들어가시게 될 겁니다. 그래서 담당 의사가 저에게 감정을 의뢰했습니다.

거기서 배우는 대로 술을 끊으면 술 때문에 돌아가시는 일은 없을 겁니다. 재활 프로그램에 들어가 보신 적이 있습니까?"

"재활 프로그램에는 안 갑니다!" 그가 화를 내며 말했다.

"전에 가 보신 적이 있습니까?"

"네댓 번 될 거요. 기억이 가물가물하군. 하지만 이제 안 갑니다!"

"재활 병원에 안 가면 어디로 가실 겁니까?"

"집에요."

"누구랑 함께 사십니까?"

"혼자요."

"혼자 사십니까?"

"말했잖소."

"퇴원 후의 계획은 무엇입니까?"

"입원하기 전과 똑같소. 마시고 취할 거요."

"죽음을 원하십니까? 자살이라도 하시려는 겁니까?"

"아니, 죽고 싶지도 않고 자살할 마음도 없소!"

그는 짜증스럽게 말했다.

"집에 가서 술을 마시면 어떻게 될 것 같습니까?"

"그야 결국 죽겠지요."

나는 약간 혼란스러워 확인하는 뜻에서 내처 물었다. "죽는 건 싫은데 술을 마시면 결국 죽는 걸 아십니다. 그런데 왜 집에 가서 술을 마시겠다는 거지요?"

"나는 취하는 게 좋거든요. 기분이 좋단 말이오. 인생에 그보다 더 좋은 건 별로 없을 거요. 술을 마시지 않으니 차라리 죽는 게 낫소."

내 귀로 들으면서도 어이가 없고 믿어지지 않았다. 이 분야에서 일찍이 배웠던 사실이 떠올랐다. 깨달음이 곧 변화는 아니다. 진실을 아는 것만으로 부족하다. 치유를 원한다면 진실을 알 뿐 아니라 그것을 우리 삶에 적용해야 한다. 그래야 병이 나을 수 있다. 제시는 술이 자기를 죽이고 있다는 것과 살고 싶다면 술을 끊어야 한다는 것을 너무도 잘 알고 있었다. 하지만 그 진실을 삶에 적용할 마음이 없었다. 오히려 기를 쓰고 진실의 적용을 거부하며 고집스레 자멸의 길을 선택했다.

아주 똑똑히 보였다. 제시의 상황은 죄로 병든 우리 모습의 축소판이었다. 그 순간 하나님의 마음이 공감되었다. 그분은 얼마나 마음이 아프실까! 모든 의사, 간호사, 호흡 치료사, 사회복지사, 물리치료사, 영양사가 이 딱한 사람을 구하고 치유하고 살리려고 애쓰고 있었다. 정죄도 없었고 그를 벌하려는 의료진도 없었다. 아무도 제시를 달랠 재간이 없었다. 병원과 의료계가 동원할 수 있는 모든 자원이 이 신사를 구제하는데 쏟아 부어지고 있었다. 그런데도 결국 우리가 그를 구하기 위해 할 수 있는 일은 아무것도 없었다. 얼마나 가슴 아픈 일인가. 제시는 자멸의 길에서 헤어나지 못한 채 당장의 고통을 덜어 주는 개입만 받아들였다. 수십만 달러의 비용을 축내 가면서 다시 술을 마셔도 될 만큼의 건강만 되찾았을 뿐, 실제로 자신을 완치해 주고 삶을 변화시켜 줄 치료는 거부했다.

하나님도 우리를 치유하시려고 하늘의 모든 자원을 쏟아 부으셨다. 천군천사들과 그분의 영을 보내 우리를 인도하고 위로하고 치유하게 하셨다. 그뿐 아니라 놀라운 이타적 행위로 그분은 자기 아들까지 보내 우리가 얻을 수 없는 승리를 대신 얻게 하셨다. 하나님은 우리를 정죄하시거나 벌하시려는 게 아니다. 우리가 위무해 드려야 우리를 치유하고 구원해 주시는 것도 아니다. 우리를 구하고 회복시키기 위해 온 천국이 텅 비워졌다. 그런데 하나님의 자녀 중에도 제시처럼 자멸의 습성에서 헤어나지 못한 채 그분의 치료제를 거부하는 사람들이 너무도 많다.

죄의 파괴적 무게에 결국 짓눌려 괴로울 때는 많은 사람이 당장의 위안을 얻으려고 하나님을 찾는다. 힘들 때 당장 고통에서 벗어나려는 것이다. 하지만 그들은 실제로 자신을 영원히 변화시키고 치유해 줄 하나님의 처방에는 따르지 않는다. 다시 위스키로 돌아간 제시처럼, 무수히 많은 사람이 하나님의 능력과 자원과 은혜를 구하되 구원이나 진정한 치유를 위해서가 아니라 자멸의 삶을 지속할 수단으로서만 구한다. 그렇게 거부하면 하나님이 결국 그들을 구원하시기 위해 하실 수 있는 일이 아무것도 없다. 그러니 그분의 마음이 얼마나 아프시겠는가.

010

증상 뿐 아니라
원인을 찾아야 한다

모든 진실은 일단 알아내기만 하면 이해하기는 쉽다.

문제는 진실을 알아내는 것이다.

갈릴레오 Galileo

6장에 소개했던 15세의 환자 서배너는 다음 번 면담 시간에도 두려움으로 힘들어했다. 하나님에 대한 걱정도 여전했고, 자신의 죄가 너무커 하나님이 받아 주지 않으실 거라는 심정도 그대로였다. 더 큰 진실을 깨닫지 않는 한 온전한 평안은 요원한 일이었다. 사랑의 길이 오해에 막혀 있었다. 그래서 나는 질문을 계속했다.

"죄란 무엇일까?" 그녀가 자리에 편히 앉은 뒤에 내가 물었다.

"나쁜 짓 하는 거죠." 그녀가 대답했다.

"무엇이 나쁜 짓인지 어떻게 알지?"

처음부터 쭉 기독교 사립학교에서 교육받은 그녀는 자신 있게 대답

177

했다.

"십계명이 있잖아요."

"죄가 왜 나쁘지?"

"하나님이 하지 말라고 하셨으니까요."

"하나님이 왜 하지 말라고 하셨을까?"

"그야 … 나쁜 일이니까요."

그건 순환 논리였다. 그래서 나는 질문을 돌렸다.

"네가 하나님께 불순종해 그분이 하지 말라고 하신 일을 하면 어떻게 될까?"

"하나님이 벌하시겠죠."

"이번에 네가 한 일에 대해서도 하나님이 벌하실 거로 생각하니?"

그녀는 혼란스러운 표정으로 "벌이 없었으면 좋겠어요." 라고 말하고 나서 이렇게 덧붙였다.

"하지만 저의 죄를 위한 예수님의 피를 제가 받아들이지 않는다면 하나님이 벌하실 거예요."

"만약에 예수님이 피를 흘려주지 않으셨다면 하나님은 너한테 어떻게 하실까?"

"저를 죽이셔야 하겠죠."

"왜?"

"하나님은 공의로우신 분이니까 죄를 벌하셔야 하거든요." 그녀는 성경공부 시간에 기본 교육을 착실히 잘 받은 사람이었다.

"하나님이 네 삶의 죄를 벌하지 않으시려면 무엇이 필요할까?"

"예수님이 제 대신 형벌을 받으셨어요. 그래서 그분을 나의 구주로 영접하면 하나님이 저를 벌하실 필요가 없어요." 와! 이 정도면 수업 시간에 집중했던 게 분명했다. 이것을 스스로 생각해냈을 리는 없을 테니 말이다. 나는 몸을 앞쪽으로 기울이며 물었다.

"서배너, 그런 하나님이 무섭니?"

그녀는 말없이 고개를 천천히 끄덕였다. 얼굴에 두려운 기색이 퍼졌다. 거짓말을 믿으면 사랑과 신뢰의 서클이 깨지고 두려움과 이기심이 유발된다. 벌을 내리는 권위주의적인 신을 숭배하면 두려움 중추^{편도체}가 자극되고, 전전두피질이 손상되고, 치유와 성장이 저해된다. 하나님에 대한 거짓말을 고수하는 한 이 젊은 환자는 건강을 누릴 수 없었다. 그녀의 심정을 나도 잘 알았다. 잠 못 이루던 밤들과 안절부절못하던 날들을 나는 지금도 기억하고 있다. 오랜 세월 나도 신을 두려워하며 살았다. 그 신은 내 쪽에서 값을 치러야만 자비를 베푸는 신이었다. 내가 직접 경험을 통해 알고 있듯이 그녀도 하나님을 향한 신뢰가 회복되지 않는 한 결코 평안을 얻을 수 없었다. 내가 말했다.

"태어날 때부터 너에게 유전적 불치병인 낭포성 섬유증이란 폐병이 있었다고 가정해 보자. 그런데 나중에 네가 기침과 고열과 오한이 나서 병원에 갔더니 의사가 내린 진단은 낭포성 섬유증과 폐병이 아니라 기침과 고열과 오한이었어. 기침과 고열과 오한은 병일까, 아니면 병의 증상일까?"

"증상이죠." 그녀가 말했다.

"그런데 의사가 고열과 기침과 오한에 각각 해열제와 기침약과 따뜻한 담요를 처방해 준다면 ... 그것으로 끝이라면 어떻게 될까? 네 병이 나을까?"

"아뇨."

"왜 아니지?"

"병을 치료한 게 아니라 증상만 없애 준 거잖아요."

"정답이다!" 내가 말했다.

"병이 나으려면 문제를 정확히 진단하고 병의 원인을 치료해야지 증상만 고쳐서는 안 된다, 그렇지?"

"그렇죠." 그녀가 맞장구를 쳤다.

나는 그녀에게 하나님을 두려워할 필요가 없음을 알려 주고 싶었다. 그래서 이렇게 말했다.

"예수께서 가르치셨듯이 죄의 행위_{우리가 행하는 나쁜 짓}은 근본 문제가 아니라 문제의 증상이야. 마태복음 5장에 그분은 말씀하셨지. '너희는 간음을 저질러야_{나쁜 짓이다} 죄라고 말하지만 나는 말하노니 음욕을 품고 여자를 보는 자마다 이미 간음하였다. 너희는 살인을 저질러야_{역시 나쁜 짓이다} 죄라고 말하지만 나는 말하노니 마음으로 형제를 미워하는 자마다…' 한마디로 예수님은 나쁜 행위가 죄로 병든 마음에서 나온다고 가르치신 거야. 나쁜 행위는 고열과 기침처럼 증상이고, 우리 영혼이 병들어 있어 하나님의 치유가 필요하다는 것을 알려 주지. 우리의 진짜 병명은 마음의 죄성이란다. 나쁜 행위는 거기서 나오는 결과이고."

나는 말을 이었다.

"혹시 우리 그리스도인들이 문제를 오진한 것은 아닐까? 근본 문제는 두려움에 찬 이기적인 마음이고 나쁜 행위는 그 결과인데, 우리는 '죄' 즉 '나쁜 행위'가 문제라고 믿고 있는 건 아닐까? 악한 행동은 악한 마음의 증상일 뿐인데, 우리가 그것을 모른 채 오해하고 있는 건 아닐까?

문제를 오진한 탓에 증상만 없애 줄 답을 만들어낸 건 아닐까? 병의 진짜 원인을 치유해 줄 하나님의 치료제를 받아들여야 하는데 말이야."

서배너는 혼란스러운 표정으로 "잘 모르겠어요." 라고 말했다.

"네가 섹스해서 하나님이 너를 벌하셔야만 할까봐 두렵니?"

그녀는 고개를 끄덕였다.

"그럼 네가 고열과 기침이 난다면, 그것 때문에 의사가 너를 벌해야만 할까 봐 두렵겠니?"

"아뇨. 그렇지만 태어날 때부터 낭포성 섬유증이 있다면 고열과 기침이 나는 거야 어쩔 수 없는 일이죠. 하지만 죄에 관한 한 저한테 선택권이 있는 거잖아요."

"예수님이 없이는 그렇지 않지. 내주하시는 성령님이 없이는 그렇지 않아. 우리 인간의 힘만으로는 선택의 능력이 없단다. 우리는 죄악 중에서 태어났거든시 51:5. 선천적인 낭포성 섬유증과 비슷하게 우리도 불치병을 안고 태어났어. 그 병을 고치지 않으면 결국 죽게 된단다."

나는 잠시 말을 끊었다가 물었다.

"너는 그 남자하고 왜 섹스했지?"

"두려워서요. 나한테 화낼까 봐 그게 싫어서요."

"두려움과 불안을 품기로 언제 선택했지?"

"선택한 적 없어요. 평생 불안했어요."

"그러니까 두려움과 불안이라는 네 마음 상태를 네가 선택하지 않았다는 말이니? 그런데 그 불안이 네가 결정을 내리는 데 영향을 미친다는 말이니?"

그녀는 머릿속으로 내 말을 소화하면서 천천히 고개를 끄덕였다.

"아담과 하와가 죄를 짓자마자 달아나 숨은 건 두려웠기 때문이야. 두려움은 죄라는 병의 일부지. 첫 조상이 죄를 지은 뒤로 모든 인간은 두려움과 이기심이라는 불치병에 걸린 상태로 태어난단다. 낭포성 섬유증에 걸려 태어나는 것과 마찬가지지. 그 상태를 우리가 선택한 것은 아니야. 선천적 낭포성 섬유증이 우리 잘못이 아니듯이 그것도 우리 잘못이 아니야. 그런데 그렇게 태어난 건 우리 잘못이 아니어도, 하나님의 치료제를 받아들이지 않으면 우리는 죽는단다."

그녀는 내 말을 점차 따라오면서 다시 고개를 끄덕였다.

"태어날 때부터 너에게 낭포성 섬유증이 있었다면 그건 네 잘못이 아니지. 하지만 그 병을 값없이 고쳐 줄 치료제가 있는데도 네가 그것을 거부한다면, 그건 네 잘못이 아닐까?"

"맞아요." 그녀가 얼른 말했다.

"네가 집중해야 할 문제가 바로 그거야. 너는 너를 치료해 줄 하나님의 값없는 치료제를 받아들인 적이 있니? 우리는 혼외 섹스 같은 불순종과 죄의 행위에 집중하는 경향이 있지. 하지만 그것은 죄성이라는 병의 증상에 지나지 않아. 고열과 기침이 우리 몸에 문제가 있어 진료를 받아야 함을 알려 주듯이, 죄의 행위도 우리 마음이 병들어 있어 하나님의 영적 치료가 필요함을 알려 준단다. 죄의 행위도 모든 병의 증상과 비슷해. 치료하지 않고 오래 둘수록 병이 더 악화되고, 증상이 많을수록 몸이 더 상하는 법이지. 그래서 우리는 증상^{자신의 죄}을 축소하거나 대수롭지 않게 여겨서는 안 되는 거야. 대수롭지 않은 게 아니거든. 죄의 행위는 우리 뇌를 훼손하고, 양심을 마비시키고, 이성을 비뚤어지게 하고, 성품을 망쳐 놓는단다. 또한, 죄를 지을수록 하나님께 반항하기가 갈수록 더 쉬워져 결국에는 구원을 영영 잃게 된단다."

죄의 행위는 대뇌변연계의 회로를 강화하고 전전두피질의 회로를 훼손한다. 그래서 결국 두려움과 죄책감과 수치심이 더 커진다. 내가 이런 상관관계를 설명해 주자 그녀는 내게서 눈을 떼지 않고 열심히 들었다.

"그래서 우리는 죄의 행위를 삼가야 하는 거야. 하지만 병의 원인을 치료하지 않고 기침과 고열에만 집중하면 장기적으로 상태가 호전되기는커녕 오히려 악화되잖아. 나쁜 짓을 용서받고, 죄를 씻고, 죗값을 치르고, 범죄 기록을 지우는 데만 연연할 때도 그와 마찬가지야. 그보다 우리는 마음과 사고를 치유 받아야 해. 서배너, 하나님이 해주시려는 일은 단지 네 죄를 용서하시는 정도가 아니라 그보다 훨씬 크단다. 네 마음을 완전히 변화시키고 네 생각을 새롭게 해주기를 원하시거든."

나는 그녀에게 잠시 생각할 시간을 주었다. 그녀가 삶 속에서 하나님의 치유력을 경험하려면 그동안 배웠던 많은 잘못된 개념이 바로잡혀야 했다. 그런 개념 때문에 그녀는 하나님이 자기에게 화가 나 있으며 그분을 피해야 한다고 생각하고 있었다. 하나님에 대한 거짓말이 넘치는 곳에는 사랑이 흐를 수 없다. 나는 약간 다른 접근을 시도했다.

"네가 아파서 병원에 간다고 하자. 의사가 진찰하러 들어오면 너는 건강한 네 오빠를 앞으로 밀면서 의사에게 너 대신 오빠를 진찰해 달라고 하겠니?"

"말도 안 돼요." 그녀는 쿡쿡 웃으며 말했다.

"그런데 왜 많은 그리스도인은 이렇게 가르치는 것일까? 구원받은 자들의 경우 하나님이 그들을 보지 않으시고 그들 대신 예수님을 보신다고 말이야. 하지만 다윗은 이렇게 기도했거든. '하나님이여, 나를 살펴사 내 마음을 아시며 나를 시험하사 내 뜻을 아옵소서. 내게 무슨 악한 행위가 있나 보시고 나를 영원한 길로 인도하소서' 시 139:23~24. '하나님 이여, 내 속에 정한 마음을 창조하시고 내 안에 정직한 영을 새롭게 하소서' 시 51:10. 마땅히 우리는 하나님이 의사처럼 우리를 철저히 살피셔서 마음과 사고와 성품의 모든 결함을 찾아내시고, 그리하여 우리를 치유해 주시기를 원해야 하지 않을까?" 그녀는 고개를 끄덕였다.

"의사를 두려워할 필요가 없듯이 하나님도 두려워할 필요가 없단다. 의사처럼 하나님도 너를 치유해 주시려는 것뿐이니까. 네가 아파서 병원에 있다면 네 병세를 의사한테 알리지 않으려고 간호사한테 진료 기록을 지워 달라고 하겠니?"

"아뇨." 그녀가 말했다.

"그런데 왜 우리는 예수께서 천국의 기록에서 의인의 죄를 지우신다고 가르칠까?"

"하나님한테 보이기 싫어서요." 그녀가 말했다.

"우리는 왜 자기 죄의 기록이나 있는 그대로의 자기 모습을 하나님께 보이지 않으려고 할까?"

"하나님이 벌하실까 봐 무서워서죠."

그녀는 깊이 세뇌되어 있던 개념과 씨름하고 있었다. 그래서 나는 더 세게 밀고 나갔다.

"의사가 너를 진찰하러 오면 너는 무서워서 진찰을 못 하게 하겠니?"

"아뇨. 진찰을 잘 받겠죠."

"의사가 확실한 치료법을 제시했는데 네가 그것을 거부한다고 하자. 그러면 너는 의사가 정의를 시행하려고 너를 죽일까 봐 두렵겠니?"

"아뇨." 그녀는 잠시 가만히 있다가 약간 흥분한 목소리로 불쑥 내뱉었다.

"제가 치료법을 거부한다면 저를 죽이는 것은 의사가 아니라 그 병이죠!" 이렇게 서배너는 중요한 돌파구를 열었다.

나는 밝게 웃으며 성경책을 집어 들었다.

"죄도 그와 마찬가지란다. 성경에 뭐라고 했는지 보렴. '악이 악인을 죽일 것이라' 시 34:21. '죄의 삯은 사망이요 하나님의 은사는 … 영생이니라' 롬 6:23. '죄가 장성한즉 사망을 낳느니라' 약 1:15. '자기의 육체를 위하여 심는 자는 육체로부터 썩어질 것을 거두고' 갈 6:8. 성경은 죄도 낭포성 섬유증처럼 치료하지 않고 그냥 두면 그 결과는 죽음이라고 가르친다. 의사가 병을 미워하듯 하나님도 죄를 미워하신다. 죄가 그분이 사랑하시는 사람들을 멸망시키기 때문이야. 의사처럼 하나님은 자신의 병든 환자들이 땅의 우리 모든 죄인을 사랑하시며, 그래서 그들을 치유하고 구원하시려고 지칠 줄 모르고 일하신단다. 하나님과 의사의 차이가 있다면 의사에 대해서는 너에게 이렇게 거짓말하는 자가 없다는 거야. 너의 의사가 비열하고, 화가 나 있고, 용서하지 않고, 가혹하며, 너를 해치려 한다고 말이야. 반면에 하나님은 거짓의 아비라는 원수가 끊임없이 그분을 모함하느라 혈안이 되어 있단다. 우리에게 하나님에 대해 왜곡된 내용을 믿게 하려는 거지. 그래야 우리가 그분을 신뢰하지 않고, 진정한 치유를 받고자 그분께 마음을 열지 않을 테니까 말이야. 우리의 사고가 얼마나 비뚤어져 있느냐면, 자신을 죽이고 있는 병죄보다 영적 의사하나님를 더 무서워할 정도야!

서배너, 네가 하나님에 대한 진실을 보고 마음을 열어 그분을 신뢰하면 그분이 너를 치유해 주신단다. 너의 죄책감을 없애 주시고, 존엄성을 회복시켜 주시고, 네 마음을 그분의 마음처럼 새롭게 해 주시지."

"제가 바라는 게 그거예요!" 마음의 소원이 그녀의 목소리에 그대로 배어 나왔다.

"평안을 얻고 싶어요. 그런데 어떻게 해야 하는 거죠? 그 방법을 모르겠어요. 저는 기도할 줄도 몰라요."

"기도란 친구에게 하듯이 단순히 하나님과 대화하는 거란다. 그분께 마음을 열고 네 생각과 느낌과 소원을 있는 그대로 말씀드리는 거지. 기도는 네 삶의 가장 깊은 비밀, 즉 네 꿈과 두려움과 기쁨과 슬픔을 하나님과 함께 나누는 거야. 뇌 연구를 통해 밝혀졌듯이, 하루에 15분씩 묵상을 하거나 사랑의 하나님과 생각 깊은 교제를 나누면 전전두피질과 특히 전두대상피질ACC, 마음이 눈에 띄게 발달한단다. 우리가 사랑과 긍휼과 공감을 경험하는 부위가 바로 거기야. 전두대상피질ACC, 마음이 건강할수록 편도체경보 중추가 안정되어 두려움과 불안이 줄어든단다. 그야말로 사랑이 모든 두려움을 내쫓는 거지! 하나님께 치유 받고 싶거든 그분께 말씀드리기만 하면 돼. 그분의 임재와 용서와 은혜를 원한다면, 그분을 네 마음속에 모셔 들이고 날마다 시간을 내서 그분과 생각 깊은 교제를 나누면 돼."

죄책감과 두려움과 불안으로 고생하며 평안을 구하는 사람은 서배너뿐만이 아니다. 아담과 하와가 타락한 이후 온 인류가 고생하고 있다. 하지만 진단이 잘못되면 대개 치료도 잘못될 수밖에 없다. 치유가 시작되려면 결국 자신의 죄성을 인정하고, 하나님에 대한 진실을 깨닫고, 그분께 자신을 맡겨야 한다. 그때까지는 증상이 더욱 악화할 뿐이다.

011

하나님에 대한
시각을 넓히라

참사랑을 얻으려면
완전한 사람을 찾아서는 안 되고
불완전한 사람을 완전하게 볼 줄 알아야 한다.

제이슨 조던 Jason Jordan

내 친구인 한 목사는 1950년대에 미시간 주 북부의 농장에서 자랐다. 농가가 띄엄띄엄 떨어져 있는 한적한 시골이었다. 이웃은 친절했고 모두가 서로 이름으로 알았다. 내 친구네와 가장 가까운 이웃집에는 자녀가 많았는데, 사건이 벌어진 것은 그 집의 막내 바비Bobby가 다섯 살 때였다.

농장에서 자라는 사내아이들은 대개 아주 어려서부터 일을 시작한다. 열두 살 난 소년이 트랙터를 몰거나 밭에서 쟁기질하거나 가축의 사료를 나르는 광경을 드물지 않게 볼 수 있었다. 하지만 다섯 살배기 아이들은 대체로 농기계 주변에 얼씬거려서는 안 되었다.

바비는 어려서부터 통 말을 듣지 않았다. 아기 때는 아무리 달래도 울음을 그치지 않았고, 걷고 나서부터는 막무가내로 떼를 쓰기 일쑤였으며, 그 뒤로도 늘 통제 불능이었다. 장난감을 치우라고 하면 말대꾸를 하면서 치우거나 아예 치우지 않았다. 과자나 사탕을 훔치다가 들킨 적도 많았고, 걸핏하면 제 것도 아닌 장난감을 가져갔다. 부모는 그에게 농기구 옆에서 놀면 절대로 안 된다고 거듭 일렀다. 위험한 기계에 가까이 있다가 걸리면 회초리를 들겠다고 으름장도 놓았다. 실제로 회초리를 들어야 했던 적도 여러 번 있었다. 그만큼 바비는 고분고분하지 않고 불순종하는 아이였다.

당시 열다섯 살이던 내 친구는 어느 날 밭에서 일하다가 바비가 다쳤다는 말을 전해 들었다. 이웃집에서 내 친구네 가족에게 부탁하기를 건너와서 바비를 위해 기도해 달라고 했다. 바비는 농기구 옆에서 놀다가 중상을 입어 목숨이 오락가락하는 상태였다. 1950년대의 미시간 주 북부에는 119 전화도 없었고, 헬리콥터 구명대도 없었고, 인근에 응급 요원도 없었다. 그래서 바비의 가족은 자기들이 할 줄 아는 유일한 일을 했다. 이웃을 불러 바비를 빙 둘러선 다음 하나님께 기도했다.

친구가 나에게 그날의 생생한 기억을 들려주었다. 이웃들은 한 사람씩 돌아가며 바비를 위해 기도했다. 기도는 이런 식이었다. "주님, 바비가 다쳐서 목숨이 위태롭습니다. 주님은 고치실 수 있고 회복하실 수 있습니다. 아이의 목숨을 구하실 수 있습니다. 겸손히 주께 나와 구하오니 주님의 뜻이면 바비를 살려 주소서." 모든 기도가 그렇게 끝났다. "주님의 뜻대로 이루어 주소서…"

그러다 바비의 어머니가 기도할 차례가 되었다.

"하나님, 저는 주님의 뜻이 무엇이든 알 바 없습니다. 제 아들을 고쳐 주지 않으시면 다시는 기도하지 않겠습니다."

그녀의 기도는 그뿐이었다.

그 후에 벌어진 일은 이미 역사의 장이 되었기에 이야기할 수 있다. 그 기도가 있은 후 바비는 살아났지만, 커갈수록 집안과 지역사회의 골칫거리가 되었다. 그는 늘 말썽을 일으켰고, 부모에게 불순종했고, 학교에서 반항했다. 기물 파괴, 무단결석, 좀도둑질, 술, 마약 등을 일삼았다. 부모와 동네 사람들의 돈과 귀중품을 훔쳐다가 그것을 전당잡아 마약을 샀다. 바비는 평생 감옥을 들락거렸다.

그 때 바비가 살아난 것이 그 기도를 들으신 하나님이 개입해 살리신 것인지, 아니면 그냥 저절로 회복된 것인지 우리는 알 수 없다. 하지만 이 이야기를 계기로 우리는 질문을 던지고, 가능성을 탐색하고, 삶을 더 큰 관점에서 생각해 볼 수 있다.

바비가 다섯 살 때 목숨이 위태로운 상황에 부닥쳤던 이유는 무엇일까? 하나님이 주도적으로 바비의 목숨을 위태롭게 하신 것일까, 아니면 바비 자신의 행동의 직접적 결과였을까? 혹시 하나님이 개입해 바비의 목숨을 살리셨을까? 그분이 바비의 어머니의 마음을 아셨을까? 바비를 살려 주지 않으시면 그녀가 그분께 마음을 닫을 것을 아셨을까? 그래서 그녀를 잃고 싶지 않아 개입하신 것일까? 어머니가 하나님을 신뢰해 이렇게 기도했다면 바비가 살아나지 못했을까?

"하나님, 아들을 잃고 싶지 않지만 저는 미래를 모릅니다. 삶이 어떻게 전개될지도 모르고 무엇이 최선인지도 모릅니다. 하지만 하나님은 늘 최선의 길로 행하십니다. 그래서 저는 아버지를 신뢰합니다. 주님의 뜻이면 아들을 고쳐 주소서."

혹시 바비가 살아난 것이 하나님을 향한 깊은 신뢰 때문이 아니라 오히려 그분을 향한 믿음이 부족했던 탓은 아닐까? 어머니가 하나님을 신뢰했더라면, 미래를 다 아시는 전능자께서 굳이 개입해 바비를 살리지 않으시고 그냥 부상의 자연스러운 결과로 죽게 두셨을 수도 있을까? 그리하여 바비 본인을 포함해 수많은 사람의 마음의 고통을 미리 막으셨을 수도 있을까?

바비가 살아난 것이 하나님의 개입 때문인지 아닌지 우리는 알 수 없다. 다만 이 이야기는 우리가 삶의 고통과 깊은 상처와 상실에 직면할 때, 한걸음 물러나 우리의 시각을 넓힐 기회를 준다.

기적과 믿음

해럴드Harold는 37세의 과묵한 남자였다. 암 전문의는 시한부 선고 때문에 혹시 그에게 우울증이 생기는 것은 아닌지 나에게 진단을 의뢰해 왔다. 해럴드는 젊은 나이에 죽어가고 있었다. 몇 달 전에 식도암 말기라는 진단을 받고 치료 중이었으나 예후가 좋지 않았다.

해럴드는 결혼생활이 행복했고 열 살, 일곱 살, 다섯 살의 예쁜 세 자녀도 두었다. 당연히 그는 죽고 싶지 않았다. 하지만 두려움, 깊은 슬픔, 절망 같은 감정이 그를 삼킬 듯이 위협해 왔다. 암 진단이 편도체를 자극한 결과로 그의 전전두피질은 두려움을 유발하는 생각들을 곱씹곤 했다. 그래도 해럴드는 절망에 굴하거나 감정에 지배당하고 싶지 않았다. 우울의 구덩이 속으로 빨려들고 싶은 마음은 더더욱 없었다. 어차피 이것이 삶의 마지막이라면 최대한 생산적이고 충만하게 살고 싶었다. 나를 보러 온 것도 그래서였다.

해럴드는 그리스도인이었고 용감한 태도를 보였지만, 그래도 삶의 회의가 있었고, 두려움과 불안에 맞서 싸우고 있었다. "어떻게 나에게 이런 일이 일어날 수 있지? 내가 무슨 잘못을 했다고 이런 일을 당해야 하지? 나는 평생 그리스도인이었고 정말 나쁜 죄를 지은 적이 없는데 왜 하필 나인가? 아이들에게 내가 필요하다는 것을 하나님도 아시는데 내가 왜 죽어야 하는가?"

해럴드는 진실을 내면화해 제대로 소화하느라 고심했다. 그는 자기 교회의 치유 의식에 참석했었다. 목사와 장로들이 그에게 안수하고 기름을 바르며 하나님의 기적적인 개입을 구했다. 그때가 나를 만나기 두 주 전이었다. 하지만 병은 호전되지 않았다. 그 후에 병원에 갔지만 아무런 차도가 없었다. 오히려 암이 계속 퍼지고 있었다. 그의 회의와 두려움과 불안은 더 깊어졌다.

"하나님은 분명히 능력이 있으신데 왜 나를 고쳐 주지 않으신 거지? 다른 사람들은 고쳐 주셨으면서 왜 나는 아니지? 내가 구원받지 못한 건가? 덜 착한 건가? 믿음이 부족해서인가? 내 삶에 나도 모르는 죄가 있어서인가? 나는 지금 벌을 받고 있는 건가? 왜 나는 낫지 않았지?"

해럴드가 그의 생각을 치유해 줄 진실을 만나려면 시각을 넓혀야만 했다. 우선 나는 몇 년 전에 내가 겪었던 일을 들려주었다.

그때 나는 한 기독교 대학의 신입생이었는데, 어느 목요일 아침에 꽤 특이한 사건이 벌어졌다. 채플 시간에 전교생이 믿음과 기적의 문제에 정면으로 부딪쳤다. 사람들이 교통사고로 사지가 마비된 어떤 청년을 데리고 들어왔다. 강사는 곧 우리 눈앞에 기적이 일어날 거라고 말했다.

하나님이 그 청년을 치유해 주실 거라고 했다. 강사는 2천 명의 학생에게 모두 무릎을 꿇고 기도하라고 했다. 기도하는 가운데 마음의 죄, 머릿속의 의심, 의식의 잡념을 모두 버리라고 했다. 이어 그는 그 청년을 기적적으로 고쳐 주시도록 하나님께 기도하라고 했다.

해럴드는 내 이야기를 열심히 듣고 있었다. 그래서 나는 계속했다.

설교자를 비롯한 몇 사람이 마비된 청년의 주위에 모여 안수 기도를 시작했다. 학생들도 계속 반복해서 기도했다. 여학생들은 강당 여기저기서 울었다. 통성으로 기도하는 학생들이 있는가 하면 "기적"을 보려고 몰래 연단을 훔쳐보는 학생들도 있었다. 몇 시간처럼 느껴지는 25분이 지났으나 기적은 일어나지 않고 그 청년은 치유되지 않았다.

나는 해럴드를 보며 말했다.

"많은 학생이 그 사건 때문에 동요했죠. 믿음과 기도와 하나님 자신에 대한 의문으로 힘들어한 학생들도 있고요. 어떤 학생들은 장내에 의심하는 사람들이 있다는 강사의 말에 죄책감을 느꼈습니다. 당신도 암 진단을 받고 나서 병이 낫지 않아 하나님과 믿음에 대한 의문으로 힘들 때가 있었습니까?"

그는 "예, 저에게도 그 모든 의문이 있습니다." 라고 대답했다.

내가 말했다.

"많은 기독교 진영 안에 무언의 신념이 있습니다. 믿음이 있으면 기적이 일어날 것이고, 기적이 일어나지 않으면 믿음이 약하기 때문이라는 겁니다. 하지만 그게 정말 사실일까요? 믿음이 강해야 기적이 일어나고 믿음이 약하면 기적이 없다는 개념은 과연 성경적일까요? 혹시 그 개념은 진실이 거의 180도 뒤집힌 게 아닐까요? 기적은 믿음이 강한 자들을 위해서가 아니라 믿음이 약한 자들을 위해서 일어나는 게 아닐까요? 믿음이 견고한 자들에게는 굳이 기적이 필요 없고, 그리스도 안의 '아기들'에게나 아직도 표적과 기사가 필요한 게 아닐까요? 기적은 흔히 믿음이 강한 자들을 통해서 일어나지만 믿음이 강한 자들을 위해서는 아니지 않을까요? 기적의 목적은 믿음이 약한 자들을 위한 것이 아닐까요?"

해럴드는 긴가민가했다. 내 질문의 전체 방향에는 그도 공감했지만, 넓은 관점을 더 똑똑히 보려면 증거가 필요했다.

"성경에는 어떻게 나와 있습니까?" 내가 물었다.

"하나님이 기드온을 불러 미디안을 무찌르게 하셨을 때 그는 양털의 기적을 구했지요. 이것은 그의 믿음이 강해서였습니까, 아니면 믿음이 약해 격려가 필요해서였습니까?"

"격려가 필요해서였습니다." 해럴드가 수긍했다.

"갈멜 산에 하나님의 불이 내려와 엘리야의 제물을 살랐지요. 이 큰 기적은 엘리야의 믿음을 굳세게 하려고 그에게 주신 것입니까, 아니면 믿음이 약한 백성을 위해 주신 것입니까?"

"믿음이 약한 백성을 위한 기적이었습니다." 해럴드는 교훈을 아주 명확히 깨달았다.

이어 나는 욥의 이야기를 꺼냈다. 하나님은 "그와 같이 온전하고 정직[한] … 자는 세상에 없느니라" 욥 1:8고 말씀하셨다. 욥은 정말 믿음의 사람인데도 부와 건강과 열 자녀를 다 잃었다. 그를 구해 준 기적은 없었다. 나는 물었다. 욥에게 이 비극이 벌어진 이유는 그의 믿음이 약해서인가? 아니면 믿음이 아주 강해 아무리 비참한 일을 당해도 끝까지 하나님을 신뢰할 것을 그분이 아셨기 때문인가?

나는 또 다른 예를 들었다.

"사드락과 메삭과 아벳느고가 풀무 불에 던져졌을 때 하나님이 기적적으로 개입해 그들의 목숨을 구하셨는데, 그 목적이 무엇입니까? 그들의 수명을 연장하는 게 주목적이었습니까? 아니면 금 신상의 무력함을 드러내고 하나님에 대한 진리를 밝혀 믿음이 약한 느부갓네살을 깨우치기 위해서였습니까? 반면에 이 세 영웅의 진정하고 성숙한 믿음을 보십시오. 풀무 불로 위협당할 때도 그들은 자신들의 목숨과 일의 결과를 하나님의 손에 의탁했습니다. 하나님이 개입해 구해 주실 수 있음을 알면서도 그들은 철저히 그분의 재량에 맡기며 이렇게 말했습니다. '느부갓네살이여, 우리가 이 일에 대하여 왕에게 대답할 필요가 없나이다. 왕이여, 우리가 섬기는 하나님이 계시다면 우리를 맹렬히 타는 풀무 불 가운데에서 능히 건져내시겠고 왕의 손에서도 건져내시리이다. 그렇게 하지 아니하실지라도 왕이여, 우리가 왕의 신들을 섬기지도 아니하고 왕이 세우신 금 신상에게 절하지도 아니할 줄을 아옵소서'" 단 3:16~18.

해럴드는 생각하고 있었다. 일이 잘 진행되고 있었다. 그의 전전두피질이 작동하고 있었다. 그래서 나는 말을 이었다.

"사도들의 생애를 생각해 보세요. 하나님은 곳곳에서 기적적으로 개입하셨지만, 그것은 언제나 복음 전파의 수단이었습니다. 요한의 경우만 제외하고 하나님은 이 믿음의 용사들을 기적적인 개입으로 구해 주지 않으셨습니다. 하나님이 기적으로 사도들을 구하지 않으신 것은 그들의 믿음이 부족해서입니까? 아니면 믿음이 아주 강해 자신들의 목숨까지도 하나님께 의탁했기 때문입니까? 그들의 믿음이 워낙 탄탄해 하나님이 기적을 행하실 필요가 없지 않았을까요? 그래도 그분을 향한 그들의 확신은 변함이 없을 테니까요."

해럴드는 고개를 끄덕였다.

"예, 하나님을 향한 믿음이 아주 강해 기적이 없이도 그들이 끝까지 신실했다는 것은 알겠습니다. 하지만 하나님은 그들을 사랑하시는데 왜 구해 주지 않으신 걸까요? 저라면 능력만 있다면 제 자녀를 병에서 구할 텐데요. 왜 하나님은 그러지 않으시는 겁니까?"

"아주 좋은 질문입니다." 나는 그의 의문을 인정해 주었다.

"욥의 이야기를 다시 살펴봅시다. 이 질문에 대한 몇 가지 통찰을 얻을 수 있습니다. 욥기의 배경은 어느 곳에서 시작됩니까?"

"천국에서 시작됩니다." 해럴드가 말했다.

"맞습니다. 욥의 거주지와 자녀의 숫자 등 약간의 정보가 나온 뒤에 성경의 무대는 천국으로 옮겨집니다." 나는 해럴드에게 몇 구절을 읽어 주었다.

하루는 하나님의 아들들이 와서 여호와 앞에 서고 사탄도 그들 가운데에 온지라. 여호와께서 사탄에게 이르시되 "네가 어디서 왔느냐." 사탄이 여호와께 대답하여 이르되 "땅을 두루 돌아 여기저기 다녀왔나이다."

여호와께서 사탄에게 이르시되 "네가 내 종 욥을 주의하여 보았느냐. 그와 같이 온전하고 정직하여 하나님을 경외하며 악에서 떠난 자는 세상에 없느니라."

사탄이 여호와께 대답하여 이르되 "욥이 어찌 까닭 없이 하나님을

경외하리이까. 주께서 그와 그의 집과 그의 모든 소유물을 울타리로
두르심 때문이 아니니이까. 주께서 그의 손으로 하는 바를 복되게
하사 그의 소유물이 땅에 넘치게 하셨음이니이다. 이제 주의 손을
펴서 그의 모든 소유물을 치소서. 그리하시면 틀림없이 주를 향하여
욕하지 않겠나이까."

여호와께서 사탄에게 이르시되 "내가 그의 소유물을 다 네 손에 맡
기노라. 다만 그의 몸에는 네 손을 대지 말지니라."

사탄이 곧 여호와 앞에서 물러가니라 욥 1:6~12.

다 읽고 나서 해럴드에게 이 장면에서 무슨 일이 벌어지고 있느냐고
물었다.

"하나님이 온 우주의 지성적 피조물들과 함께 모여 회의를 하시는데
사탄도 지구에서 왔군요."

"맞습니다." 내가 말했다.

"그때 하나님이 무슨 일을 하셨지요? 그분은 판결을 내리셨습니다.
욥이 정직하고 의롭다는 판결이었지요. 어떤 역본에는 '범사에 온전했
다'고 되어 있습니다. 그러자 사탄은 이렇게 말합니다. '잠깐만요. 그는
착한 척하는 것뿐입니다. 당신이 아주 잘해 주시니까 의로운 척하는 겁
니다. 사실 욥은 나의 충복인데 당신한테 받는 보수가 더 좋다는 걸 아
는 거지요.'"

"와, 그런 생각은 못 해봤네요." 해럴드가 큰 소리로 말했다.

"그래서 하나님은 어떻게 하십니까?"

"사탄에게 욥의 모든 소유에 손 대도 된다고 허락하십니다. 사탄은 욥

을 죽일 수만 없는 거지요."

"그런데 여기가 중요합니다." 내가 말했다.

"사탄에게 욥을 건드려도 된다고 허락하신 후에 하나님은 사탄이 욥에게 할 수 있는 일을 한정하셨습니까? 다시 말해서 하나님은 사탄이 욥을 해쳐야만 한다고 하셨습니까, 아니면 사탄은 욥을 죽이는 일만 빼고는, 손안에 든 그에게 무엇이든 마음대로 해도 됐습니까?"

"욥을 죽이지만 않는다면 무엇이든 할 수 있었지요."

"그런데 사탄이 한 일은 무엇이지요?"

"폭풍으로 욥의 자녀들을 죽였고, 부와 건강을 망쳐 놓았습니다."

"바로 그겁니다." 내가 말했다.

"그래서 우리는 사탄이 파괴자임을 압니다. 하나님은 파괴하는 분이 아닙니다. 사탄은 무엇이든 마음대로 할 재량이 있었습니다. 욥의 충절을 얻어내려면 욥을 여러 나라의 왕으로 삼고 부와 영토와 권력을 얹어 줄 수도 있었습니다. 하지만 사탄은 그러지 않았지요. 이유가 무엇일까요? 그가 파괴자이기 때문입니다. 다시 말하지만, 하나님은 파괴하는 분이 아닙니다. 그런데 보십시오. 이야기 속의 종들은 '하나님의 불'이 떨어져 욥의 재산을 파괴했다고 보고합니다. 하나님이 욥을 공격하신 것입니까? 아니면 사탄이 일으킨 일입니까?"

"사탄이 한 일이지요. 하지만 하나님이 허락하셨습니다. 하나님은 왜 이런 일을 허락하실까요?"

"정곡을 찌르는 아주 좋은 질문입니다." 내가 말했다. 이제 해럴드의 시각을 넓혀야 할 때가 되었다. 삶을 더 높은 위치에서 봐야 할 시점이 온 것이다.

"욥기는 어디에서 시작됩니까?" 내가 다시 물었다.

"천국입니다."

"누가 회의에 참석했지요?"

"하나님과 그분의 지성적 피조물들과 사탄입니다."

"거기서 하나님은 욥이 자신의 믿을 만한 친구라고 판결하시지요. 그러자 사탄은 이렇게 받습니다. '하나님, 당신이 틀렸습니다. 그것은 참말이 아닙니다. 욥은 당신이 말하는 그런 사람이 아닙니다. 그는 당신을 사랑하지도 않고 당신에게 충직하지도 않습니다.' 욥에게 닥친 일의 속뜻을 알려면 핵심은 이것입니다. 즉 지성적 존재들은 다른 지성적 존재들의 마음과 생각의 숨은 의도를 읽을 수 없습니다. 만일 읽을 수 있다면 단 하나의 천사도 애초에 루시퍼에게 속지 않았을 것입니다. 그러므로 사탄이 만일 욥을 꾀어 하나님을 저주하게 한다면, 사탄은 천국에서 지켜보고 있는 그 모든 지성적 존재들을 돌아보며 이렇게 말할 것입니다. '봐라, 내가 뭐라고 했던가. 하나님은 욥에 대해 틀렸고 나에 대해서도 틀렸다. 하나님의 말을 믿어서는 안 된다!' 욥은 하나님의 친구로 절대적 신임을 얻었습니다. 그래서 우주의 증언대에 서서 그분에 대한 진실을 말할 증인이 필요했을 때, 하나님은 욥을 택하신 것입니다. 욥기의 주제는 어마어마합니다. 욥 개인의 고통과 씨름을 훨씬 넘어서지요.

욥은 하나님을 사랑했고 그분의 손에 기꺼이 자신을 의탁했습니다. 그는 하나님이 지성적 자녀들의 마음과 생각을 얻기 위한 싸움에서 이기시도록 그분을 도왔습니다.

욥기 42장 7~8절에 보면 하나님은 욥이 '나를 가리켜 말한 것'이 '옳'다며 두 번이나 욥을 칭찬하십니다. 욥의 역사歷史 덕분에 그동안 복을 누린 하나님의 자녀들이 얼마나 많습니까?"

나는 거기서 좀 더 밀고 나갔다.

"해럴드, 당신도 하나님의 그런 친구일 가능성을 생각해 본 적이 있습니까? 지금 하나님이 당신을 우주의 증언대로 불러 그분에 대한 진실을 증언하게 하셨을 수도 있음을 생각해 보았습니까? 하나님은 우주를 향해 '너희가 내 종 해럴드를 주의해 보았느냐. 그는 온전하고 정직해 하나님을 경외하며 악에서 떠난 자니라' 라고 말씀하고 계실 수도 있습니다. 사탄은 하나님을 대적하게 하려고 당신을 욥처럼 공격하고 있을 수도 있습니다. 악은 하나님에게서 나지 않습니다. 하나님은 모든 선의 근원이십니다."

해럴드는 압도되고 말았다. 그런 가능성을 단 한 번도 생각해 본 적이 없었다. 머릿속이 멍할 정도였다. 그는 그 말에 함축된 의미를 겨우 이해하느라 애를 먹고 있었다. 정말 그럴 수 있을까? 우리 개개인의 삶의 사건들이 정말 우주적 차원에서 하나님께 유용할 수 있을까?

나는 고린도전서 4장 9절을 소리 내어 읽었다.

"내가 생각하건대 하나님이 사도인 우리를 경기장에서 죽이기로 작정된 자 같이 행렬의 끄트머리에 두셨으매 우리는 세계 곧 천사와 사람에게 구경거리가 되었노라."

그리고 나서 물었다.

"해럴드, 혹시 하나님이 당신을 경기장으로, 우주의 극장으로 불러 그분에 대한 진실을 증언하게 하시는 것은 아닐까요? 때로 사실 드물지만 그래도 가끔 비참한 사건과 괴로운 경험이 벌어지는 이유는 사탄이 하나님의 친구들을 공격하기 때문입니다. 그때 우리는 자신이 하나님의 은혜를 받아들여 그분께 충성하고 있음을 온 우주를 향해 증언하는 것입니다."[1]

내 말은 계속되었다.

"우리가 하나님을 확신하는 근거는 기적이 아니라 그분 자신의 성품에 있습니다. 하나님은 사람들의 믿음을 얻어내실 때 자신의 믿을 만한 성품을 계시해 주십니다. 그것은 궁극적으로 예수 그리스도의 삶과 죽음을 통해 계시되었지요. 기적은 가짜일 수 있지만, 예수께서 계시해 주신 진리는 가짜일 수 없습니다. 문제는 기적을 행하시는 하나님의 능력이 결코 아닙니다. 문제는 하나님이 기적적으로 개입하지 않으셔도 확신이 흔들리지 않을 만큼 우리가 그분을 잘 알고 있느냐는 것입니다. 진정한 믿음은 하나님이 능히 기적을 행하실 수 있다는 확신이 아니라 기적을 우리가 보기에 행하지 않으셔도 그분을 신뢰하는 것입니다."

기적을 구하는 기도

당신도 나의 많은 환자처럼 기적 치유, 문제 해결, 회춘 등의 기적을 달라고 기도했는데 하나님의 기적적인 개입이 없었는가? 낙심할 것도 없고 자신의 믿음을 의심할 것도 없다. 실망해 넘어지지 마라. 오히려 당신의 시각을 넓혀 이런 가능성을 생각해 보라. 즉 당신의 믿음이 아주 뛰어나고 견고하고 성숙해 하나님이 당신도 욥처럼 절대 흔들리지 않고 끝까지 그분을 신뢰할 것을 아시는 경우일 수도 있다. 어떤 고난에 처해 있든 하나님을 향한 당신의 불굴의 신뢰가 어두운 죄의 맹공격 속에서 빛을 발하게 하라. 그리하여 하나님이 당신의 신뢰를 받기에 합당하신 분이며 당신이 결코 그분에게서 떨어져 나가지 않을 것을 온 우주 앞에 선포하라. 기적적인 개입이 있든 없든 하나님은 당신의 신뢰를 받기에 합당하신 분이다!2

해럴드는 이렇게 자신의 시각을 넓혔다. 그가 받아들였듯이 진정한 믿음이란 하나님이 기적으로 개입하신다는 뜻이 아니다. 내 삶을 향한 하나님의 목적이 다른 데 있다면 그분은 개입하지 않으실 것이다. 진정한 믿음이란 바로 그 하나님을 신뢰하는 것이다. 해럴드도 처음에는 하나님이 자신을 치유해 주지 않으시는 목적을 몰랐다. 하지만 암이 그대로 있는데도 그는 절망이 걷히고, 두려움이 가라앉고, 의심이 사라졌다.

그때부터 그는 치료를 받으러 갈 때마다 얼굴에 미소를 머금었다. 비참한 상황과 자아에 몰두하기보다 하나님의 사랑이 자신을 통해 사람들에게 흘러가게 했다. 간호사들에게 그들의 삶과 가정과 고충에 대해 물었다. 그들과 함께 기도하며 격려해 주었고, 어디를 가나 힘써 하나님의 사랑을 나누었다. 가족과 함께 지낼 때도 우울한 기색을 떨치고 밝은 모습으로 그들을 사랑하고 격려해 주었다. 그의 삶은 죽어가는 어두운 세상 속에 경건한 사랑을 비추는 환한 빛이 되었다.

해럴드의 암은 하나님이 주신 게 아니다. 하지만 암이 발병했을 때 하나님은 일부러 병을 고쳐 주지 않으셨다. 우리가 신뢰하면 그분은 악으로도 선을 이루시기 때문이다. 해럴드는 "주님, 왜 하필 저입니까?"라는 의문에 대해 죽기 전에 답을 얻는 특권을 누렸다. 그의 형제자매 중 두 사람이 오래전에 하나님을 떠난 상태였다. 그들은 사업에 성공해 부유하고 유복했지만 그들의 삶에 하나님이 들어설 자리는 없었다. 해럴드는 세상을 위해 사는 그들의 영혼을 늘 염려했고, 오랜 세월 그들의 구원을 위해 기도했다. 이런 기도도 자주 했다. "아버지의 뜻이라면 저를 사용하셔서라도 저의 형제자매를 아버지의 나라로 돌아오게 하소서." 하나님은 그 기도에 응답하셨다.

해럴드의 형제자매는 서서히 명이 다해 가는 그에게서 한결같은 기쁨, 변함없는 행복, 사람들을 향한 지극한 사랑을 목격했다. 그러면서 마음이 찔렸다. 그들은 온 세상의 돈을 다 주어도 살 수 없는 것이 해럴드에게 있음을 보았다. 바로 진정한 평안이었다. 삶에 치유가 필요한 쪽은 오히려 자기들임을 깨달았다. 그래서 하나님께 돌아와 다시 세례를 받고 다시 주께 삶을 헌신했다. 그들은 지금도 성실하게 열심히 교회 생활을 하고 있다. 진심으로 해럴드는 경기장으로 부름 받아 사람들과 어쩌면 천사들에게까지 하나님의 사랑을 증언하는 구경거리가 되었다.

죽기 얼마 전에 해럴드는 나에게 이런 말을 했다.

"하나님은 정말 놀라우신 분입니다. 암이 저를 공격했지만, 하나님은 이 악까지도 사용해 저의 형제자매를 그분의 나라로 돌아오게 하셨습니다. 저를 통해 은혜를 베푸신 것입니다. 이렇게라도 그들이 돌아왔으니 저로서는 특권입니다. 정말 '하나님을 사랑하는 자 곧 그의 뜻대로 부르심을 입은 자들에게는 하나님이 모든 것이 합력하여 선을 이루' 게 하십니다롬 8:28. 이 땅에서 내 수명은 몇십 년 단축되었지만, 그 결과로 그들이 영원히 구원받았으니 저는 그들과 나머지 가족과 함께 영원을 누릴 수 있습니다. 죄와 병과 아픔이 없는 세상에서 말입니다."

해럴드는 이제 이 땅에 함께 있지 않다. 하지만 그의 증언, 그가 남긴 영적 유산과 교훈은 남아 있다. 한 걸음 물러나 더 큰 관점을 취함으로써 그는 하나님과 협력해 선을 이룰 수 있었다. 우리도 두려움을 피해 달아나지 않고, 진실을 받아들이고, 다른 사람들을 자신보다 더 사랑할 때, 치유하시는 하나님의 사랑이 악을 물리치고 선을 이룰 수 있다.

012

하나님은
하늘 위의 경찰관이 아니다

우정은 자기가 준 것은 잊어버리고
받은 것만 기억한다.

알렉산드로 뒤마 페르Alexandre Dumas Pére

내가 어렸을 때 교회에서 제일 좋아했던 시간은 아이들을 위한 이야기 시간이었다. 매주 설교 시간 전에 아이들은 교회 앞쪽으로 공손하게 달려갔고, 그동안 피아노 반주자는 "예수 사랑하심은"을 연주했다. 이야기마다 뭔가 새로웠다. 이야기꾼은 그때그때 꼭두각시 인형, 가짜 뱀 가죽, 풍선, 이상하게 생긴 아프리카의 탈 등을 가져왔다. 제일 귀여웠던 것은 애완용 새끼 오리였다. 나는 아이들을 위한 이야기 시간이 정말 좋았다. 하지만 오랜 세월 나를 괴롭힌 이야기가 하나 있었다.

이야기는 어떤 소년이 과자를 훔치는 것으로 시작되었다. 내용이 전개되면서 무대에 천사가 등장했다. 흰옷을 길게 늘어뜨린 금발의 천사

는 얼굴에 반짝이를 붙이고 황금빛 원광과 흰 날개를 달고 있었다. 천사
는 황금빛 클립보드와 펜을 들고 있었다. 무대 위를 거의 떠다니다시피
하는 천사의 모습에 내 눈이 휘둥그레졌다. 이야기꾼이 여러 가지 잘못
엄마에게 말대답한다든지, 장난감을 놓고 싸운다든지, 못된 표정을 지어 보인다든지 등을 말할
때마다 천사는 그것을 꼬박꼬박 클립보드에 적었다.

　이야기에 따르면 하나님이 보내신 천사들이 우리를 졸졸 따라다니며
우리가 짓는 모든 죄를 천국의 책에 꼼꼼히 적는다. 죄를 자백하고 예수
께 용서를 구해야만 천국의 장부에서 죄가 지워질 수 있다. 예수께 용서
를 구하지 않으면 죄가 책에 그대로 남아 있어, 나중에 심판 때 하나님
이 보시고 따끔하게 벌하신다.

　그 이야기 때문에 나는 얼마나 많은 밤을 잠 못 이루며 악몽에 시달렸
는지 모른다. 제일 큰 문제는 하나님이 점점 무서워졌다. 깜빡 잊고 죄
를 자백하지 못해 책에서 지워지지 않을까 봐 걱정이었다. 황금빛 클립
보드를 든 천사가 내 발뒤꿈치를 바짝 쫓아다니는 모습이 상상 속에 보
였다. 나는 그게 싫었다. 내게 느껴진 것은 하나님의 사랑이라기보다 그
분의 엄격한 감시였다. 나는 실수를 저지르기 싫어 매사를 똑바로 하려
고 열심히 노력했다. 십일조도 내고, 성경도 읽고, 하루에 세 번씩 기도
도 했다. 이런 모든 선행을 천사가 기록해 줄 것을 상상하며, 그것이 조
금이나마 보탬이 되기를 바랐다. 하지만 마음에 평안이 없었다. 내 모든
행동의 기초는 하나님과 동료 인간을 향한 사랑이 아니라 벌을 받을 것
에 대한 두려움이었다. 하나님에 대한 거짓이 남아 있는 곳에는 사랑이
흐르지 않는 법이다.

하늘 위의 경찰관

최근 내 친구가 인근 서점에서 어느 목사를 만난 이야기를 들려주었다. 그 목사는 내 책 〈사고를 치유하는 단순한 성경적 모델〉이 자기 교인들에게 나쁜 영향을 미치고 있다며 내 친구에게 주의하라고 했다. 그가 불쾌했던 이유는 자신의 메시지가 나의 메시지와 아주 달랐기 때문이다. 이어 그는 위쪽을 가리키며 이렇게 말했다. "하나님은 하늘 위의 높으신 경찰관입니다. 그분은 사람들이 그분의 법을 어기는 것을 다 보고 계시다가 불순종에 대해 공정한 벌을 가하십니다."

혹시 운전 중에 경찰이 당신의 뒤에 따라붙은 적이 있는가? 그때 기분이 어땠는가? 경찰이 몇 km 구간에 걸쳐 바짝 뒤쫓는다면 어떨까? 불안이 점점 고조될 것이다. 감시받는 기분이 들 것이다. 실수하기만 기다리며 노려보고 있다가 차를 정지시키고 교통위반 딱지를 주지는 않을까 걱정한다. 심지어 지난 몇년 전까지 되짚어 본다. 법규를 어기고 그냥 내뺀 적은 없는지, 주차위반 딱지를 받고 범칙금을 납부하지 않은 적은 없는지, 운전 중에 판단 착오를 해놓고 잊어버린 적은 없는지 괜히 불안해진다. 당신이 미처 보지 못한 잘못도 경찰은 꼼꼼히 보았을 테니 말이다.

안타깝게도 많은 사람이 이런 왜곡된 하나님관을 받아들이고 있다. 물론 그렇게 생각하는 사람들에게도 그런 관점이 다 나쁜 소식만은 아니다. 그들은 우리에게 재빨리 상기시켜 준다. 우리의 행위를 지켜보시는 하나님을 두려워할 필요가 없다고 말이다. 우리가 예수님을 영접하면 그분이 우리와 아버지 사이에서 천국의 "방해전파 발신기" 역할을 하신다는 것이다. 하나님은 응징하려 하시지만, 예수님의 속죄의 피가 그분을 막아 우리의 죄를 보지 못하게 한다는 것이다!

하지만 내 경우에는 하나님을 예수님의 삶을 통해 보기 시작하면서부터 비로소 하나님에 대한 잘못된 생각이 사라지고 두려움이 가라앉았다. 하나님을 보는 나의 시각이 새로워졌다. 고역스런 "투르 드 프랑스"를 견뎌내는 자전거 선수들이 생각났다. 경주 내내 자동차 한 대씩이 각 팀을 따라다닌다. 혹시 누가 넘어지면 팀원들이 재빨리 거들어 상처를 싸매 주고 고장난 자전거를 고쳐 그를 경주에 복귀시킨다. 마찬가지로 하나님이 보내신 요원들도 평생 우리를 따라다닌다. 하지만 목적이 무엇인가? 항상 우리의 상처를 싸매 주고 고장난 삶을 고쳐 우리를 영생의 길로 복귀시키는 것이다.

그동안 내가 책과 강단을 통해 이런 진리를 가르치면서 알게 된 사실이 있다. 이전의 나처럼 많은 그리스도인이 똑같은 두려움에 사로잡혀 있다. 천국의 책에 기록된 자신의 죄를 언젠가는 대면해야 한다는 두려움이다. 내 인생의 가장 큰 기쁨 중 하나는 진리를 전하는 일이다. 진리가 사람들을 자유롭게 한다.

천국의 책

헬렌Helen은 예리한 지성의 소유자다. 매주 모이는 우리 성경공부 모임에 그녀가 있음은 정말 특권이다. 그녀는 질문이 그치지 않을 뿐 아니라 거리낌 없이 묻는다.

하루는 공부 후에 이런 대화가 오갔다.

"제닝스 박사님, 아까 이런 말씀을 하셨지요. 우리가 때로 힘들어하는 오해 중 하나는 예수님이 천국의 책에서 죄를 지우고 계시다는 개념이라고요. 박사님은 그게 아니라고 하신 것 같은데, 하지만 예수님이 죄의 기록을 지우고 계신 게 아니라면 이런 성경 구절을 어떻게 이해해야 할까요?

> 나 곧 나는 나를 위하여 네 허물을 도말하는 자니
> 네 죄를 기억하지 아니하리라^{사 43:25}
> 또 이런 말씀도 있습니다.
> 내가 그들의 불의를 긍휼히 여기고
> 그들의 죄를 다시 기억하지 아니하리라^{히 8:12}."

내가 말했다. "좋습니다. 그렇게 탐구적인 자세로 스스로 공부하시니 참 기쁩니다. 과거에 이런 구절에 대해 들었던 설명은 무엇입니까?"

"우리가 죄를 자백하면 하나님이 천국의 책에서 죄를 지워 주시며, 따라서 구원받은 사람들은 심판 때 자신의 기록된 죄들을 대면할 필요가 없다는 거지요." 헬렌이 말했다.

"저도 그렇게 배웠습니다. 하지만 이 두 구절에 실제로 죄가 책에서 지워진다는 말이 있습니까? 아니, 책 자체가 언급되어 있습니까?" 내가 말했다.

"그러고 보니 없네요. 전에는 몰랐는데요." 그녀가 천천히 대답했다. "하지만 요한계시록에는 이런 말씀이 있어요. '또 내가 보니 죽은 자들이 큰 자나 작은 자나 그 보좌 앞에 서 있는데 책들이 펴 있고 또 다른 책이 펴졌으니 곧 생명책이라. 죽은 자들이 자기 행위를 따라 책들에 기록된 대로 심판을 받으니' 계 20:12. 하나님이 천국의 책에서 죄를 지우고

계신 게 아니라면 이 말씀은 무슨 뜻일까요?"

"잠깐만요." 내가 씩 웃으며 제지했다.

"서두르지 말고 차근차근 갑시다. 우선 책에서 죄를 지운다는 개념을
떠받치는 또 다른 가정부터 살펴봅시다. 당신은 혹시 하나님이 세우신
천사들이 우리의 모든 죄를 추적해 기록하고 있으며, 따라서 장차 심판
날에 우리가 그 죄들을 대면해야 한다고 배운 적이 있습니까? 물론 우리
가 죄를 자백해 용서를 구하지 않은 경우라면 말이지요. 그런 경우에는
예수님이나 하나님이 죄를 기록에서 지워 주지 않으실 테니까요."

"예, 정확히 그렇게 배웠습니다."

"저도 그렇습니다. 하지만 성경을 여러 번 통독하다 보니 그런 보편화
된 관점으로는 서로 들어맞지 않는 부분이 있습니다. 당신은 성경의 가
르침대로 하나님이 사랑이시라고 믿습니까?"

"요즘은 더더욱 그렇게 믿죠."

"성경이 사랑에 대해 뭐라고 말하는지 보십시오. '사랑은 오래 참고
사랑은 온유하며 시기하지 아니하며 사랑은 자랑하지 아니하며 교만하
지 아니하며 무례히 행하지 아니하며 자기의 유익을 구하지 아니하며
성내지 아니하며 악한 것을 생각[기록]하지 아니하며' 고전 13:4-5. 하나님
은 사랑이시고 사랑은 악을 기록하지 않는다면, 하나님이 우리를 심판
하거나 벌하시려고 악을 기록하신다는 게 말이 됩니까?"

그녀가 대답하기 전에 내가 말을 이었다. "이 놀라운 말씀도 들어 보
십시오. '그런즉 누구든지 그리스도 안에 있으면 새로운 피조물이라. 이
전 것은 지나갔으니 보라, 새 것이 되었도다. 모든 것이 하나님께로서
났으며 그가 그리스도로 말미암아 우리를 자기와 화목하게 하시고 또

우리에게 화목하게 하는 직분을 주셨으니 곧 하나님께서 그리스도 안에 계시사 세상을 자기와 화목하게 하시며 그들의 죄를 그들에게 돌리지 아니하시고 화목하게 하는 말씀을 우리에게 부탁하셨느니라' 고후 5:17~19. 보다시피 하나님은 그리스도를 통해 일하셔서 우리를 자기와 화목하게 하십니다. 즉 우리를 치유해 다시 자기와 사이가 좋아지게 하십니다. 또한, 그분은 우리 죄를 우리에게 돌리지 않으십니다. 그런 그분이 우리를 벌하시려고 죄를 기록하신다는 게 말이 됩니까?"

"아뇨. 그래도 그분이 공정하려면 우리의 죄를 추적하셔야 하는 것 아닌가요?" 내 친구가 말했다.

"하나님이야 늘 공정하시니 안심해도 됩니다. 하지만 이 모든 말씀을 이해하려면 서로 조화가 필요하지 않습니까? 천국에 책들이 있고 하나님이 우리의 죄를 도말하신다는 말씀과 사랑은 우리의 악을 기록하지 않는다는 말씀이 성경에 함께 있으니 어떻게 된 겁니까? 이 모든 개념이 어떻게 서로 맞물려 똑같이 진리가 됩니까?"

"좋은 질문이네요." 그녀가 중얼거렸다.

"의대 4학년 시절 저는 응급실에서 교대 근무를 했습니다. 하루는 근처 비행장에서 헬리콥터가 추락해 여섯 명이 중상을 입었습니다. 그들은 급히 우리 병원으로 실려 왔고 우리는 그들을 살리려 온 힘을 기울였습니다. 그중 한 여자를 지금도 잊지 못합니다. 병원에 도착했을 때 그녀는 양쪽 대퇴골허벅지의 큰 뼈과 골반이 골절되고 갈비뼈가 여럿 부러져 있었습니다. 침상에 실려 들어올 때 의식이 멀쩡해 상황을 다 알고 있었지요. 골반과 넓적다리의 골절이 허벅지의 조직 속으로 다량의 출혈을 일으켜 그대로 두면 죽을 수밖에 없었습니다. 목숨을 살리려면 수혈과

응급 수술이 필요했습니다. 그렇게만 치료해도 생존 가능성은 매우 높
았지만, 치료하지 않으면 사망할 것이 틀림없었습니다. 그런데 그 여자
는 여호와의 증인이라서 수혈을 하나님이 금하신 일이라고 믿었습니다.
그래서 치료를 거부했습니다.

　목숨이 서서히 사위어 가는 상황에서 우리는 그녀에게 부탁했습니다.
수혈을 받아들이고 동의만 해주면 목숨을 건질 수 있음을 알았기에 간
청했습니다. 간호사들이 매달리고 의사들이 애원하고 우리 보잘것없는
의대생들까지 빌었지만, 그녀는 요지부동이었습니다. 병원 원목이 설득
하며 그녀와 함께 기도했고, 결국 병원 대표와 원내 변호사까지 목숨을
살릴 기회를 달라고 진심으로 애원했습니다. 그래도 그녀는 싫다더군
요. 수혈을 거부하던 시점부터 의식을 잃은 시점까지 병원 측의 누군가
가 계속 그녀의 곁에서 설득을 시도했습니다. 치료를 받아들여 목숨을
건지도록 말입니다. 하지만 일단 그녀가 의식을 잃은 뒤로는 아무도 간
청할 수 없었습니다.

　의료진은 치료에 응하도록 그녀를 설득만 한 게 아니라 또한 치명상
을 치료하기 위한 조치를 했습니다. 최대한 죽음을 막아내려 한 것이
요. 정맥 주사로 용적을 증가시키고, 혈액 재활용 기계를 활용하고 그녀도
자신의 피는 받아들일 테니까, 공기압 장치도 동원했습니다. 모두가 출혈을 멈
추고 죽음을 늦추는 조치였습니다. 하지만 그 사고의 다른 피해자는 모
두 살았는데 안타깝게도 그녀만 죽었습니다.”

　내 친구 헬렌은 그 자리에 못 박힌 듯 앉아 있었다. 그래서 나는 말을
계속했다.

　“만일 이 여자를 살리지 못했다고 그녀의 가족이 의사들과 간호사들

과 병원을 고소한다면, 그 가족은 이렇게 주장할 것입니다. '그들은 헬리콥터에 탔던 다른 사람들은 다 살렸으면서 우리 어머니만 죽게 했다. 그들은 인정과 사랑이 없으며 모든 사람을 동등하게 취급하지 않는다. 편견으로 차별한다. 어떤 사람들만 살리고 어떤 사람들은 살리지 않는다.' 이때 병원 측에서 내놓을 수 있는 증거는 무엇이겠습니까?"

"진료 기록이죠!" 헬렌이 큰 소리로 말했다.

"맞습니다! 그런데 그 기록을 증거로 제시하는 목적은 그 여자를 심판하고 벌하기 위해서입니까, 아니면 의료진을 변호하기 위해서입니까?"

"의료진을 변호하기 위해서죠." 헬렌은 잠시 멈추었다. 머릿속에 새로운 생각이 불쑥 떠올랐다. 잠시 후에 말이 이어졌다.

"그러니까 천국의 기록도 하나님을 변호하기 위해 보존된다는 말인가요?"

대답으로 나는 바울이 로마서 3장 4절에 하나님에 대해 했던 말을 내놓았다. 혼동이 없게 하려고 세 가지 다른 번역본으로 읽어 주면서, 우리의 주제와 관련해 중요하다고 생각되는 부분을 강조했다.

> 사람은 다 거짓되되 오직 하나님은 참되시다 할지어다. 기록된바 "주께서 주의 말씀에 의롭다 함을 얻으시고 판단 받으실 때에 이기려 하심이라" 함과 같으니라 개역개정.

> 사람은 다 거짓말쟁이이지만, 하나님은 참되십니다. 성경에 기록한바 "주님께서는 말씀하실 때에 의로우시다 인정을 받으시고 재판을 받으실 때에 주님께서 이기시려는 것입니다" 한 것과 같습니다 새번역.

세상 사람이 다 거짓되어도 하나님은 진실하십니다. 성경에도 "주의 말씀은 옳고 주의 심판은 정당합니다" 라고 쓰여 있습니다. 현대인의 성경

나는 헬렌에게 말했다. "수많은 사람의 생각과는 반대로 천국의 기록 은 상세한 진료 기록입니다. 우리의 병, 제시된 치료, 우리의 반응이 정확히 기록되어 있습니다. 누군가 의사를 고소하면 진료 기록이 의사를 변호해 줍니다. 진료 기록은 환자를 고소하거나 망신시키거나 벌하기 위해 있는 게 아닙니다. 마찬가지로 우리도 이렇게 이해하면 성경이 서로 조화를 이룰 수 있습니다. 즉 사랑의 하나님은 우리를 벌하려고 우리의 죄를 추적하는 분이 아닙니다. 그분이 기록을 두는 이유는 우리 각자를 구원하고 치유하고자 그분이 하실 일을 다 하셨음을 입증하기 위해서입니다. 만일 누가 구원받지 못하면 이는 자신이 치료를 거부했기 때문이지 하나님 쪽에서 뭔가에 소홀하셨기 때문이 아닙니다. 그것을 그 기록이 입증해 줍니다. 사랑은 악을 기록하지 않지만 그래도 천국에 우리에 대한 기록이 있습니다. 이 '진료 기록' 은 각 사건의 사실관계를 입증해 주고, 우리 하나님이 얼마나 엄위하신 분인지를 입증해 주고, 하나님과 그분의 요원들이 잃어버린 죄인 한 명 한 명에게 얼마나 끈질기게 간청하셨는지를 입증해 줍니다."

헬렌은 몇 분 동안 생각한 후에 다른 부분을 지적했다.

"그러면 우리 죄를 도말하신다는 부분은 어떻게 되나요? 아까 말했던 구절들은 이것과 어떻게 조화가 되는 거지요?"

"죄가 발생하는 곳이 어디입니까? 책 속입니까, 아니면 지성적 존재들의 마음과 생각 속입니까?"

"그야 우리죠. 우리 마음과 생각 속이죠." 그녀가 말했다.

"그렇다면 하나님은 죄를 어디에서 지우실까요? 우주의 기록된 역사에서 지우실까요, 아니면 자녀들의 마음과 생각과 성품에서 지우실까요? 하나님이 죄를 어디에서 지우시는가에 대해 성경은 의혹의 여지를 남기지 않습니다.

> [그리스도]는 금을 연단하는 자의 불과 표백하는 자의 잿물과 같을 것이라. 그가 은을 연단하여 깨끗하게 하는 자 같이 앉아서 레위 자손을 깨끗하게 하되 금, 은 같이 그들을 연단하리니 말 3:2~3.

하나님은 우리의 마음과 생각에서 죄성을 지워 우리를 깨끗이 정화하십니다. 지금도 그렇게 역사하고 계십니다. 아까 하나님이 우리 죄를 다시 기억하지 않으신다는 말씀들을 인용하셨는데, 그중 하나를 다시 생각해 보십시오. 우리 죄를 기억하지 않으신다는 말씀 전에 어떤 일이 있습니까?

> 또 주께서 이르시되 그 날 후에 내가 이스라엘 집과 맺을 언약은 이것이니 내 법을 그들의 생각에 두고 그들의 마음에 이것을 기록하리라. 나는 그들에게 하나님이 되고 그들은 내게 백성이 되리라. 또 각각 자기 나라 사람과 각각 자기 형제를 가르쳐 이르기를 주를 알라 하지 아니할 것은 그들이 작은 자로부터 큰 자까지 다 나를 앎이라. 내가 그들의 불의를 긍휼히 여기고 그들의 죄를 다시 기억하지 아니하리라 하셨느니라 히 8:10~12.

"그분이 우리 마음을 치유하시는군요?" 헬렌이 물었다.

"하나님은 자기 백성의 마음과 생각에서 죄성을 없애십니다. 내면의 가장 깊은 곳에 그분의 법인 사랑의 법을 회복하십니다. 우리의 병이 낫고 나면 의사가 병을 생각할 이유가 없듯이, 우리가 하나님의 이상적 원안으로 온전히 회복되고 나면 하나님도 우리의 죄성을 생각하거나 기억하실 이유가 없습니다."

헬렌은 몇 분 동안 말없이 생각하더니, 내가 제시한 하나님관이 아주 좋아 보이기는 하지만, 자기가 평생 배웠던 내용과 너무 달라서 혼자 더 공부해 보아야겠다고 했다.

기록과 뇌

천국의 기록 같은 것에 대한 우리의 신념은 정말 중요한가? 신념 예컨대 하나님이 하늘 위의 높으신 경찰관, 우주적 심문관, 감시 끝에 응분의 벌을 배분하는 존재라는 신념 은 두려움을 자극하고 편도체 두려움 중추를 활성화한다. 편도체가 늘 활성화되어 있으면 대식세포 macrophage 라는 특수한 백혈구, 즉 우리 몸의 면역체계도 활성화된다. 왜 그럴까? 군대가 나라에 하는 일을 면역체계가 우리 몸에 하기 때문이다. 면역체계는 외부의 침입으로부터 우리를 보호해 준다. 편도체에 경보가 울리면 그 경보가 면역체계에 신호를 보내 침입에 대비하게 한다.

당신이 깊은 산 속에서 어쩌다 큰 곰과 마주쳤다고 하자. 당신은 즉시 경계 태세를 취할 뿐 아니라 뇌에서 "경보"가 울리면서 몸이 "공격 아니면 도피"를 준비한다. 이 비상사태에서 당신이 곰과 싸워 이긴다면, 아마 당신의 살갗이 찢어져 미세한 병원균이 침입할 것이다. 비상시에는 언제나 당신의 뇌가 전투 준비 태세로 돌입해 침입에 대비한다.

"경보"가 울릴 때마다 몸의 면역체계는 공격에 미리 대비한다. 몸의 면역에는 선천성과 후천성 두 종류가 있다. 후천성 면역은 백신 접종을 통해 얻어진다. 백신으로 항원을 투여해 체내에 침입하는 나쁜 적을 퇴치하는 것이다. 항원은 각 유기체 고유의 식별 부호로 마치 적의 깃발과 같다. 백신을 투여하면 면역체계가 깃발^{항원}을 보고 적을 감지한 뒤 그 침입자에게 맞는 항체를 만들어낸다. 항체는 저격병의 역할을 한다. 앞서서 그 특정한 적을 기다리다가 적이 침입하면 그 적만 골라서 죽인다.

곰을 만났을 때 활성화되는 면역은 후천성 면역이 아니다. 비상시에는 몸이 항체를 만들어낼 시간이 없다. 그래서 스트레스 상황에서는 몸에 선천성 면역이 활성화된다. 이것은 집에 누가 침입했을 때 얼른 침대 밑에서 총신이 짧은 엽총을 집어 드는 것과 비슷하다. 당신은 어둠 속에서 소음과 위협의 말을 듣고 반경을 넓게 해서 총을 쏜다. 그렇게 해서 침입자를 잡지만 집도 망가진다. 여기서 집은 우리 몸을 가리킨다.

경보^{편도체}가 울리면 대식세포가 활성화되어 염증성 사이토킨이 분비된다. 이런 사이토킨, 즉 염증 인자들^{인터류킨-1, 인터류킨-6, 종양 괴사 인자 등}은 총알과 비슷하게 적을 죽이기 위한 것이지만, 또한 총알과 똑같이 "집"^몸 곳곳을 망쳐 놓는다.

우리 뇌에는 "스트레스 호르몬이 충분히 분비되었으니 이제 그만 요청하라"고 일러 주는 신경세포들이 있는데, 만성적 활성화^{스트레스} 상태에서는 사이토킨이 그 세포들을 훼손한다. 해마 신경세포의 글루코코르티코이드 수용체들이 공격을 받아 119 교환대^{시상하부}의 반응 억제 기능이 상실된다. 그래서 119 교환대는 스트레스 호르몬을 더 많이 요청한다. 그 결과 혈당과 심장박동과 혈압이 올라갈 뿐 아니라 스트레스의 다른 여파들도 더욱 가중된다.

동시에 사이토킨은 체내의 인슐린 수용체를 훼손해 몸이 포도당을 흡수하기가 더 어려워진다. 이렇게 스트레스가 장기적으로 활성화되어 있으면 종합적 연쇄 반응으로 제2형 당뇨병, 비만, 콜레스테롤과 중성지방 증가, 골 감소증, 심장 마비, 뇌졸중, 궤양, 감염, 염증성 질환 등의 위험이 커진다. 사이토킨은 또한 고통의 지각을 높이고 뇌의 신경전달물질을 방해한다. 그래서 만성 스트레스에 시달리는 사람은 대개 기력과 의욕과 집중력과 식욕의 저하, 아픔과 통증, 수면 장애 등을 경험한다.[1]

두려움을 유발하는 신념은 진실로 우리에게 해를 입힌다. 개개의 신념이 벽돌처럼 모여 궁극적 하나님관을 이룬다. 벽돌 개개의 교리적 신념이 잘못되어 있을수록 하나님관은 더 왜곡된다. 하나님관이 왜곡되어 있을수록 뇌의 두려움 회로가 더 활성화되어 우리는 하나님의 치유 계획으로부터 점점 더 멀어진다.

그렇다! 하나님에 대한 우리의 신념은 정말 중요하다.

013

예수 그리스도의
뇌

내가 인간을 아는데 예수 그리스도는 한낱 인간이 아니다.
어떤 말로도 그를 세상의 모든 인간과 비교할 수 없다.
알렉산더와 시저와 샤를마뉴와 나는 제국을 건설했다.
하지만 우리가 재주를 부린 기초는 무엇인가? 무력이다.
예수 그리스도는 사랑의 기초 위에 자신의 제국을 건설했다.
지금 이 시간에도 수많은 사람이
그를 위해 죽음까지 불사하고 있다.

나폴레옹 보나파르트 Napoleon Bonaparte

아니사 아얄라Anissa Ayala는 두려웠다. 병원에 가는 게 싫었고 주삿바늘은 더더욱 싫었다. 그래서 심한 복통과 쑤시는 아픔과 집요한 통증과 이상한 혹들을 부모에게 숨겼다. 그렇게 몇 주를 끙끙 앓았으나 결국 1988년 부활절 주일에 고통이 너무 심해져 그녀는 도움이 필요함을 깨달았다.

검사 결과 만성 골수성 백혈병이라는 가혹한 진단이 나왔다. 골수 이식을 하지 않으면 3~5년 이상 살 수 없는 상태였다.[1]

즉시 가족도 검사를 받았다. 43세의 어머니 메리, 45세의 아버지 에이브, 19세의 오빠 에런은 모두 골수 기증자로 적합하지 않았다. 전국

골수 기증자 협회에도 알아보았으나 불행히도 일치하는 사람이 아무도 없었다.[2]

에이브와 메리는 절박했다. 이제 어찌할 것인가? 귀한 딸이 죽어가고 있었다! 메리와 에이브는 아이를 하나 더 낳기로 했다. 형제간에 골수가 일치할 수 있는 4분의 1의 확률에 의지해 보기로 한 것이다. 하지만 그것은 쉬운 일이 아니었다. 두 사람의 나이도 문제였거니와 에이브는 16년 전에 받았던 정관절제술을 복원해야 했다.

곧 아얄라 부부의 계획이 세간에 알려졌다. 비판자들이 줄을 이었다. 그들은 조직 기증자를 만들려고 아이를 낳는 것이 윤리적, 도덕적으로 옳은 일인지 의문을 제기했다. 하지만 메리와 에이브는 비판자들의 말에 개의치 않았다. 딸을 살려야 했다.

에이브가 정관절제술을 복원한 지 6개월 만에 메리는 임신했다. 임신이 진행되면서 조직 검사를 해본 결과 다행히도 태아의 조직이 딸과 일치되었다. 아니사의 여동생 마리사 이브가 태어난 지 14개월 후에 골수 이식이 이루어졌다. 결국, 아니사는 목숨을 건졌다.

아얄라 가족이 사랑으로 승리한 사연은 우리를 기쁘게 한다. 하지만 이들의 이야기는 또한 우리의 불치병과 하나님의 구원 계획에 대한 생생한 통찰을 가져다준다. 메리와 에이브는 왜 마리사를 낳았는가? 이 "죄 없는" 아기는 왜 피를 흘려야 했는가? 다른 딸을 치유해 살려내는 데 피가 필요했기 때문이다. 비판자들을 향해 에이브는 이렇게 말했다. "딸 하나를 잃는 줄 알았는데 이제 딸이 둘이 되었다."[3]

피가 중요하다

백혈병은 혈액암이다. 암을 유발하는 세포는 자제력을 잃어 제멋대로 자신을 복제하며, 설계 원안대로 활동하지 않는다. 암은 늘 죽음을 부른다. 그것을 막으려면 뭔가 개입과 중재를 통해 암을 누그러뜨려야 한다. 뭔가 조치를 해 암세포를 이전의 건강한 상태로 되돌리지 않으면 죽음은 불을 보듯 뻔하다. 마리사가 피를 흘리지 않았으면 아니사의 백혈병은 고쳐질 수 없었다.

그리스도께서 피를 흘리지 않으셨다면 죄가 해결될 수 없다^{히 9:22}. 예수께서 십자가에서 승리하지 않으셨다면 우리는 본연의 상태, 즉 하나님을 닮아 이기적이지 않고 사랑이 많은 상태로 다시 변화될 수 없다. 에덴동산에서 하나님의 손길과 호흡을 통해 처음 출현한 인간은 바로 그런 모습이었다.

아니사가 왜 백혈병에 걸렸는지는 아무도 모르지만, 이렇게 가정해 보자. 그녀가 다섯 살 때 차고의 살충제를 가지고 놀지 말라는 아버지의 명령에 불순종했고, 그렇게 불순종해 살충제의 독에 노출된 것이 백혈병의 직접적 원인으로 밝혀졌다고 하자. 그렇다면 정의를 위해 아버지는 딸을 죽게 두어야 할까? 심지어 정의를 위해 아버지는 불순종에 대한 벌로 딸을 죽여야 할까? 정의의 기초가 사랑의 법이라면, 이 아버지가 정의를 위해 해야할 일은 정확히 무엇일까?

아버지가 이렇게 말했었다면 어떨까? "네가 이 살충제를 마시는 날에는 반드시 죽으리라." 그랬다면 아버지는 정의를 이루기 위해 딸을 죽게 두어야 할까? 아버지가 딸에게 "네가 이 살충제를 마시는 날에는 반드시 죽으리라"고 경고했다면 그것은 죽이겠다는 협박인가, 아니면 딸을 보호하려는 경고인가?

일단 딸이 불치병에 걸린 뒤에는 어떻게 해야 정의를 이룰 수 있을까? 즉 어떻게 해야 건강의 법에 어긋나지 않을 수 있을까? 암을 퇴치해야 한다. 변형된 유해 세포가 누그러져야 한다. 그 일을 이루는 유일한 방법은 무엇인가? 치료법과 치료제다!

하나님은 왜 아담에게 "네가 이 열매를 먹는 날에는 반드시 죽으리라"고 말씀하셨을까? 그를 죽일 필연적 구실을 만들기 위해서일까? 아니면 그분께 불순종하면 인간이 사랑의 법, 즉 생명의 법에서 벗어나게 되어 그분의 개입이 없이는 파멸과 죽음을 면할 수 없다는 뜻일까? 일단 첫 조상이 불치병을 자초한 뒤에는 우리에게 필요한 것이 무엇인가? 치료법과 치료제다. 그 치료제가 베들레헴의 아기로 태어났다.

사랑은 오해를 무릅쓰고 생명을 구한다

여태까지 여기저기서 이런 개념을 제시하면서 이런 관점을 싫어하는 사람들을 만났다. 그들이 이 진리를 힘들어하는 이유는 성경에 하나님이 다음과 같이 말씀하는 듯한 부분이 있기 때문이다.

"나는 화 나고, 노해 있다. 내가 진노 중에 사람들을 죽일 것이다!"

> 화 있을진저, 피를 흘린 성읍이여. 내가 또 나무 무더기를 크게 하리라. 나무를 많이 쌓고 불을 피워 그 고기를 삶아 녹이고 국물을 졸이고 그 뼈를 태우고 가마가 빈 후에는 숯불 위에 놓아 뜨겁게 하며 ... 내가 네게 향한 분노를 풀기 전에는 네 더러움이 다시 깨끗하여지지 아니하리라. 나 여호와가 말하였은즉 그 일이 이루어질지라. 내가

돌이키지도 아니하고 아끼지도 아니하며 뉘우치지도 아니하고 행하리니 그들이 네 모든 행위대로 너를 재판하리라겔 24:9~11, 13~14.

언뜻 보면 이 본문은 무섭게 들린다. 나도 이런 본문들로 힘들어했던 기억이 있다. 하나님이 내가 잘못하기만 하면 나를 확실히 혼내 주시려고 기다리고 계신 것 같아 늘 두려웠다. 하지만 알고 보니 내가 하나님을 오해하게 된 것은 이런 까다로운 본문을 읽을 때 제대로 된 질문을 하지 않아서일 뿐이었다. 질문은 이것이 선지자를 통한 하나님 자신의 말씀인지 여부가 아니다. 나는 이것이 그분의 말씀이라고 확신한다. 중요한 질문은 이것이다. 그분이 이렇게 말씀하신 후에 실제로 벌어진 일은 무엇인가? 하나님은 이 무서운 말씀의 대상들을 그분의 능력으로 멸하셨는가? 아니면 그들이 반항해 그분의 보호로부터 떨어져 나가 파멸을 자초했는가?

이스라엘 자손은 기어이 하나님과 그분의 방법과 원리를 따르지 않았다. 하지만 하나님은 그들을 해치지 않으셨다. 대신 그들을 놓아 주셨다. 그들이 선택한 대로 그분과 단절된 삶을 주셨다. 그분은 그들을 위한 중재를 중단하셨다. 그들이 고집한 대로 그분의 보호의 손길을 거두셨다. 그러자 머잖아 바벨론 군대가 쳐들어와 진짜 바벨론 식으로 예루살렘을 짓밟아 버렸다. 파멸의 강타를 날린 것은 하나님이 아니라 바벨론 군대였다.

이렇듯 하나님은 우리를 놓아 주어 우리 자신의 고집스럽고 반항적인 선택의 결과를 거두게 하신다. 이렇게 하나님이 손을 떼시는 것을 성경은 "하나님의 진노"라 표현한다. 바울이 말했듯이 하나님의 "진노"가

나타나는 이유는 우리가 집요하게 하나님을 거부하고, 그분을 아는 지
식을 싫다 하고, 하나님의 방법보다 우리의 방법을 앞세우기 때문이다.
이어 바울은 그리스도 이후의 첫 세기에 불순종한 자들이 하나님의 진
노를 경험한 방식을 세 번이나 언급한다. 하나님은 그들을 "내버려 두
사" 그들 자신의 선택의 결과를 당하게 하셨다롬 1:18~32.

이런 결론에 도달한 사람은 내가 처음이 아니다. 카이저는 말한다.

바울이 로마서 1장 18~32절에 묘사한 인간 조건은 하나님이 유발
하신 게 아니다. "하늘로부터 나타나나니" 유대인들에게 "하늘"은 "하나
님"을 대신하는 전형적 단어다라는 표현은 하나님이 개입하신다는 뜻이 아
니라 인간의 필연적 멸망을 가리킨다. 이런 멸망은 창조 질서 속에
새겨진 하나님의 뜻을 거스를 때 나타나는 결과다. 창조 질서의 기
원은 하나님이므로 바울은 하나님의 진노가 지금 항상 "하늘로부터"
계시되고 있다고 말한다. 그분의 진노는 다음 사실을 통해 계시된
다. 하나님의 진리, 즉 그분의 속성과 뜻에 대한 진리를 거부하면롬
1:18~20 그 결과로 생각이 허망해지고1:21~22, 우상을 숭배하고1:23,
하나님이 지으신 본연의 성性이 변질되고1:24~27, 관계와 도덕이 무
너진다1:28~32.

이 본문에 "하나님이 그들을 내버려 두셨다"라는 표현이 세 번 나
오는데1:24, 26, 28 이것은 다음 개념을 뒷받침해 준다. 인간 실존의
악한 타락은 인간이 선택한 결과이긴 하지만, 궁극적으로 하나님의
벌로 이해되어야 한다. 그 벌은 우리가 자유 의지로 자초한 것이다.
이런 고찰에 비추어 볼 때 하나님이 우리의 악행이나 선행에 정비례

해 벌이나 복을 내리신다는 개념은 성립될 수 없다. ... 하나님은 영
원한 사랑으로 우리를 사랑하신다. 하지만 그 사랑을 거부하면 우리
는 생명을 주는 그 사랑의 위력으로부터 끊어진다. 그 결과는 붕괴
와 죽음이다.[4]

예수님은 우리를 대신해 죄가 되셔서 십자가에서 하나님의 "진노"를
당하셨다. 그때 그분은 "어찌하여 나를 죽이시나이까" 라고 부르짖지 않
으시고 "나의 하나님, 나의 하나님, 어찌하여 나를 버리셨나이까" 마
27:46라고 부르짖으셨다. 성경 전체의 어디를 보나 이야기는 같다.

신명기에 하나님의 진노에 대한 위협적인 말씀이 나온다.

"그러므로 내 분노의 불이 일어나서 스올의 깊은 곳까지 불사르며 땅
과 그 소산을 삼키며 산들의 터도 불타게 하는도다. 내가 재앙을 그들
위에 쌓으며 내 화살이 다할 때까지 그들을 쏘리로다" 신 32:22~23.

그러나 하나님은 말씀하시기를 지혜로운 자들은 그분의 진노가 정말
무엇인지 깨달으리라고 하셨다.

"만일 그들이 지혜가 있어 이것을 깨달았으면 자기들의 종말을 분별
하였으리라. 그들의 반석이 그들을 팔지 아니하였고 여호와께서 그들을
내주지 아니하셨더라면 어찌 하나가 천을 쫓으며 둘이 만을 도망하게
하였으리요" 신 32:29~30.

사랑은 강요될 수 없다

사랑은 강요될 수 없고 본인이 자원해 주어야만 한다. 지혜로운 자들
은 그것을 안다. 사랑이신 하나님이 취하실 수 있는 가장 분노와 진노에

찬 행위는 사랑의 대상을 놓아 주는 것이다. 분별력이 있는 자들은 그것을 깨닫는다. 다시 말하지만, 하나님은 자신의 분노나 진노가 곧 대상을 놓아 주는 것임을 분명히 밝히셨다.

"내가 그들에게 진노하여 그들을 버리며 내 얼굴을 숨겨 그들에게 보이지 않게 할 것인즉 그들이 삼킴을 당하여 허다한 재앙과 환난이 그들에게 임할 그때에 그들이 말하기를 이 재앙이 우리에게 내림은 우리 하나님이 우리 가운데에 계시지 않은 까닭이 아니냐 할 것이라" 신 31:17.

그렇다면 왜 하나님은 에스겔을 통해 그런 위협적인 발언을 하셨을까? 정작 예루살렘을 불사른 것은 하나님이 아니라 바벨론 군대인데 말이다.

우리 자녀들이 위험한 상황에서 말을 듣지 않으면 우리도 사랑의 부모로서 그들을 보호하려고 언성을 높여 경고하지 않는가? "이스라엘은 완강한 암소처럼 완강하니 이제 여호와께서 어린양을 넓은 들에서 먹임같이 그들을 먹이시겠느냐" 호 4:16. 하나님은 이렇게 모질게 말씀하시는 것을 싫어하신다. 하지만 그분은 사랑이신지라 자녀들을 구원하고자 어떤 위험도 무릅쓰신다.

당신에게 열 살 난 아들이 있는데 그가 고분고분하지 않고 고집불통이라고 하자. 그는 당신의 지시를 듣지 않는다. 옷을 치우라고 하면 대들고, 텔레비전을 끄라고 하면 그 말을 무시한다. 당신이 계속 으름장을 놓지 않으면 자기가 맡은 집안일도 끝내지 않는다.

어느 날 당신의 가족이 어느 국립공원에 갔는데 그곳에 가파른 협곡이 있다. 아들이 프리스비를 가지고 놀다가 벼랑 쪽으로 곧장 달려가고 있다. 너무 멀어서 당신의 손으로 아들을 붙들 수는 없다. 그래서 당신은 멈추라고 소리를 지른다. 하지만 아이는 고분고분하지 않다. 말을 듣지 않고 계속 벼랑으로 내달린다. 이럴 때 당신은 어떻게 하겠는가? "당장 멈추지 않으면 엉덩이에 불이 나게 맞는다."라고 위협이라도 하지 않겠는가? 만일 아이가 멈추지 않아 벼랑에서 떨어진다면, 당신은 아래로 내려가 혁대를 풀어 아이를 때리겠는가? 불순종을 벌한답시고 바위 위로 떨어지는 아이에게 총을 쏘겠는가? 아들에게 무슨 고난이든 가해야만 "정의"가 시행되는가? 물론 아니다. 하지만 법_{중력의 법칙을 포함해}을 어기면 그 결과는 죽음이다. 아이가 멈추지 않는다면 당신이 할 일이라고는 통곡하는 것뿐이다.

하나님도 우리에게 그와 똑같으시다. 그분이 애원하시는 말씀을 들어보라.

"이스라엘이여, 내가 어찌 너를 버리겠느냐. 내가 어찌 너를 ... 놓겠느냐 ... 내 마음이 내 속에서 돌이키어 나의 긍휼이 온전히 불붙듯 하도다"^{호 11:8}. "예루살렘아, 예루살렘아, 선지자들을 죽이고 네게 파송된 자들을 돌로 치는 자여. 암탉이 그 새끼를 날개 아래에 모음 같이 내가 네 자녀를 모으려 한 일이 몇 번이더냐. 그러나 너희가 원하지 아니하였도다"^{마 23:37}. 당신의 무모하고 무책임한 고집불통 아들이 사지_{死地}로 떨어지려 한다면 당신도 하나님처럼 이렇게 부르짖지 않겠는가. "내 아들아, 내 아들아, 내가 너를 안전하게 보호하고 지키려 한 일이 몇 번이더냐. 그러나 네가 암소처럼 고집이 세서 통 듣지 않는구나."

우리는 모두 병들어 죽어가고 있다. 우리 모두의 삶에 진정한 치료와 진정한 변화가 필요하다. 베들레헴의 그 아기가 우리의 치료제다. 어떤 인간도 자신의 병을 스스로 고칠 수 없다. 그래서 그분이 그 일을 해주

러 오셨다. 이 모든 일을 그분은 하나님의 영원한 법인 사랑의 법의 테
두리 안에서 이루신다.

속죄를 보는 관점

그리스도께서 십자가에서 이루신 일은 우리의 머리로 영원히 공부해
도 모자랄 것이다. 그리스도께서 이루신 일을 새롭게 이해하고 깨달을
때마다 영원무궁토록 우리 마음에 기쁨이 넘칠 것이다. 따라서 내 취지
가 그리스도께서 성취하신 일을 상술하는 것이긴 하지만, 그렇다고 속
죄에 대한 최종 결론을 내놓는 척할 마음은 없다. 이것은 점진적 내용일
뿐이므로 다른 사람들이 이것을 이해하고 계속 더 발전시켜 나가기를
바란다.

나는 그리스도께서 이루신 일에 대한 관점을 의도적으로 그분의 인성
과 특히 뇌에 집중해 살펴볼 것이다. 인간 예수께서 그분의 뇌를 사용해
달성하신 일을 정확하고 분명하게 명시하려는 것이다. 이 땅을 향한 그
리스도의 사명과 십자가의 승리를 이해하는 열쇠는 하나님의 사랑의 법
을 바로 이해하는 데 있다. 사랑의 법은 삶의 기초가 되는 설계 원형이
다. 여기서 1장을 복습하면 도움이 될 것이다.

당신은 이 관점을 중시할 수도 있고 다른 관점을 선호할 수도 있다.역
사적으로 기독교의 속죄 모델은 다양했다.[5] 어느 관점을 취하든 관계없이, 반드시
속죄를 이해해야만 속죄의 유익을 누리는 것은 아니다. 구원에 관한 한
하나님 앞에 엎드려 그분을 신뢰하기만 하면 된다.

어떤 환자가 불치병으로 죽어가고 있다고 하자. 이 병의 치료제가 존
재한다면, 환자가 병이 낫기 위해 해야 할 일은 의사를 "신뢰하고" 치료

절차에 응하는 것뿐이다. 환자는 이 치료법의 원리를 몰라도 된다. 치료법이 개발된 경위도 몰라도 된다. 그저 의사를 신뢰하고 처방대로 따르기만 하면 된다. 그러면 환자는 치유된다. 의사에게 치료제가 존재한다면 말이다. 마찬가지로 죄인들도 굳이 그리스도께서 구원을 이루신 방식을 알아야만 구원을 받는 것은 아니다. 하지만 그리스도께서 행하신 모든 일의 혜택을 누리려면 반드시 하나님을 신뢰하고 그분의 치료를 받아들여야 한다.

하지만 의사의 관점에서 보면 아주 달라진다. 의사는 문제를 정확히 진단하고 치료제를 확보해야 한다 대개 그러려면 치료제가 개발된 배경과 올바른 사용법을 알아야 한다. 또한, 의사는 자기가 믿을 만한 의사라는 증거를 보여 주어야 한다. 그래야 환자가 그 치료제를 받아들일 수 있다.

적어도 죄인의 처지에서 보자면, 속죄에 필요한 일은 신뢰의 회복뿐이다. 생명을 주시는 하나님을 다시 신뢰하기만 하면 우리는 구원과 치유를 받을 수 있다. 하나님이 어떻게 그리스도를 통해 우리의 구원을 이루셨는지는 몰라도 된다. 그리스도께서 이루신 구원을 성령께서 어떻게 우리 삶 속에 적용해 주시는지도 몰라도 된다. 하지만 반드시 하나님을 신뢰하고 그분의 지침에 따라야 한다.

그러나 하나님의 친구가 되어 그분을 더 알게 되면, 우리는 죄로 인한 피해를 바로잡기 위해 그분이 이루셔야만 했던 일이 무엇인지 깊이 생각하게 된다. 예수님은 자신이 이루신 일과 이루고 계신 일을 알라고 우리를 초대하신다 요 15:15. 의사로서 나는 이 초대를 진지하게 받아들인다. 그래서 인간의 유한한 지성으로 가능한 한 그분의 입장에서 구원을 이해하려 한다. 그러려면 위대한 의사이신 하나님을 신뢰하는 정도를 벗어나 그분을 진정으로 알아야 한다.

예수님은 왜 죽으셔야 했는가?

아담과 하와가 거짓말을 믿어 사랑과 신뢰의 서클이 깨졌다. 그 결과로 인류는 사랑의 법과 조화를 이루어 살던 존재에서 두려움과 이기심에 지배당하는 존재로 바뀌었다. 예수님은 이 모든 것을 본래대로 되돌리시기 위해 죽으셨다. 성경에서 보듯이 그분이 자신의 목숨을 내어주심은 사탄과 사망과 마귀의 일을 "멸하시기" 위해서였다 딤후 1:9~10, 히 2:14, 요일 3:8.

그러기 위해 예수님은 두 가지 목표를 이루셔야 했다. 첫째로, 하나님에 대한 진리를 계시해 사탄의 거짓을 멸하고 우리의 신뢰를 다시 얻으셔야 했다. 둘째로, 인류 안에 사랑의 법을 다시 넣어 주셔야 했다. 그분의 목표는 인류를 사랑의 서클에 다시 이으시는 것이었다. 그것을 이루시려고 그분은 친히 통로와 도관과 다리와 길이 되셨다. 그리하여 그분을 통해 하나님의 사랑이 다시 인류에게 흘러들 수 있게 되었다.

당신에게 세균성 심내막염심장 내부의 감염이 있다고 하자. 이것은 치료제가 없으면 사망에 이르는 불치병이다. 어떤 사람이 당신을 찾아와 이 병을 고칠 약이 있다면서 당신에게 약을 주사해 주려 한다. 그런데 당신은 미국인이고 그 사람은 오사마 빈 라덴이다. 당신은 주사를 맞겠는가? 왜 아닌가? 그를 신뢰하지 않기 때문이다. 그에게 치료제가 있든 없든 관계없다. 신뢰가 없으면 우리는 약을 받지 않을 것이고, 따라서 병이 낫지 않는다. 그래서 그리스도는 진리를 계시해 사탄의 거짓을 멸하고 우리의 신뢰를 회복하셔야 했다. 이것이 그분의 사명의 첫 단계였다. 하지만 거기서 그치지 않는다.

당신의 자애로운 아버지가 마침 의사라고 하자. 당신은 그를 온전히 신뢰하지만, 그는 심내막염을 고칠 치료제가 없다. 아버지가 병을 고쳐 주리라는 신뢰가 드는가? 신뢰는 치료제가 있을 때에만 유효하다. 믿음이나 신뢰 자체가 우리를 구원하는 게 아니다. 우리는 은혜로 구원받는다. 하나님이 친히 역사해 우리 안에 사랑을 회복하신다. 우리는 그런 그분을 신뢰한다. 치유가 이루어지려면 양쪽 다 필요하다. 신뢰도 회복되어야 하고 치료제도 있어야 한다.

사탄은 그 두 가지 모두에서 하나님을 방해하려 했다. 그리스도께서 인간으로 오셔서 진정한 치료제를 마련하셔야 하는데, 사탄은 그것을 막으려 했다. 하지만 앞의 4장에서 살펴봤듯이, 하나님이 나서서 사탄을 저지하시고 메시아가 오실 길을 열어 두셨다. 예수께서 인간으로 살면서 온전한 사랑을 실천하셔야 하는데, 악한 세력들은 그분이 사명을 완수하시기도 전에 아기 예수를 죽이려 했다. 이번에도 하나님이 개입해 선善의 적을 막으셨다. 인류를 구원하는 데 필요한 것은 아들 예수가 그냥 무죄한 피를 흘리는 게 아니었다. 하나님은 그것을 아셨기에 예수님의 사명이 수십 년에 걸쳐 완수될 때까지 아기 예수를 사탄의 공격으로부터 보호하셨다.

사탄은 길을 막지 못했다. 아기 예수를 죽이지도 못했고 그리스도를 유혹하는 데도 실패했다. 예수 그리스도는 사탄을 물리치셨고 인류를 치유할 진정한 치료제를 마련하셨다. 속죄를 어떻게 이해하고 설명하든 관계없이, 예수님은 우리의 구원에 필요한 일을 다 이루셨다. 그래서 이제 사탄에게 남은 전략은 하나님에 대해 거짓말을 하는 것뿐이다. 그 거짓말을 믿으면 우리는 그분을 신뢰할 수 없고, 그분을 신뢰하지 않으면 그분의 치료를 받아들일 수 없다.

예수님은 우리의 구원을 어떻게 이루셨는가?

예수 그리스도는 우주 역사상 유일무이하신 존재다. 아담은 흙으로 만들어졌다. 하나님이 그의 코에 생기를 불어넣으셔서 그는 생령이 되었다. 하와는 죄 없는 아담의 갈비뼈로 만들어졌다. 당신과 나는 이 세상에 그런 식으로 들어오지 않았다. 우리는 죄인인 어머니와 죄인인 아버지에게서 태어났다시 51:5. 놀랍게도 예수께서 성육신하신 방식은 그 중 어느 것도 아니다.

그분의 인성은 아담처럼 흙에서 만들어지거나 하와처럼 죄 없는 인간의 갈비뼈에서 취해진 게 아니다. 그렇다고 그분은 당신과 나처럼 죄인인 어머니와 죄인인 아버지에게서 태어나신 것도 아니다. 예수님은 독특하시다. 그분은 죄인인 어머니에게서 태어나셨다. 즉 죄와 사망의 법 아래서 여자에게서 나셨다롬 8:2, 갈 4:4. 하지만 그분의 아버지는 하나님이시다. 성령께서 죄인인 어머니에게 임하셔서 예수님의 인성을 빚으셨다마 1:18. 예수님은 자신의 신성에 우리의 인성을 합하셨다. 그 이유가 무엇인가? 두려움과 이기심을 멸하시고 인류 안에 사랑의 법을 온전히 회복하기 위해서였다.

예수 그리스도는 인간 가족의 일원이지만, 한 번도 사랑의 법을 어긴 적이 없는 분이다! 예수님은 자신의 뇌로 온전히 사랑한 유일한 인간이시다. 서로 적대 관계인 두 원리가 예수 그리스도 안에서 싸웠다. 하나는 다른 사람들을 사랑하는 것이고 또 하나는 자아를 내세우는 것이었다. 예수님은 오셔서 뱀의 머리를 상하게 하셨다. 세례를 받으시자마자 그분은 "성령의 충만함을 입어" 성령께 이끌려 광야로 가셨다눅 4:1. 거기서 마귀에게 시험을 받아 사랑으로 두려움과 이기심을 이기셨다. 이 모든 일은 인간이신 그분의 뇌 속에서 벌어졌다.

사탄은 중화기를 총동원해 그분을 공격했다. "네가 하나님의 아들이라면 이 돌로 빵을 만들라." 너 자신을 구원하라. "네가 하나님의 아들이라면 이 꼭대기에서 뛰어내리라." 너 자신을 입증하라. "네가 하나님의 아들이라면 나를 경배하라." 너 자신을 구원하라.

예수님은 "모든 일에 우리와 똑같이 시험을 받으신 이로되 죄는 없으"신 분이다히 4:15. 반면에 우리 각자가 "시험을 받는 것은 자기 욕심에 끌려 미혹됨"임을 잊지 말라약 1:14. 우리의 내면에는 이기적 행동으로 자아를 보호하려는 유혹이 끊이지 않는다. 그런데 예수께서 그 병을 친히 담당하셨다. 그분은 악의 총공세를 당하셨으나 자신을 희생하신 사랑의 힘으로 그것을 물리치셨다. 예수님은 우리를 대신하셨다. 인류를 고치고 치유하여 하나님의 이상적 원안으로 회복하시고자 우리의 "죄성"과 "불치병"과 "불의"와 "질고"사 53:4를 대신 지셨다. 그분은 "우리를 대신해 죄"가 되셔서 "우리로 하여금 그 안에서 하나님의 의가 되게"고후 5:21 하셨다. 그분은 우리의 병을 대신 지시고 치료하셨다!

절절한 감정

겟세마네에서 예수님의 인성은 고뇌에 잠겼다. 절절한 감정이 그분을 유혹했다. 거의 죽게 되었다고 말씀하셨을 정도로 감정이 거셌다. 그런데 예수님 자신의 증언을 따르면 이 절절한 감정이 그분을 유혹해 하려

던 일은 무엇인가? 자신을 구원하는 일이었다마 26:36~42! 하지만 유혹을
당할 때마다 예수님은 사랑으로 자신을 내주시는 쪽을 선택하셨다. 이
기적으로 행동하려는 유혹이 공격해 올 때마다 그분은 사람들을 사랑해
자신을 온전히 내주심으로 물리치셨다. 예수님은 "[내 목숨을] 내게서
빼앗는 자가 있는 것이 아니라 내가 스스로 버리노라. 나는 버릴 권세도
있고 다시 얻을 권세도 있으니 이 계명은 내 아버지에게서 받았노라"요
10:18라고 말씀하셨다. 예수 그리스도 안에서 사랑의 법이 죄와 사망의
법을 폐했다.

　"누구든지 제 목숨을 구원하고자 하면 잃을 것이요 누구든지 나를 위
하여 제 목숨을 잃으면 찾으리라"마 16:25. 예수님은 자신의 능력으로 자
신을 구원하신 게 아니라 오히려 자신을 값없이 내주셨고, 이로써 사망
사망의 기초는 우리의 이기심이다을 폐하시고 생명과 썩지 아니할 것을 드러내셨
다딤후 1:9~10. 그리하여 그분은 다시 살아나셨다. 여전히 인성을 지니고
계셨지만, 그 인성은 그분이 깨끗이 정화해 하나님의 설계 원안대로 완
전히 재창조하신 인성이었다. 그분의 부활은 그분이 이기심의 병을 멸
하시고 인류에게 하나님의 생명의 법사랑의 법을 회복하신 데 따르는 당
연하고도 필연적인 결과였다. "여호와의 율법은 완전하여 영혼을 소성
시키며"시 19:7.

　예수님은 왜 죽으셔야 했는가? 만일 그리스도께서 죽음이 자신을 삼
키지 못하도록 아무 때고 자신의 능력으로 죽음의 접근을 막으셨다면,
구원받은 사람은 누구일까? 그분 자신이다! 이기심을 멸하는 유일한 길
은 자신을 희생하는 온전한 사랑이다. 그리스도는 사랑으로 값없이 자
신을 주심으로 인류에게 생명의 법을 되찾아 주셨다.

이렇게 그분은 "온전하게 되셨은즉 자기에게 순종하는 모든 자에게 영원한 구원의 근원이 되"셨다[히 5:9]. 그분은 우리의 치료제요 구주요 신인神人이시다. 그분을 통해 하나님의 속성 자체인 사랑이 다시 인류에게 흘러든다. 그리스도는 어떤 인간도 할 수 없는 일을 하셨다. 하나님에 대한 진리를 계시하여 우리의 신뢰를 얻으셨다. 그뿐 아니라 우리를 대신해 우리의 병을 친히 지셨다. 그리하여 자신의 몸으로 인류를 고치고 치료하고 치유하셨다. 다시 말해서 예수님은 인성을 완성하셨다! 아담이 지음을 받았던 본연의 모습을 그분이 이루셨다.

그리스도께서 다 이루시고 승리하셨기 때문에 그분을 믿는 모든 사람 안에 성령께서 들어오신다. 성령은 그리스도께서 이루신 모든 일을 우리 안에 재현하신다. 그리스도를 통해 우리는 치유 받고 영원히 그분과 함께 산다!

예수님은 이렇게 말씀하셨다. "그러나 내가 너희에게 실상을 말하노니 내가 떠나가는 것이 너희에게 유익이라. 내가 떠나가지 아니하면 보혜사가 너희에게로 오시지 아니할 것이요 가면 내가 그를 너희에게로 보내리니 … 내가 아직도 너희에게 이를 것이 많으나 지금은 너희가 감당하지 못하리라. 그러나 진리의 성령이 오시면 그가 너희를 모든 진리 가운데로 인도하시리니 그가 스스로 말하지 않고 오직 들은 것을 말하며 장래 일을 너희에게 알리시리라. 그가 내 영광을 나타내리니 내 것을 가지고 너희에게 알리시겠음이라. 무릇 아버지께 있는 것은 다 내 것이라. 그러므로 내가 말하기를 그가 내 것을 가지고 너희에게 알리시리라 하였노라"[요 16:7,12~15].

그렇다면 우리에게 필요한 "그리스도의 것"은 무엇인가? 순결한 마

음과 정직한 영과 온전한 사랑의 성품이다. 그분은 우리 마음속에 사랑
을 부어 주신다롬 5:5. 하나님은 사랑이시므로 그분이 우리 마음속에 사
랑을 부어 주심은 사실은 그분 자신을 부어 주시는 것이다요일 4:8. 내주
하시는 성령께서 우리 안에 그분의 온전한 성품인 사랑을 빚으신다. 그
래서 이제는 내가 사는 것이 아니라 오직 내 안에 그리스도께서 사신다
갈 2:20. 말 그대로 우리는 하나님의 신성한 성품인 사랑에 참여한다벧후
1:4. 우리는 회복되어 다시 하나님과 하나가 된다.

　내가 하려는 말은 이것이다. 하나님께는 온전한 신의 속성이 있고, 하
늘의 천사들에게는 온전한 천사의 속성이 있다. 다른 세계의 존재들에
게도그들이 존재한다면 해당 등급의 온전한 속성이 있다. 그런데 아담이 죄
지은 뒤로 그리스도께서 승리하시기 전까지 온전한 인간의 속성은 없었
다. 그리스도께서 오셔서 그것을 고치시고, 인류 안에 온전한 성품을 회
복하시고, 인성 속에 하나님의 사랑의 법을 다시 쓰셨다. 신은 신의 뜻
대로 언제라도 새로운 종種이나 등급의 존재를 창조하실 수 있다. 그러
나 사랑과 자유의 법 때문에 인간은 일단 한 번 결함을 입었으면 인간의
선택을 통해서만 치료될 수 있다. 아담의 후손 중에서는 어떤 인간도 이
일을 이룰 수 없었는데, 그리스도께서 자신의 신성에 우리의 인성을 합
하여 그 일을 이루셨다. 인간이라는 피조물을 치료하려면 인간이 하나
님을 신뢰해야 했다. 인간이 사탄의 거짓말과 유혹을 거부해야 했다. 인
간이 사랑으로 이기심을 뿌리 뽑아야 했다. 이 새로운 인간의 속성을 그
리스도께서 홀로 이루셨고, 그래서 하나님은 그분을 신뢰하는 모든 이
에게 그 속성을 부어 주신다. 우리는 예수 그리스도를 신뢰함으로 신성
한 성품에 참여하는 자가 된다.

그리스도께서 이루신 일에 대한 이런 아름다운 관점은 하나님의 놀라운 속성인 사랑을 예증해 준다. 놀랍게도 그리스도의 부활 이후로 첫 두 세기 동안 교회 교부들도 이와 똑같이 가르쳤다. 그들은 이것을 가리켜 총괄갱신recapitulation의 교리라 했다. 그리스도께서 오셔서 자기 안에서 인류를 재건하시거나 치유하신다는 개념이다.

순교자 저스틴Justin Martyr, 103~165년은 그리스도께서 세 가지 일을 하러 오셨다고 가르쳤다. 사망을 폐하시고, 사탄을 멸하시고, 타락한 인류를 하나님의 설계대로 회복시켜 영생을 주시는 것이었다.

> [그리스도는] 육체를 입으시고 겸손히 동정녀의 몸에서 나셨다. 이 섭리를 통해 그분은 처음부터 악을 행한 뱀과 그에게 동조한 천사들을 제압하시고 사망을 비웃으셨다.[6]

로버트 프랭크스Robert Franks는 저스틴의 신학을 이렇게 설명했다.

> 사실 저스틴의 사고 속에 총괄갱신의 이론이 존재했다는 증거를 똑똑히 볼 수 있다. 후에 이레니우스Irenaeus를 통해 더 온전히 다듬어진 이 이론에 의하면, 그리스도는 인류의 새로운 머리가 되시고, 아담의 불순종 행위와 환경을 뒤집어 그 죄를 원상으로 되돌리시고, 결국 인간에게 불멸의 삶을 주신다.[7]

프랭크스는 이레니우스AD 2세기, 약 202년의 신학도 설명했다.

여기서 우리는 이레니우스의 유명한 총괄갱신 교리에 이른다. 그것
은 그리스도께서 두 번째 아담 또는 인류의 두 번째 머리라는 개념
이다. 그분은 아담의 타락의 결과를 원상 복귀하실 뿐만 아니라 망
가진 인류를 친히 치유해 완성하신다. 즉 하나님과 연합해 영생을
누리게 하신다.

"하나님이 태초의 피조물인 인간을 그분 안에서 총괄 갱신해 죄를
멸하시고 죽음을 폐하시고 인간에게 생명을 주셨다." ... 또한 "성육
신해 인간이 되신 하나님의 아들은 온 인류를 그분 안에서 총괄 갱
신해 결론적으로 우리에게 구원을 주셨다. 그리하여 이제 우리는 아
담 안에서 잃어버린 하나님의 형상과 모양을 예수 그리스도 안에서
다시 받을 수 있게 되었다."[8]

놀랍게도 초대 교회의 일각에는 이처럼 그리스도의 사명이 인류를 하
나님의 설계 원안대로 재건하는 것이라는 인식이 있었다. 그들은 하나
님이 사랑의 법이라는 원형 위에 우주를 지으셨음을 알았다. 인류가 구
원받으려면 삶의 원리인 그 법이 인류 안에 회복되어야 함도 그들은 제
대로 알았다. 그리스도의 사명은 인류를 회복해 하나님과 다시 화목하
게 하시는 것이었다.

그리스도께서 이루신 일을 많은 사람이 잊었지만, 지금도 이 진리는
일부 사람들을 통해 계속 선포되고 있다. 브루스 라이큰바크Bruce
Reichenbach는 〈속죄의 본질〉*The Nature of Atonement*이라는 책에서 죄는 사
람을 죽이지만, 하나님은 그리스도를 통해 치유하신다고 역설했다

의사이자 종이신 예수님은 왜 꼭 돌아가셔야만 하는가? 대부분의 속죄 이론에서 이것이 문제의 핵심이다. 하나님은 전능하시고 자비로우신 분인데 왜 그분이 요구하시는 구원의 길에는 아들의 죽음이 대가로 치러져야 하는가?

이 질문의 답은 종이신 그분이 대신 지신 우리의 치명적 병으로 거슬러 올라간다. 그분이 담당하신 이 병은 결코 사소한 문제가 아니다. 죄의 삯은 사망이다롬 6:23. 모든 사망은 죄로 말미암아 세상에 들어왔다롬 5:12. 그리스도는 이 치명적 독을 자원해 대신 지신다. 그 독은 아주 강해 그분과 우리를 죽음에 이르게 하지만, 그러나 의사이신 그분을 영원히 죽음 속에 가두어둘 만큼 강하지는 못하다. 죽음은 죄 속에 있다. 의사이신 그분을 죽이는 것은 하나님이 아니라 우리의 죄다. 하나님은 오히려 의사이자 종이신 예수님을 보내 자비로이 우리를 치유해 주시고, 나아가 부활로 예수님의 권세를 회복해 주신다.[9]

이것이 초대 교회의 인식이라면 우리는 어떻게 된 것인가? 이것이 그리스도께서 이루신 일이라면 우리는 어쩌다 이렇게 멀리까지 떨어져 나왔는가?

하나님의 법에 대해 사탄의 속임수에 넘어간 우리

고금을 통해 검증된 군사 전략은 교란 작전이다. 한쪽에 소동을 일으켜 적의 주의를 그쪽으로 쏠리게 한 뒤 허점을 치는 것이다.

이런 교란 작전은 마술사와 사기꾼과 장사치가 써먹는 기만술의 기본이다. 그들은 당신의 주의를 어느 한 행동에 집중시켜 자신들의 진의를 눈치채지 못하게 한다. 그러다 보면 당신은 어느새 속아 넘어가 그들에게 특별한 힘이나 지혜가 있다든지 또는 당신의 돈을 그들에게 투자하는 게 최고라고 믿게 된다. 그들의 "수법, 수작, 눈속임"을 알아차렸다고 생각하는 순간 당신은 그들의 본격적인 사기에 꼼짝없이 당하기 쉽다. 그들은 거기까지도 훤히 꿰고 있다.

우주 최대의 사기꾼인 사탄은 이 전략을 완벽에 가깝게 구사한다. 그래서 하나님은 악한 자가 말로 하나님을 대적하고 그분의 법을 고치려 할 것을 다니엘을 통해 예언하셨다단 7:25. 오랫동안 나도 다른 많은 그리스도인처럼 속은 게 있었다. 하나님의 법에 대한 마귀의 거짓말을 내가 안다고 생각한 것이다. 하지만 최근에야 알고 보니 나는 그의 교란에 감쪽같이 넘어가 있었다.

일부 그리스도인의 주장에 따르면, 다니엘의 예언대로 하나님의 법이 고쳐진 때는 바로 십계명의 법이 고쳐진 때였다. 즉 우상을 만드는 것을 금한 제2계명이 십계명에서 삭제된 때였다. 이어 제10계명이 두 부분으로 나뉘어졌고제2계명이 삭제된 후에도 계명을 총 열 개로 유지하고자 또한, 안식일의 계명이 고쳐졌다. 5백 년이 넘도록 이런 변화가 여러 기독교 진영 사이에 논쟁점이 되어 왔다.

이렇게 십계명이 공공연히 고쳐진 일이야말로 사탄의 주특기인 교란 작전이었다. 누가 보아도 뻔히 알 만하게 대놓고 법을 고치라. 다들 이 명백한 수정에 집중하여 찬반 논쟁을 벌이게 하라. 그리고 나서 본격적인 개조로 감쪽같이 그들의 사고를 병들게 하라. 그야말로 귀신같은 전법이다.

그렇다면 하나님의 법은 본격적으로 어떻게 개조되었는가? 그리스도인들이 만장일치에 가깝게 진리로 받아들이고 있는 그 개조란 무엇인가? 바로 하나님의 법이 피조물의 삶을 지배하고 순종을 시험하기 위해 강행되는 실정법이라는 것이다. 사실 하나님의 법은 자연법이다. 그분이 지으신 삶은 그 원리대로 돌아가게 되어 있다. 마귀는 고작 기독교를 속여 두 계명을 고치게 한 정도가 아니다. 그는 법의 본질 자체를 고쳐 놓고 그리스도인들에게 그것을 받아들이게 했다![10]

콘스탄티누스Constantine 이전까지만 해도 그리스도인들은 하나님의 법을 사랑의 법이요 삶의 근본 원리로 인식했다. 그래서 그들은 그리스도의 참 목적이 인류를 재건해 회복하시는 것임을 알았다. 하지만 콘스탄티누스가 회심한 뒤로부터 제국주의의 개념이 점차 기독교를 병들게 했다. 강력한 황제가 신민들에게 법을 강행했기 때문이다. 그리스도인들은 하나님의 사랑의 법을 놓쳐 버린 대신 강력한 군주의 실정법을 받아들였다. 하나님의 사랑의 법은 호흡의 법처럼 자연법이다. 누구나 살려면 숨을 쉬어야 한다. 하지만 당시의 그리스도인들이 정말로 그렇게 믿었다면, 그런 법을 교회 위원회에서 투표로 고칠 수 있다고 생각이나 했겠는가?

피터 레이타트Peter Leithart가 〈콘스탄티누스를 변호함〉*Defending Constantine*이라는 책에서 논증했듯이 콘스탄티누스는 법을 강행해 교회를 지지했다.

이교와 유대교를 함께 반박한 콘스탄티누스의 논리는 강력하고 때로 사악했다. 그것이 법적 규제와 어우러져 만들어낸 분위기는 이교

를 위축시키기는 했지만, 완전히 말살하지는 못했다. 그는 로마의
공공 부문을 기독교화했고, 자금을 대서 팔레스타인의 성지를 복원
했고, 콘스탄티노플을 건설했다. ... 교회 안에 분쟁이 일어나면 콘
스탄티누스는 분쟁 당사자들을 유도해 해결에 이르게 하는 것이 로
마 황제로서 자신의 권리이자 의무라고 믿었다. ... 주교들이 어떤
결정에 도달하면 콘스탄티누스가 공의회의 그 결정을 신성한 말씀
으로 수용하고 법적 제재로 지지했다. 이단자들을 귀양 보내는 것이
법적 제재의 주를 이루었다.[11]

교회를 지지하려던 콘스탄티누스의 법적 규제는 하나님의 법을 보는
기독교의 관점에 영향을 미쳤을 뿐 아니라, 그 자체가 하나님의 법이 이
미 실정법으로 인식되고 있었다는 증거다. 콘스탄티누스가 주교들의 지
도에 따랐는데 왜 주교들은 황제에게 양심의 자유라는 성경의 원리롬
14:5를 지적하지 않았는가? 이는 주교들이 이미 하나님의 자연법인 사랑
의 법을 놓쳐 버리고 하나님도 콘스탄티누스와 똑같은 방식으로 통치하
신다고 믿었기 때문이 아닌가?

서글프게도 이후의 오랜 기독교 역사십자군과 종교재판 등를 보면 사랑의
법이 실정법 개념으로 대체되었음이 확인된다.

이 문제에서 개신교냐 천주교냐는 중요하지 않다. 양쪽 모두 하나님
의 법이 실정법이라는 개념을 받아들였고, 따라서 그런 신념이 만들어
내는 파괴적인 하나님관까지도 어쩔 수 없이 받아들였다. 그런 하나님
은 황제처럼 법을 강행하는 존재, 범법자를 벌하는 존재, 죗값을 치르지
않는 모든 사람을 고통스럽게 죽이는 존재다.

그렇다면 결론적으로 하나님의 법은 실정법인가 자연법인가? 자연법은 제정되거나 법률화되거나 입법화된 법이 아니다. 인류 역사 속에서 하나님은 법을 사용해 오셨다. 그래서 어떤 사람들은 하나님의 법이 자연법도 되고 실정법도 된다고 생각할 수 있다. 하나님이 "법"을 도입하신 것은 맞지만, 그것은 단지 우리 마음속에 사랑의 법이 회복될 때까지 우리를 교육하고 보호하기 위한 치료적 개입이었다. 내 책 〈사고를 치유하는 단순한 성경적 모델〉에 하나님의 성문법과 자연법의 관계를 이렇게 설명한 바 있다.

> 이 성문법은 우리 사고의 결함을 드러내 준다. 그 결함을 인식할 때 우리는 하늘의 의사에게 가서 치유를 받는다. 그분이 우리를 치유해 주신 뒤에도 성문법은 폐기될 필요가 없다. 사실 이제는 법이 우리를 조사해도 결함을 찾아낼 수 없다. 우리가 법과 조화를 이루고 있기 때문이다. 그래서 치유 받고 나면 성문법이 무용해진다. 그것이 바울이 디모데에게 한 말의 핵심이다. "그러나 율법은 사람이 그것을 적법하게만 쓰면 선한 것임을 우리는 아노라. 알 것은 이것이니 율법은 옳은 사람을 위하여 세운 것이 아니요 오직 불법한 자와 복종하지 아니하는 자와 경건하지 아니한 자와 죄인과 거룩하지 아니한 자와 망령된 자와 아버지를 죽이는 자와 어머니를 죽이는 자와 살인하는 자며 음행하는 자와 남색하는 자와 인신매매를 하는 자와 거짓말하는 자와 거짓 맹세하는 자와 기타 바른 교훈을 거스르는 자를 위함이니 이 교훈은 내게 맡기신바 복되신 하나님의 영광의 복음을 따름이니라" 딤전 1:8~11.

이것을 MRI^{자기공명영상}에 비유하자면 본문을 이렇게 풀어쓸 수 있다. "MRI는 사람이 그것을 적법하게만 쓰면 선한 것임을 우리는 아노라. 알 것은 이것이니 MRI는 건강한 사람을 위해 있는 것이 아니요 오직 병든 자와 아픈 자와 고통당하는 자와 건강이 나쁜 자와 모든 죽어가는 자와 건강한 삶의 원리를 거스르는 모든 행동을 위함이니 이 원리는 내게 맡기신바 복되신 하나님의 건강의 규범을 따름이니라."

사실 법 중에서 십계명은 위대한 우주적 법인 사랑과 자유의 법을 특별히 압축해, 특히 여기 지구에 사는 우리를 위해 성문화한 것이다. 천국의 천사들에게도 부모를 공경하라든지 간음하지 말라는 법이 필요할까? 아니다. 하지만 그들도 사랑과 자유의 법대로 살아야 함은 마찬가지다. ... 십계명은 이 법을 더 농축시킨 것이다. 그래서 그리스도께서도 친히 이렇게 강조하셨다. "'네 마음을 다하고 목숨을 다하고 뜻을 다하여 주 너의 하나님을 사랑하라' 하셨으니 이것이 크고 첫째 되는 계명이요 둘째도 그와 같으니 '네 이웃을 네 자신같이 사랑하라' 하셨으니 이 두 계명이 온 율법과 선지자의 강령이니라"^{마 22:37~40}.[12]

이 성문법은 인간이 하나님의 원안으로부터 이탈한 후에야 필요해졌다. 이 법의 목적은 로마 같은 강압적 정부 체제를 만들어내는 것이 아니라, 단지 우리가 온전히 치유될 그날까지 진단장치 겸 보호의 울타리 역할을 하는 것뿐이다.[13]

사랑이신 하나님은 세상을 창조하실 때 당연히 모든 것을 자신의 성품이요 속성인 사랑과 조화를 이루어 돌아가도록 설계하시고 지으시고 세우셨다. 만물이 그분으로 말미암아 함께 서 있기 때문이다콜 1:17. 그분의 영감으로 기록된 성경에도 정확히 그렇게 계시되어 있다.

"사랑은 이웃에게 악을 행하지 아니하나니 그러므로 사랑은 율법의 완성이니라"롬 13:10.

하나님의 법은 사랑의 법이며, 삶은 이 법대로 돌아가도록 설계되어 있다. 이 법을 어기면 자동으로 파멸과 죽음이 따른다. 〈성경의 난제들〉 Hard Sayings of the Bible이라는 책에 그 사실이 명확히 묘사되어 있다. "어떤 의미에서 하나님의 진노는 창조 질서 자체 속에 붙박여 있다. 하나님의 질서를 거부하고 우리 스스로 질서를 만들어내면 붕괴를 자초할 수밖에 없다. 창조 세계를 향한 하나님의 의도를 거스르고 우리 자신의 의도로 대신해도 마찬가지다."14 사랑의 법을 어기면 죽음은 필연적 결과다롬 6:23, 약 1:15. 그것을 면하려면 설계자이신 하나님이 개입해 치유하고 회복시켜 주셔야만 한다. 바로 그 일을 위해 즉 우리를 치유하고 회복시켜 주시려고 그리스도께서 보냄을 받으셨다.

"하나님이 그 아들을 세상에 보내신 것은 세상을 심판하려 하심이 아니요 그로 말미암아 세상이 구원을 받게 하려 하심이라"요 3:17.

그렇다면 하나님의 속죄란 무엇인가?

조지아 주 북부의 산 속에 1955년에 설립된 아름다운 기독교 청소년 캠프장이 있다. 그곳은 지난 세월 무수히 많은 그리스도인 가정과 자녀들의 여름 수련회 장소로 쓰였다. 그런데 1970년대에 들어서면서 문제가 발생했다. 부모들은 자녀를 그곳에 보내야 할지 망설이기 시작했고,

그곳을 잘 모르는 사람들은 이런저런 건강하지 못한 결론을 내리기 시작했다. 뭔가 조치를 하지 않으면 사람들이 다 떠나갈 판이었다. 캠프장 운영위원회는 회의를 소집해 대책을 연구했다. 캠프장을 살릴 방법은 딱 하나, 곧 캠프장의 이름을 바꾸는 것뿐이었다. 그리스도인 부모치고 컴비-게이Cumby-Gay 캠프장에 자녀를 보낼 사람은 없을 테니 말이다.[15]

단어는 개념을 전달하는 상징 부호다. 사회가 변하면서 때로 단어의 의미도 변한다. 그 변화를 모르면 엉뚱한 결론을 내릴 수 있다.

"속죄"라는 단어도 의미가 변했다. 과거에 내가 하나님의 법을 실정법으로 믿었을 때는 그것이 하나님의 말씀을 보는 내 관점에 영향을 미쳤다. 많은 사람처럼 나도 속죄란 "잘못이나 피해를 갚거나 배상하거나 보상한다"는 뜻으로 알았다. 거기서 온갖 잘못된 결론이 나왔다.

예컨대 예수님이 내 죄를 향한 아버지의 진노를 달래시려고 죽으셔야 했다는 식이었다. 그런 잘못된 생각을 품고 있었기에 내 마음속에 사랑이 흐르지 않았다. 나를 자유롭게 하고 사랑에 마음을 열게 한 것은 진리였다.

1611년에 성경이 영어 흠정역KJV으로 번역될 때만 해도 속죄atonement의 의미는 지금 우리가 흔히 생각하는 것과 달랐다. 16세기와 17세기에는 one이라는 단어가 명사로만 아니라 동사로도 쓰였다. 예컨대 사이가 틀어진 두 사람을 화해시킬 때 그 동사를 썼다. 다시 연합시켜 "하나가 되게 한다"는 뜻이었다. 이 개념은 곧 at-one 또는 atone으로 알려지게 되었다. at-one은 고어 발음이므로 우리는 둘을 이어 atone으로 발음한다. 완전히 혼자일 때 all one이라 하지 않고 alone이라 하는 것과 같다. 그래서 분쟁 당사자들을 연합시키는 과정을 atonement라 부

른다.[16]

예수님은 우리가 하나님과 다시 하나로 연합하는 유일한 길이다. 그분이 오셔서 우리 죄를 "속죄" 하셨다. 즉 죄 때문에 갈라진 우리와 하나님의 관계를 다시 이어 우리를 자기와 화목하게 하셨다. 삶의 원리인 사랑의 법이 예수님을 통해 인류에게 회복된다. "그날 후에 내가 이스라엘 집과 맺을 언약은 이것이니 내 법을 그들의 생각에 두고 그들의 마음에 이것을 기록하리라. 나는 그들에게 하나님이 되고 그들은 내게 백성이 되리라"히 8:10.

예수님은 온전한 사랑이라는 더없이 막강한 무기로 뱀의 머리를 상하게 하셨다창 3:15. 예수님 안에서 사랑이 우리의 이기심을 이겼다. 그분은 "죽음을 통하여 죽음의 세력을 잡은 자 곧 마귀를 멸하"셨다히 2:14.

우리는 예수께서 아버지에 대해 계시해 주신 모든 내용을 깨닫고 마침내 그분을 신뢰해야 한다. 그럴 때 각자가 마음을 열고 성령의 역사를 통해 그리스도를 닮은 모습을 수혈받게 된다. 성령은 그리스도께서 이루신 일을 우리 안에 재현하신다. 악을 이기신 승리, 온전하고 의로우신 성품, 그분의 속성인 사랑이 우리 마음속에 "다운로드" 되어 우리도 그분처럼 된다. 우리의 생각은 그분의 생각과 조화를 이루고, 우리의 갈망은 그분의 갈망과 화합을 이룬다. 우리의 성품은 그분의 성품처럼 새로워지고, 우리의 동기는 그분의 동기처럼 깨끗해진다. 한마디로 우리의 삶이 그리스도를 닮아간다. 이제는 이기적인 죄인인 내가 사는 것이 아니요 다른 사람들을 사랑하시는 그리스도께서 내 안에 사시기 때문이다. 그분의 온전한 사랑이 모든 두려움을 내쫓는다.

우리는 하나님의 아름다운 성품에 압도되고, 자신의 흉한 이기적 천성이 역겨워지고, 하늘의 위대하신 의사의 발아래 겸손히 복종하며, 그분의 치유력에 자아를 의탁한다. 이를 가리켜 "회개"라 한다. 하나님의 은혜로 겸손히 회개할 때 성령을 통해 우리에게 그리스도의 삶이 수혈된다. 그리하여 우리도 사랑의 삶으로 새로워진다.

이 과정은 예수님의 승리 덕분에 지금부터 시작되며, 앞으로 그분이 재림하실 때 완성된다. 커트 톰슨 박사가 그것을 잘 설명했다.

> 하나님이 예수님을 죽은 자 가운데서 다시 살리심으로 그분은 승천해 온 세상의 주가 되셨고 또한 우리에게 성령을 부어 주셨다. 이로써 하나님은 우리의 전전두피질을 온전히 회복할 능력을 주셨다. 이 새로운 신경망은 새 하늘과 새 땅을 가리키고 대변한다. 그 나라는 예수께서 다시 오실 때 완성되지만, 그분의 그림자와 전조는 이미 우리 삶 속에 나타나고 있다.[17]

이렇게 하나님을 신뢰하는 관계 속에서 그분과 교제하고 그 사랑을 묵상할 때, 우리의 뇌두개골 안의 신기한 회색질 덩어리가 변화된다. 전전두피질이 강해지고 그 영향력이 나머지 뇌로 확대된다. 대뇌변연계는 진정되고, 왜곡된 개념은 사라지고, 공감과 이타심과 베풂이 많아진다. 그리하여 진정한 평안과 기쁨을 누리게 된다.

그것은 오직 예수님을 통해서만 가능하다. 그분을 신뢰하는 관계 속에서만 우리는 치유될 수 있다. 예수님 안에서만 하나님에 대한 진리를 알 수 있기 때문이다. 그 진리가 우리의 신뢰를 다시 얻어내면, 비로소 그 신뢰 관계 속에서 그분의 성품인 사랑이 우리에게 수혈된다. 이런 치유 과정을 통해 우리는 하나님의 이상적 원안대로 회복된다. 인간의 한계에도 불구하고 결국 사랑의 능력으로 살게 된다. 하나님이 에덴동산에서 주신 약속이 마침내 우리 자신의 삶 속에 성취된다. "평강의 하나님께서 속히 사탄을 너희 발아래에서 상하게 하시리라" 롬 16:20 .18

Part
Three

하 나 님 의
선 하 심 을
받아들이라

014

용서는
죄를 막는 백신이다

우리는 용서의 능력을 기르고 유지해야 한다.
용서할 줄 모르는 사람은 사랑할 줄도 모른다.

마틴 루터 킹 주니어 Martin Luther King Jr.

마리아Maria는 내 환자가 아니라 우리 교회 교인이었다. 하루는 예배 후 그녀가 내게 다가왔다. 괴로운 눈빛과 심란한 기색으로 보아 뭔가 고민이 있는 게 분명했다. 그녀는 힘이 잔뜩 들어간 목소리로 머뭇머뭇 주저하며 말했다. 두려운 게 분명했다. 나한테서 문제의 답을 얻지 못할지도 몰라 두려웠을까? 그보다 내가 내놓을 답이 자신을 더 깊은 고민에 빠뜨릴까 봐 더 두려웠던 것은 아닐까?

그녀의 외동딸 실비아Sylvia는 스물다섯 살로 최근 헥터Hector라는 젊은 남자와 결혼했다. 결혼 전부터 마리아는 헥터가 미덥지 않았지만 그런 말을 입 밖에 내지는 않았다. 어차피 딸이 그 남자와 결혼할 거라면

자기도 최대한 둘을 응원하리라 마음먹었다. 결혼한 지 8개월이 지났
다. 마리아는 그동안 알게 된 상황 때문에 이제는 그들을 응원할 수 없
게 되었다.

헥터가 실비아에게 처음 손찌검을 한 것은 신혼여행에서 돌아온 지
겨우 두 주 만이었다. 처음에는 실비아도 상처를 숨기고 고통을 비밀로
했다. "남편도 그럴 뜻은 없었어. 피곤해서 그랬을 거야. 내가 기분 나쁘
게 했잖아. 남편은 분명히 나를 사랑해." 이런 식으로 머릿속에서 합리
화하곤 했다. 하지만 시간이 흐를수록 구타가 잦아지고 심해져 젊은 신
부는 진실을 감출 수 없었다. 게다가 두어 달 전 그녀의 어머니도 그 사
실을 알게 되었다. 그 뒤로 실비아는 거의 매주 친정집에 왔고, 그때마
다 새로 맞은 자국이 생겨나 있었다.

당연히 마리아는 격노했다. 헥터에게 지적했으나 그는 남의 일이라는
듯 무관심했다. 오히려 가학적 쾌감이 담긴 눈빛으로 마리아를 보았다.
마리아가 매 맞는 딸 때문에 괴로워하며 헥터에게 애원할수록 그는 그
것을 더 즐기는 듯 보였다. 그녀는 그를 증오하고 멸시했다. 속에서 분
노가 화산처럼 끓어올랐다.

마리아는 평안을 잃었다. 헥터에게 맞고 사는 딸 생각을 떨칠 수 없었
다. 딸에게 남편을 떠나라고 권했으나 실비아는 결혼의 신성함과 혼인
서약을 들고 나왔다. 실비아는 계속 남편을 두둔하며 끝없이 구타를 당
했다. 마리아의 분노는 갈수록 깊어졌다. 그녀는 딸의 멍든 모습을 머릿
속에서 지울 수 없어 밤잠을 이루지 못했다. 꿈만 꾸었다 하면 사위를
늘씬 두들겨 패곤 했다.

죄는 교활하다. 죄가 마음속에서 자라기 시작해도 우리는 여간해서

그것을 알아차리지 못한다. 치명적 바이러스가 처음에 한 사람에게 침입해 다른 사람에게 퍼지듯이 우리는 무심코 죄를 다른 사람들에게 퍼뜨린다. 가시 돋친 말, 잔인한 웃음, 복수의 일격, 냉담한 태도 따위를 남들한테 전염시킨다. 상처받고 무시당할 때마다 그것을 치유하지 않고 속에 꽁하니 품고 있으면, 그 악의 씨앗이 곪아서 더 많은 상처를 싹 틔우고 더 많은 고통과 고생을 퍼뜨린다. 마리아의 마음은 병들었으나 본인은 거의 그것을 모르고 있었다.

교회는 마리아가 늘 평안과 위로를 얻던 유일한 곳이었으나 이제 교회마저 그녀에게 무의미해졌다. 하나님의 사랑과 예수님의 희생에 대한 이야기를 들어도 마음이 원한과 원망과 분노로 불타올랐다. 그녀는 "정의"를 원했고, 하나님이 하늘에서 불을 내려 헥터를 멸하시기를 원했고, 헥터가 톡톡히 대가를 치르기를 원했다. 용서하라는 성경 말씀을 알았지만, 그녀가 원한 것은 용서가 아니라 복수였다.

마리아의 대뇌변연계는 자극된 상태였고 전전두피질은 훼손되었다. 그래서 그녀의 사고 속에 사랑이 흐르지 않았다. 대신 그녀는 자꾸 복수할 생각만 했고, 그럴수록 분노가 더 치밀어 올랐다. 마음속에 증오와 분노와 원한이 있음을 인정하면서도 그녀는 그것을 "정의"의 욕구로 받아들였다. 죄라는 악성 바이러스가 침입해 그녀의 마음을 지배하고 있었다. 바이러스를 퇴치하지 않으면 그녀를 파멸에 빠뜨릴 것이었다.

마리아의 문제는 헥터가 아니라 헥터를 향해 타오르는 마음속의 분노와 증오와 격노였다. 평안을 원한다면 그녀는 용서하지 않으려는 독소를 마음속에서 잘라내야 했다. 나는 마리아에게 말했다. 하나님이 주신 유일한 무기 곧 우리 마음을 그런 괴로움에서 자유롭게 해 줄 무기는 용서다. 평안을 원한다면 그녀는 헥터를 용서해야만 한다.

하지만 마리아가 듣고 싶었던 말은 그게 아니었다. 그녀는 자신의 복수욕을 만족하게 해 줄 해답, 헥터에게 고통을 안겨 줄 해답을 원했다. 자신의 복수욕을 눈감아 줄 신神을 원했다. 그래서 그녀는 나에게 화를 내며 돌아서 가 버렸다.

수많은 사람이 그런 복수욕 때문에 하나님에 대한 거짓말에 매달린다. 그런 경우 실제로 우리는 가혹하게 복수하는 신, 내 이기적 복수심을 충족시켜 줄 신을 원한다. 하지만 하늘에 계신 우리 아버지에 대한 진리는 전전두피질을 치유해, 그 결과로 대뇌변연계가 진정되고 복수욕이 가라앉는다. 하나님에 대한 거짓말을 고수할 때만 뇌가 증오의 길을 계속 갈 수 있다.

죄는 음흉하다. 헥터는 마리아에게 직접 죄를 짓지 않았다. 헥터가 죄를 지은 대상은 실비아였다. 하지만 실비아를 향한 그의 폭력은 마리아의 마음속에 잔인한 욕망을 불어넣었다. 그런 악의가 이미 증오와 앙심과 격노라는 악성 종양을 낳기 시작했다. 이 종양을 제거하지 않으면 결국 그것이 마리아의 마음속에 있는 모든 선善을 잠식해 버릴 것이다. 속히 영적이고 근본적인 내면의 수술을 받지 않는 한 마리아는 헥터처럼 비정한 사람이 되고 말 것이다.

용서, 죄를 막는 백신

우리를 구박하고 학대하고 이용하는 사람들을 용서할 때 우리는 죄가 퍼지지 못하게 막는 것이다. 용서를 통해 이기심의 재앙이 중단된다. 용서를 통해 원한과 원망과 복수욕이라는 독소가 폐기된다. 용서를 통해 우리는 예방 접종을 한다. 그뿐 아니라 죄의 해독제인 하나님의 사랑을 퍼뜨린다.

하나님의 사랑과 용서를 받는 것도 특권이지만 그 사랑이 우리를 통해 세상으로 흘러나가게 하는 것도 특권이다. 다른 사람들을 용서할 때 우리는 악과 죄의 유일한 해독제를 유포한다. 하지만 거짓이 남아 있는 곳에는 사랑이 흐를 수 없다. 안타깝게도 잘못된 해독제를 받아들인 사람들이 너무 많다. 그것은 돌팔이 약장수의 원조인 옛 뱀, 즉 사탄이 팔고 다닌 가짜 약이다. 많은 사람이 너그럽게 용서하기는커녕 경건의 미명하에 "엄격한 정의"와 "의로운 복수"의 정책을 내세워 왔다. 그게 바로 사탄의 약이다.

하나님은 우주를 다시 자신과 연합시키려고 지금도 예수님을 통해 역사하고 계신다요 17:20~21, 엡 1:10. 하지만 "정죄"의 교리는 세상을 하나님과 화목하게 하고 사람들을 사랑으로 서로 연합하게 하는 게 아니라 오히려 적대감과 증오를 조장하고 분열을 날로 더 심화시킨다. 그야말로 독사의 독이다.

성경이 말하는 정의

테러리스트들이 네 대의 여객기를 납치해 미국을 공격한 지 9일 만인 2001년 9월 20일에 조지 W. 부시George W. Bush 대통령은 상하 양원 합동회의에서 연설했다. 그 연설에서 그는 "어떤 식으로든 우리는 반드시 적들을 처단해 정의를 시행할 것입니다"라고 공언했다.[1]

그의 요지는 분명했다. 미국이 그 악독한 범죄를 저지른 자들을 끝까지 찾아내 벌을 가하겠다는 뜻이었다. 당신은 대통령의 이 말이 범죄한

인류를 향한 하나님의 태도를 닮았다고 생각하는가? 복수심에 찬 한 국
가의 "정의"가 하나님의 정의를 정확히 대변하는가?

하나님이 우주를 운영하시는 방식이 죄인들이 이 땅의 정부를 운영하
는 방식과 같다는 결론이 옳은가? 아니면 하나님의 정의도 우리의 정의
와 같다고 해석할 때 우리는 그분을 잘못 대변하고 치유의 사랑을 막는
것인가?

예수님은 "내 나라는 이 세상에 속한 것이 아니니라" 요 18:36라는 말씀
을 통해 하나님의 정부가 우리의 정부와 다르다고 암시하신 게 아닐까?
성경에 보면 이 땅의 정부들은 잔인한 짐승들에 비유되는 반면 예수님
은 어린양에 비유되는데, 거기에는 그만한 이유가 있지 않을까? 두 체제
의 운영 방식이 뭔가 다르다는 의미가 아닐까? 인간의 정의와 하나님의
정의는 서로 다르지 않을까?

이사야 55장에 하나님은 자신의 방법이 타락한 인류와는 완전히 다
름을 계시해 주시지 않는가?

> 악인은 그의 길을,
> 불의한 자는 그의 생각을 버리고
> 여호와께로 돌아오라, 그리하면 그가 긍휼히 여기시리라.
> 우리 하나님께로 돌아오라, 그가 너그럽게 용서하시리라.
> 이는 내 생각이 너희의 생각과 다르며
> 내 길은 너희의 길과 다름이니라.
> 여호와의 말씀이니라.
> 이는 하늘이 땅보다 높음 같이

내 길은 너희의 길보다 높으며

내 생각은 너희의 생각보다 높음이니라.

이는 비와 눈이

하늘로부터 내려서

그리로 되돌아가지 아니하고

땅을 적셔서

소출이 나게 하며 싹이 나게 하여

파종하는 자에게는 종자를 주며 먹는 자에게는 양식을 줌과 같이

내 입에서 나가는 말도 이와 같이... 사 55:7~11.

이는 하나님의 정부와 그분이 일하시는 방식이 우리와 다르다는 말씀이 아닌가? 그래서 그분은 자신이 너그럽게 용서하시며 사랑의 법으로 이 땅에 생명을 내신다고 말씀하시는 게 아닌가? 그분의 정의는 죄인들이 행하는 일과는 다르지 않을까?

어느 체제에서든 정의란 해당 기관의 법에 기초한다. 남의 얼굴을 치는 행위가 권투에서는 정당하지만, 야구에서는 부당하다. 어떤 행위가 정당하고 부당한지는 스포츠 종목별로 운영 기관에서 규정한다. 시속 250km로 운전하는 행위가 독일의 아우토반에서는 정당하지만, 미국에서는 그렇지 않다. 미국의 법규는 다르다. 마찬가지로 하나님 정부의 정의는 하나님의 법에 기초한다. 그런데 하나님의 법은 사랑의 법이다. 그러므로 하나님의 정의는 언제나 하나님의 성품인 사랑의 표현이다.

- 가난한 자와 고아를 위하여 판단하며 곤란한 자와 빈궁한 자에게

공의를 베풀지며 시 82:3.

- 너희는 스스로 씻으며 스스로 깨끗하게 하여 내 목전에서 너희 악한 행실을 버리며 행악을 그치고 선행을 배우며 정의를 구하며 학대 받는 자를 도와주며 고아를 위하여 신원하며 과부를 위하여 변호하라 사 1:16~17.

- 그러나 여호와께서 기다리시나니 이는 너희에게 은혜를 베풀려 하심이요 일어나시리니 이는 너희를 긍휼히 여기려 하심이라. 대저 여호와는 정의의 하나님이심이라 사 30:18.

- 여호와께서 이와 같이 말씀하시니라. 다윗의 집이여, 너는 아침마다 정의롭게 판결하여 탈취 당한 자를 압박자의 손에서 건지라 렘 21:12.

우리가 어쩌다 잊어버린 놀라운 진리가 있다. 성경이 말하는 정의는 가해자를 벌하는 게 아니라 피해자를 구하는 것이다!

복수할 목적으로 벌을 가하는 것을 정의로 본다면 그것은 인간의 개념이다. 이런 실정법 개념을 받아들이면 우리의 신학도 거기에 영향을 입는다. 그러나 가르치고 치유하고 회복시킬 목적으로 훈육징계을 가하는 것은 사랑의 표현이며, 하나님의 방법과 원리에 어긋나지 않는다.

하나님의 법은 삶의 기초 원리이므로 하나님의 법을 어기는 일은 영원한 삶과 양립할 수 없다. 우리는 어차피 불치병을 안고 태어났으므로 굳이 처벌이 필요 없다. 하지만 영원한 파멸이 닥치기 전에 우리를 구원하시려는 그분의 사랑의 훈육은 종종 필요하다. 건강의 법을 위반하는 사람을 굳이 처벌할 필요는 없다. 위반 자체에 벌이 따라온다. 그런데

술 담배를 하다 들켰을 때 부모의 사랑의 훈육을 받고 그 덕을 본 사춘기 아이들은 많다. 사랑의 정의가 요구하는 것은 치유와 구조와 회복이다. 문제는 우리가 정의를 볼 때 어떤 법을 통해서 보느냐 하는 것이다.

언젠가 나는 매주 진행되는 성경공부 강좌에서 이런 내용을 제시한 후에 한 온라인 청취자한테서 다음과 같은 이메일을 받았다.

> 지난 2009년에 두 주 동안 박사님의 수업을 들었습니다. 기억하실는지 모르지만 저는 과거에 15년 동안 [기독교] 목사였고 지금은 법대에 다니고 있습니다. ...
>
> 이번 주의 개요를 받았는데 거기에 박사님의 이런 말이 있더군요.
>
> "하나님이 법을 강행하신다고 받아들이면, 하나님의 법에 불순종할 때 경험하는 결과도 그분의 처벌이라는 결론이 불가피하다. 즉 하나님의 진노는 그분이 죄를 벌하시려고 가하시는 것이 된다."
>
> 법대에서 공부하다 보니 형사 처벌과 민사 제재에 대한 저의 관점이 개발되고 있습니다. 저의 하나님관을 법정에도 접목해야 할까요?
>
> 더 구체적으로 말해서, 형벌을 보는 관점에는 두 가지, 즉 공리주의와 응보주의가 있습니다.
>
> 공리주의는 범죄인을 교정하고 설득하려 하며, 초점이 치료와 정신과적 상담에 있습니다. 물론 이 관점도 범죄인을 감금하기는 합니다. 향후에 일반 대중의 범죄 행위를 확실히 예방하기 위해서이지요. 결국, 공리주의는 용납되지 않는 행위가 무엇인지 죄수에게 가르쳐 줍니다.
>
> 응보주의는 규정을 제멋대로 어긴 범죄인을 처벌하려 합니다. 복수

욕을 충족시켜 주는 관점이지요. 응보주의의 형벌은 사회에 도덕적 균형을 이루기 위한 수단이며, 재소자는 사회에 진 자신의 빚을 갚습니다. 여기서 형벌은 잘못을 교정하고 죗값을 치르는 방법이 됩니다. 잘못된 하나님관은 형사 처벌에 대한 응보주의 관점과 공통점이 많아 보입니다. 반면에 형사 처벌에 대한 공리주의 관점은 구원을 회복으로 보는 관점과 공통점이 많습니다.

그렇다면 저는 범죄인을 대할 때 지혜와 치유와 사랑의 하나님관에 의거해야 할까요? 제가 선택한 하나님관이 살인범과 강간범과 강도범과 절도범이 받을 벌의 종류에까지 영향을 미쳐야 할까요? 다시 말해서, 저의 영향력을 구사하여 범죄인에 대한 처벌을 종식해야 할까요? 그리하여 범죄인을 감옥에서 석방하여 재활 그룹이나 치료 과정 등에 두어야 할까요? 또는 아예 처음부터 범죄인을 감옥에 보내지 말고 자기 죄의 자연적인 결과만 거두게 해야 할까요?

이것은 아주 타당한 고민이다. 하나님의 사랑의 법을 깊이 생각하는 사람들은 많이들 그런 고민을 토로한다. 여느 사랑의 부모처럼 하나님도 미성숙한 사람들을 돕기 위한 임시방편으로 실정법 개념의 규율을 사용해 오셨다. 그래서 많은 사람이 하나님의 법에 대해 혼란에 빠진다.

엄마가 아이에게 찻길에서 놀면 매를 맞는다는 규율을 주었다고 하자. 이 규율을 어겼을 때 진짜 문제는 매 처벌의 강행가 아니라 물리학의 자연법 위반 자체다. 자동차와 아이의 몸이 충돌하면 그 법의 지배를 받는다. 규정과 처벌의 강행은 아이와 누구인지 모를 운전자와 나아가 부모를 보호하기 위한 것이다. 아이가 차에 치이면 자연법을 어긴 결과를 당한다. 회초리의 취지는 복수가 아니라 아이를 안전하게 지키기 위한 임시방편이다. 아이가 충분히 자라 자율적으로 찻길에서 놀지 않을 때까지 말이다.

우리 그리스도인들은 하나님의 설계를 알지만, 아직 죄의 세상에 살고 있다. 세상에는 하나님이 주신 삶의 원리를 모르는 미성숙한 사람들이 가득하다. 그래서 그들로부터 무죄한 대중과 미성숙한 그들 자신을 보호하기 위해 법과 규율을 강행해야 할 때가 많다. 하지만 이런 불가피한 개입을 삶에 대한 하나님의 이상理想과 혼동해서는 안 된다. 임시방편인 실정법의 진짜 취지를 잊어서는 안 된다.

미성숙한 사람들은 행동에 결과가 따름을 배워야 한다. 다시 말해서 모든 작용에는 반작용이 따른다. 우주는 자연법에 따라 움직이며 우리의 선택은 결과를 낳는다. 건강한 선택은 건강한 결과를 낳고 해로운 선택은 해로운 결과를 낳는다. 인간의 실정법은 그 원리를 가르치기 위한 수단이자, 너무 미성숙해 건강한 원리를 실천하지 못하는 사람들로부터 무죄한 대중과 가해자 자신을 보호하기 위한 수단이다.

복수는 죄인인 인간의 머리에서 나온 개념이다. 복수는 피해자 측에 아무런 유익도 주지 못한다. 복수한다고 살해된 사람이 살아나는 것도 아니고, 부러진 뼈가 도로 붙는 것도 아니고, 순결이 회복되는 것도 아니고, 절도 당한 물건이 돌아오는 것도 아니다. 아울러 복수는 죄인 또는 가해자 측의 치유와 성장과 구원과 변화에도 전혀 도움이 안 된다.

나는 공리주의를 재활로 생각하고 싶다. 공리주의의 초점은 범죄인으로부터 사회와 범죄인 자신을 양쪽 모두를 보호하는 데 있다. 범죄인이 삶에 대한 하나님의 설계에 어긋나는 행동을 계속하면 자신도 다친다.

모든 이기적 행위는 실제로 죄인 자신을 해쳐 양심을 마비시키고, 성품을 비뚤어지게 하고, 마음을 완고하게 만든다. 그런 사람을 감옥에 격리해 파괴적 행동을 중단시키면, 반성과 재평가와 재활의 기회가 됨은 물론 무죄한 대중을 보호할 수 있다. 하지만 파괴적 광란이 계속되게 그냥 두면 사회에도 해로울 뿐 아니라 범죄인 자신도 결국 영원한 파멸을 면할 수 없다.

따라서 정부가 그런 사람들의 삶에 개입하는 것은 구속救贖의 행위다. 죄의 세상에는 사랑의 원리를 거스르고 범죄를 저지르는 사람들이 있게 마련이다. 체포와 기소와 적절한 처벌은 찻길에서 놀면 매를 맞는 것처럼 임시적 결과이며, 그런 행동이 해롭고 파괴적임을 본인에게 가르치기 위한 것이다. 동시에 사회를 보호하기 위한 것임은 물론이다. 감금을 통해 재활이 잘 이루어지는 사람들도 있다. 하지만 파괴적 생활이 너무 장기간 고질화되어, 사랑과 진실에 반응하는 능력이 영구적으로 파괴된 사람들도 있다. 그런 사람들은 재활의 가망이 없다. 그들에게는 감금이 이 땅에 사는 동안 개인의 파괴적 행동의 범위를 제한하는 수단이 된다.

사랑의 사람은 사회를 참으로 안전한 곳으로 만들 가장 효율적인 방책을 모색한다. 가장 안전한 사회란 어떤 곳인가? 어디를 가나 감옥과 간수와 경찰이 넘쳐나는 곳인가? 아니면 나보다 남을 더 사랑하는 사람들, 남을 해치느니 차라리 죽음을 택할 사람들이 넘쳐나는 곳인가? 물론 우리가 사는 세상에 감금은 서글픈 필연이다. 하지만 우리는 사람들을 재활시켜 실제로 타인의 권리를 존중하는 성숙한 개인이 되게 할 수 있다. 그렇게 하는 정도만큼 우리는 복수로는 어림도 없을 만큼 사회에 큰 선을 행하는 것이다.

감금하더라도 범죄인을 사랑하는 마음으로 하자. 그 사람의 구속救贖과 구원과 회복을 바라는 마음으로 하자. 그게 불가능하다면 남에게 해를 입힐 위험이라도 없게 하자. 예수님은 그분을 따르는 사람들을 칭찬하실 때, 주린 자들에게 음식을 준 일만 아니라 옥에 갇힌 자들을 찾아간 일도 칭찬하신다마 25:36. 이는 힘써 범죄인을 구속과 구원과 재활로 이끌어 주라는 그분의 당부가 아닐까? 이것이 하나님의 정의다. 그분이 행하시는 정의로운 일이란 자신의 자녀들에게 치유와 변화와 구원을 가져다주시는 것이다.

하나님이 행하시는 정의, 즉 옳은 일이란 그분의 설계에 어긋나게 사는 사람들을 바로잡아 주시는 것이다. 그들의 마음을 새롭게 해주시고, 원수들을 자기와 화목하게 하여 친구로 삼아 주시는 것이다.

> 그런즉 누구든지 그리스도 안에 있으면 새로운 피조물이라. 이전 것은 지나갔으니 보라, 새 것이 되었도다. 모든 것이 하나님께로서 났으며 그가 그리스도로 말미암아 우리를 자기와 화목하게 하시고 또 우리에게 화목하게 하는 직분을 주셨으니 곧 하나님께서 그리스도 안에 계시사 세상을 자기와 화목하게 하시며 그들의 죄를 그들에게 돌리지 아니하시고 화목하게 하는 말씀을 우리에게 부탁하셨느니라. 그러므로 우리가 그리스도를 대신하여 사신이 되어 하나님이 우리를 통하여 너희를 권면하시는 것 같이 그리스도를 대신하여 간청하노니 너희는 하나님과 화목하라 고후 5:17~20.

하나님의 법은 자연법이며 우리의 삶은 그 법대로 돌아가게 되어 있다. 이 법을 어기면 자동으로 죽음이 따른다. 그것을 면하려면 설계자이신 하나님이 개입하여 치유하고 회복시켜 주셔야만 한다. 우리를 그분의 원수에서 친구로 변화시켜 주셔야만 한다. 이처럼 하나님은 그리스도를 통해 역사하시되 죄인들을 벌하시는 게 아니라 죄에 눌려 있는 사람들을 구해 주신다!

예수께서 말씀하셨듯이 그분은 우리를 구하러 오셨다.

> 주의 성령이 내게 임하셨으니 이는 가난한 자에게 복음을 전하게 하시려고 내게 기름을 부으시고 나를 보내사 포로 된 자에게 자유를, 눈 먼 자에게 다시 보게 함을 전파하며 눌린 자를 자유롭게 하고 주의 은혜의 해를 전파하게 하려 하심이라 눅 4:18~19.

마태는 예수께서 병자들을 고치시고 귀신들린 자들을 자유롭게 하시는 활동을 하나님의 정의의 실현으로 해석했다.

> 예수께서 아시고 거기를 떠나가시니 많은 사람이 따르는지라. 예수께서 그들의 병을 다 고치시고 자기를 나타내지 말라 경고하셨으니 이는 선지자 이사야를 통하여 말씀하신 바
> "보라, 내가 택한 종
> 곧 내 마음에 기뻐하는바 내가 사랑하는 자로다.
> 내가 내 영을 그에게 줄 터이니
> 그가 심판[정의]을 이방에 알게 하리라.
> 그는 다투지도 아니하며 들레지도 아니하리니

아무도 길에서 그 소리를 듣지 못하리라.

상한 갈대를 꺾지 아니하며

꺼져가는 심지를 끄지 아니하기를

심판하여 [정의로] 이길 때까지 하리니

또한 이방들이 그의 이름을 바라리라"

함을 이루려 하심이니라.

그때에 귀신 들려 눈멀고 말 못하는 사람을 데리고 왔거늘

예수께서 고쳐 주시매

그 말 못하는 사람이 말하며 보게 된지라 ^{마 12:15~22}.

   하지만 용서의 하나님을 믿되 그분의 법이 실정법이라는 개념을 고수하면, 그것이 사회에 위험한 결과를 낳는다. 2012년에 오레곤대학교 심리학부에서 실시한 연구로는 벌하시는 하나님을 믿으면 범죄가 감소하는 반면 은혜의 하나님을 믿으면 오히려 범죄율이 높아지는 것으로 나타났다. 여러 가지 관련 변수를 통제한 상태에서 나온 결과다.[2]

   벌하시는 하나님을 믿으면 범죄가 감소하고 은혜의 하나님을 믿으면 범죄율이 높아지는 이유는 무엇일까? 문제는 하나님이 자비로우신 분이라는 진리를 받아들이는 데 있는 게 아니라, 하나님의 법이 로마 황제의 법과 같고 하나님의 정부가 인간의 정부처럼 돌아간다는 거짓을 믿는 데 있다. 만일 어떤 지방자치단체에서 제한 속도를 고시함과 동시에 과속하다 걸려도 항상 전원 사면해 준다고 광고한다면, 확신컨대 과속이 증가할 것이다. 실정법이 있는데 처벌이 시행되지 않으면 범죄가 악화된다.

하나님의 법을 로마 제국의 실정법 개념으로 받아들이면 그것은 하나님의 성품을 왜곡하는 것이다. 또한, 법을 어길 경우 하나님이 그분의 능력으로 범법자를 처벌하셔야 한다고 가르치는 것이다. 그렇게 되면 하나님의 정의는 피해자를 구하는 일이 아니라 9.11 사태 이후의 미국처럼 가해자를 찾아내 처단하는 일이 된다. 따라서 만일 하나님이 우리를 찾아내 벌하고 죽이지 않으신다면 우리는 죄를 지어도 벌이 없다고 착각하게 되고, 그리하여 범죄가 증가한다.

하지만 삶이란 하나님의 사랑의 법과 조화를 이루어야만 존재할 수 있음을 모든 사람이 깨닫는다면 어떨까? 남에게 죄를 짓는 사람이 상대의 몸을 해칠 수는 있어도 상대의 성품을 망칠 수는 없음을 사람들이 기억한다면 어떨까? 남에게 죄를 범할 때 사실은 자신의 양심을 마비시키고, 자신의 성품을 망치고, 자신의 영혼을 죽이는 것임을 사람들이 안다면 어떨까? 즉 하나님의 설계에 어긋나게 살아가면 자기 자신이 자연적인 결과를 당한다는 사실을 안다면 어떨까?

예수님은 "몸은 죽여도 영혼은 능히 죽이지 못하는 자들을 두려워하지 말"라고 하셨다 마 10:28. 여기 "영혼"은 헬라어로 "프쉬케"다. 정신psyche, 심리학psychology, 정신의학psychiatry이라는 단어가 거기서 나왔다. "프쉬케"는 우리의 독특한 인격이나 개성이나 정체를 뜻한다. 악한 타인이 우리에게 죄를 짓고 심지어 우리 몸을 멸할 수 있으나 우리 영혼을 더럽힐 수는 없다. 남에게 악을 행하면 오히려 자신의 마음이 완고해지고 하나님이 설계하신 삶에서 자신만 더 멀어진다. 하나님의 자비를 믿는 것이 문제가 아니라 하나님의 법을 오해하는 것이 문제다. 이 모두는 당신이 하나님의 성품과 법을 어떻게 이해하는가로 귀결된다.

눈에는 눈으로

밥Bob은 눈에 띄게 분노로 끓고 있었다. 얼굴이 벌겋게 달아올랐고 이마에 힘줄이 불거져 나왔다. 6개월 전에 그의 누이가 집에 왔을 때 밥은 술을 너무 많이 마시고 곯아떨어졌다. 그가 자는 사이에 누이는 그가 어려서부터 수집해 온 희귀 동전들을 훔쳐갔고, 다른 주로 가서 동전들을 팔아 그 돈으로 마약을 샀다. 밥은 격노했다.

그 뒤로 6개월 동안 밥은 걸핏하면 짜증을 부렸고, 조금만 불편해도 버럭 화를 냈고, 자기를 무시한 적도 없는 친구들을 괜히 비난했다. 당연히 직장과 가정에서 사람들과 사이가 나빠졌다. 내 상담실에도 아내한테 떠밀려서 왔다. 그녀는 남편이 괴물로 변했다면서 그가 상담을 받지 않으면 자기가 집을 나가 버리겠다고 했다.

밥은 자기 누이를 용서하기는커녕 응분의 대가와 죗값을 치르게 하고 싶었다. 화풀이를 단단히 하고 싶었다! 밥은 "정의"를 원했다. 정의가 시행되기 전에는 결코 용서할 마음이 없었다.

사실 밥은 거짓말을 받아들인 상태였다. 그것은 왜곡된 하나님관이었고, 죄를 고칠 수 없는 가짜 치료제였다. 그는 대뇌변연계가 강화되고 전전두피질이 약화되어 있어, 친절과 이해와 긍휼과 인내와 온유를 베풀 능력이 떨어졌다. 뇌가 그렇게 비틀거리고 있으니 어디를 가나 모든 관계가 틀어졌다. 진리를 받아들이고 적용하기 전에는 밥은 건강해질 수 없었다. 거짓이 남아 있는 곳에는 사랑이 흐를 수 없기 때문이다.

안타깝게도 우리 중에도 하나님에 대한 거짓에 워낙 찌들어 있어 그분의 사랑의 손길을 보지 못하는 사람들이 많다. 우리는 하나님을 엄격한 정의의 존재로 믿는다. 즉 그분은 형벌을 가해야만 정의로워지시고 우리 쪽에서 위무해 드려야만 자비를 베푸시는 존재다. 그러다 보니 우리는 그분이 사랑으로 베푸시는 치료적 징계를 알아보지 못한다. 오히려 밥처럼 우리도 사랑의 훈육을 복수의 행위로 볼 때가 너무 많다.

> 사람을 쳐 죽인 자는 반드시 죽일 것이요 짐승을 쳐 죽인 자는 짐승으로 짐승을 갚을 것이며 사람이 만일 그의 이웃에게 상해를 입혔으면 그가 행한 대로 그에게 행할 것이니 상처에는 상처로, 눈에는 눈으로, 이에는 이로 갚을지라. 남에게 상해를 입힌 그대로 그에게 그렇게 할 것이며레 24:17~20.

　나도 밥처럼 생각하던 때가 있었다. 나에게 무엇이든 나쁜 짓을 한 사람에게는 그만한 대가를 치르게 하고 싶었다. 나는 또한 잔인한 언행을 위의 말씀으로 정당화하면서 이런 방식의 장점을 내세웠다. 하지만 간디의 말이 옳았다. "눈에는 눈으로 한다면 세상 사람들이 다 맹인이 될 것이다."[3] 예수님의 눈을 통해 보면서부터 비로소 이 말씀이 내게 다르게 보였다. 이런 의문이 들었다. "하나님이 이렇게 명하신 대상이 아무 범죄에 대해서나 무조건 가해자를 죽이는 사람들이었다면 어떨까? 아주 사소한 죄까지도 죽음으로 응징하는 사람들이었다면 어떨까? 결국, 자신들의 왕이신 죄 없는 그분마저 죽일 사람들이었다면 어떨까?" 만일 그렇다면 하나님은 지금 가혹한 지시를 하신 것인가, 아니면 잔인한 백성을 자비와 은혜와 용서 쪽으로 은혜롭게 이끄신 것인가? 기도하며 신중하게 공부한 결과 나는 하나님의 이 말씀이 후자에 해당함을 깨달았다. 안타깝게도 하나님은 오늘도 그분에 대한 이런 왜곡들로부터 우리를 자유롭게 하려 애쓰고 계신다.

이라크의 목동

2006년 8월 7일에 존 헨드런John Hendren 기자는 이라크의 교전 지역에서 전국 공영 라디오에 기사를 송고했다. 헨드런 씨는 전쟁으로 파괴된 그 나라에 민간인 사상자의 수가 많은 원인을 조사했다. 그에 따르면 아직 열두 살밖에 되지 않은 어느 목동이 놀다가 돌을 던졌는데, 그 돌이 우연히 어떤 농부의 소에 맞아 소가 한쪽 눈이 멀었다. 농부는 그 아이를 총으로 쏘아 죽였다. 레위기에 나오는 하나님의 지시는 바로 그 농부 같은 사람들에게 주신 것이다. 그들은 마음이 너무 비정해 전적인 용서를 생각조차 할 수 없고, 너무 자기중심적이어서 남을 너그러이 봐줄 수 없으며, 너무 이기적이어서 하나님이 우리를 사랑하시듯 남을 사랑할 수 없다.

1,500년 후에 예수님은 레위기 24장 말씀의 참뜻을 확인해 주셨다. 다른 사람들을 사랑해야만 악이 사라지고, 다른 사람들을 용서해야만 하나님 나라가 진척된다.

> 또 "눈은 눈으로, 이는 이로 갚으라" 하였다는 것을 너희가 들었으나 나는 너희에게 이르노니 악한 자를 대적하지 말라. 누구든지 네 오른편 뺨을 치거든 왼편도 돌려 대며 또 너를 고발하여 속옷을 가지고자 하는 자에게 겉옷까지도 가지게 하며 또 누구든지 너로 억지로 오 리를 가게 하거든 그 사람과 십 리를 동행하고 네게 구하는 자에게 주며 네게 꾸고자 하는 자에게 거절하지 말라.

또 "네 이웃을 사랑하고 네 원수를 미워하라" 하였다는 것을 너희가 들었으나 나는 너희에게 이르노니 너희 원수를 사랑하며 너희를 박해하는 자를 위하여 기도하라. 이같이 한즉 하늘에 계신 너희 아버지의 아들이 되리니마 5:38~45.

다른 사람들을 용서할 때 우리는 죄의 확장을 막을 뿐 아니라 자신도 죄의 세력과 지배로부터 자유롭게 된다. 다른 사람들을 용서하면 전전두피질이 강해지고 대뇌변연계가 가라앉아 우리는 하나님의 치유하시는 사랑의 통로가 된다.

"당신, 별로 마음에 안 듭니다"

2008년 3월에 나는 플로리다 주 웨스트팜비치로 출장을 갔다가 로버트Robert를 만났다. 거기서 이틀 동안 신경생물학에 대해 강의를 했는데, 강의 장소로 이동할 때마다 그가 운전을 맡아 주었다.

로버트는 지성인이었고 하나님을 믿고 사랑한다고 솔직히 말했다. 함께 있는 동안 나는 하나님의 조건 없는 사랑, 용서의 위력, 남을 위한 희생 등에 대해 말했다. 하루는 그가 생각에 깊이 잠겼다가 말했다.

"잘 모르겠습니다. 어떤 마약 중독자가 우리 집에 침입해 아내와 딸을 위협하고 있는데 내게 총이 있다면 나는 그를 쏘아 버릴 겁니다."

나는 이렇게 대답했다.

"좋습니다. 스물두 살 된 마약 중독자가 완전히 정신이 나가서 당신의 집에 침입했다고 합시다. 뻔히 약 기운에 제정신을 잃고 멍해진 그가 당신의 가족을 위협합니다. 물론 당신은 총이 있습니다. 그런데 그 마약 중독자가 하필 당신의 맏아들입니다. 이제 어떻게 하시겠습니까?"

로버트는 눈살을 찌푸리며 나를 흘끗 보더니 말했다.

"당신, 별로 마음에 안 듭니다."

이 가상의 시나리오는 하나님의 입장을 잘 대변해 준다.

우리는 모두 그분이 사랑하시는 존재다. 그분은 우리 각자를 구원해 다시 그분과 연합시키려 하신다. 나보다 남을 더 사랑하는 상태로 되돌리려 하신다. 우리가 나보다 남을 더 사랑하고 너그러이 용서해야 악이 더 퍼지지 못한다.

사랑의 병사

2차 세계대전에 참전한 미군은 총 1천6백만 명이었으나 그중 남다른 용맹을 떨쳐 국회 명예훈장을 받은 사람은 431명뿐이다. 그중 한 사람을 알게 된 것은 나에게 특권이었다. 그의 이야기의 전말은 〈가장 뜻밖의 영웅〉*The Unlikeliest Hero*이라는 책에 실려 있다.

데스몬드 도스Desmond Doss는 남부 애팔래치아 산맥 출신의 독실한 그리스도인으로 1942년에 징집영장이 나오자 기꺼이 입대했다. 종교적 신념 때문에 그는 미국 대통령과 육군 참모총장으로부터 총기를 들지 않고 양심적 참전 기피자로 복무해도 된다는 허가서를 받았다.

도스는 "양심적 참전 기피자"라는 표현에 이의를 제기하며 "양심적 참전 협력자"라는 말을 더 좋아했다. 다른 사람을 죽일 수 없다 뿐이지 조국을 위해 일할 수 있어 기쁘다는 것이었다. 하지만 1940년대에는 그게 별로 잘 통하지 않았다.

군대 생활은 쉽지 않았고, 총기를 드는 것을 거부한 사람들에게는 특

히 더 힘들었다. 77보병사단에서 훈련받는 동안 이등병 도스는 조롱과
비웃음과 경멸과 학대를 당했다. 훈련 중 총기를 거부하자 강압과 비난
과 회유와 협박이 쏟아졌다. 어떤 부대원들은 강한 불만을 품고, 나중에
전투에 투입되면 그를 죽이겠다고 위협하기도 했다. 막사에서 밤중에
그에게 군화와 기타 기물이 날아오는 일은 예사였다. 그래도 도스는 하
나님과 매일의 성경 묵상과 기도에서 위안을 얻었다.

보병 중대에서 의무대대로 옮겨 달라고 계속 요청한 결과 결국 도스
는 부대 원목의 개입으로 의무병 훈련을 거쳐 77사단 내 전투지원 대대
로 전속되었다. 다른 의무병들과 함께 그는 환부에 붕대를 감는 법, 출
혈을 멎게 하는 법, 지혈대를 묶는 법 등 여러 응급처치 요령을 익혔다.
하지만 부대원들의 비웃음과 괴롭힘과 적대감은 계속되었다.

그의 부대는 괌, 오키나와, 레이테 섬 등 태평양 전선에 배치되었는데
날마다 혈전의 연속이었다. 육군 정보국의 보고서를 통해 확인되었듯
이, 일본 병사들은 적진의 사기를 떨어뜨리기 위해 의무병들부터 찾아
내 죽이라는 지시를 받은 상태였다. 도스의 중대장은 그에게 총을 들고
다녀 의무병 신분을 감추라고 명령했으나 도스는 거부했다. 대대장이
첫 교전이 벌어지기 전에 그를 본국으로 송환하려 했으나 중대장이 막
았다. 도스는 부대에 잔류했다.

그렇게 늘 괴롭힘을 당하면서도 도스는 전우들을 용서하는 태도를 잃
지 않았다. 1944년부터 1945년까지 도스는 몇 번이고 이타적으로 적의
포화에 자신을 노출하면서까지 부대원들의 목숨을 구했다. 그중에는 그
를 구박한 사람들도 많았다. 이렇게 너그럽고 이타적인 행동이 줄기차
게 계속되자 결국 온 사단이 그에게 탄복했다. 한 전투에서만 그는 높이

120m의 급경사면에서 단신으로 1백 명을 아래로 내려 주어 모두 살렸다. 그동안 자신은 계속 적의 포화에 노출된 상태로 말이다. 중대장이 공로를 인정하고 점호로 숫자까지 확인했는데도 도스는 그렇게 많을 리가 없다며 항의했다. 중대장은 공식 표창장에 숫자를 75명으로 낮추기로 했다. 표창장의 내용은 이런 말로 끝난다.

> 도스 일등병은 극도로 위험한 상황 속에서도 탁월한 용기와 불굴의 의지로 많은 병사의 목숨을 구했다. 군인의 의무를 훨씬 초과하는 혁혁한 용맹으로 그의 이름은 77보병사단 전체에 하나의 상징이 되었다.

데스몬드 도스는 오랜 훈련 기간 내내 결코 원한을 품지 않았고 용서하는 마음을 잃지 않았다. 우리도 가해자들을 용서할 때 막힘없이 하나님의 사랑을 전하는 도구가 된다. 만일 도스가 "악을 기록하고" 피해를 계산하고 원한을 품었다면, 그의 마음은 두려움으로 가득했을 것이다. 또한, 그는 자신이 예배하는 하나님께 그토록 강력하게 쓰임 받지 못했을 것이다. 그의 마음이 늘 열려 있어 하나님의 치유하시는 사랑의 도구가 될 수 있었던 것은 다른 사람들을 용서했기 때문이다.

오늘 당신의 삶에 적용하라

1.세 가닥의 증거를 실제로 따져 보라.
용서가 치유를 가져다준다는 원리는 성경, 검증 가능한 하나님의 법들, 경험을 통해 모두 일치되게 입증되는가? 그리스도의 삶에 나타나는 증거는 용서가 하나님의 성품과 방법의 일부임을 확증해 주는가? 그리스도는 자기를 십자가에 못 박는 사람들을 어떻게 대하셨는가?

2 당신 자신의 경험을 돌아보라. 우선 당신 쪽에서 잘못한 경우, 상대가 용서를 베풀었던 때와 용서하지 않고 당신에게 원망과 원한을 품었던 때를 각각 떠올려 보라.
각 경험은 당신과 상대에게 어떤 영향을 미쳤는가?

3 이번에는 당신이 피해를 당한 경우, 상대를 금방 쉽게 용서했던 예와 한참 원한을 품고 있다가 용서했던 또는 지금까지도 원한을 품고 있는 예를 각각 떠올려 보라. 너그러이 용서했을 때와 원한을 품었을 때의 경험이 서로 달랐는가? 어떻게 달랐는가? 어느 쪽이 당신에게 더 빨리 치유와 평안을 가져다주었는가? 용서했을 때와 원한을 품었을 때 상대방과의 관계는 각각 어떻게 되었는가?4

015

사랑은
두려움을 이긴다

많은 것을 사랑하라. 거기에 참된 힘이 있다.
많이 사랑하는 사람은 많이 행해 많이 이룰 수 있다.
사랑으로 행한 일은 잘한 일이다.

빈센트 반 고흐 Vincent Van Gogh

지금까지 우리는 다양한 하나님관을 살펴보았다. 그중 사랑을 증진
하는 관점들은 치유를 가져다주지만 두려움을 자극하는 관점들은 파멸
을 낳는다는 것도 보았다. 이번 장에서는 타인 중심의 사랑을 여러 가지
실제 시나리오에 적용해 살펴보려 한다. 그러면 사랑이 우리의 본능인
두려움을 어떻게 이기는지 알 수 있다.

결혼식 날의 두려움을 이긴 사랑

바바라Barbara는 스스로 원해서 나를 찾아왔다. 그녀의 삶에는 평생
두려움과 불안과 염려가 가시지 않았다. 돈이나 자녀나 가족의 건강도

걱정이었지만, 주된 두려움은 남들이 자기를 어떻게 생각할까에 집중되어 있었다. 그녀는 자기 자신이 싫었고 거절당하는 게 두려웠다. 그래서 자신에게 이목이 쏠리는 일이라면 무조건 기겁을 했다. 사람들 앞에서 말하는 게 두려워 파티나 친목 모임의 초대라면 거의 다 사양했다. 어쩌다 단체 행사에 참석하는 경우에도 남의 눈에 띄지 않는 구석 자리만 찾았다.

그런데 재앙이 불과 몇 주 앞으로 다가왔다. 바로 딸의 결혼식이었다. 지난 석 달 동안 바바라의 불안은 결혼식 날이 다가올수록 계속 고조되었다. 하루가 다르게 압박감과 긴장감이 쌓여 거의 실신할 정도였다. 그래서 절박한 심정으로 나를 찾아왔다. 바바라는 그 행사가 왜 두려웠을까? 딸이 고른 결혼 상대에 대해 꺼림칙한 부분이 있어서가 아니었다. 바바라가 겁에 질린 이유는 결혼식에서 양가 어머니들이 맨 나중에 착석하기 때문이었다. 그녀는 만인이 보는 앞에서 가운데 통로로 입장해야 했다. 오죽 불안하고 괴로웠으면 자기 딸의 결혼식에 가지 않을 생각마저 했을까.

불안의 원인이 밝혀지자마자 나는 그녀에게 무엇이 필요한지 알았다. 사랑의 법이 필요했다. 그녀는 초점을 자신에게서 다른 사람에게로 옮겨야 했다. 그래서 내가 말했다.

"그날은 누구의 특별한 날인가요?"

"딸의 특별한 날이죠."

"그런데 당신은 누구에게 초점을 맞추고 있습니까?"

"저한테요." 그녀가 고개를 숙이고 말했다.

나는 그녀에게 이렇게 도전했다.

"이제 초점을 자신에게서 거두면 어떨까요? 딸과 딸의 행복을 생각하십시오. 엄마가 바로 앞에 앉아 있을 때, 그것이 딸에게 얼마나 큰 의미가 있겠습니까. 딸이 그날 경험할 기쁨을 생각하십시오. 어떻게 자신을 내주어 딸을 축복해 줄 수 있을지 생각하십시오."

사랑은 두려움을 이긴다. 딸을 향한 사랑으로 그녀의 전두대상피질전두피질의 일부로 사랑과 공감과 이타심을 경험하는 부위이 활성화되어야 했다. 그럴 수만 있다면 대뇌변연계가 가라앉아 그녀의 경험이 달라질 것이다.

결혼식이 끝난 후 다시 찾아온 바바라는 미소를 지으며 말했다.

"믿어지지 않아요. 하나도 떨리거나 불안하지 않았어요. 계속 딸 생각만 했죠. 웨딩드레스 차림의 딸이 얼마나 예쁜지, 얼마나 행복할지, 내가 곁에 있어 얼마나 기쁠지, 그런 생각을 하면서 통로를 입장하니까 하나도 두렵지 않은 거예요."

"온전한 사랑이 두려움을 내쫓나니" 요일 4:18.

사랑은 치유한다! 사랑은 두려움을 뿌리 뽑는다. 우리 마음을 치유하고 두려움에서 자유롭게 하는 힘은 온 우주에서 사랑의 위력뿐이다.

당신이 찻길에 들어서는 순간 대형 트럭이 당신을 덮친다고 생각해 보라. 어떤 감정이 들겠는가? 두려움이다! 이번에는 대형 트럭이 똑같은 찻길에 들어선 당신의 세 살배기 아들을 덮친다고 생각해 보라. 당신이 부리나케 달려가면 간신히 아이를 밖으로 밀어낼 수 있지만, 당신은 차에 치일 수밖에 없다. 어떻게 하겠는가? 당신은 아이를 밖으로 밀어낸다! 무사히 잔디밭으로 굴러가는 아이를 보며 어떤 감정이 들겠는가? 기쁨이다! 당신이 트럭에 치인 것은 두 번 다 같겠지만, 첫 번째 상황에서는 두려움뿐이지만, 두 번째 상황에서는 사랑이 두려움을 몰아내게 될 것이다.

사랑은 우리를 치유하고 두려움에서 자유롭게 하는 유일한 힘이다. 사랑은 명령이나 강압이나 강요로 될 수 없다. 본인이 자원해 주어야만 한다. 두려움에 찌든 우리 마음은 이런 사랑을 만들어낼 수 없다. 이 사랑을 하나님에게서 받아 나를 통해 다른 사람들에게 흘러가게 할 수 있을 뿐이다.

사랑 대 정욕

찰리Charlie는 낙심하고 풀이 죽고 절망적인 상태로 나를 찾아왔다. 이번 상담만 받아 보고 자살을 실행에 옮길 참이었다. 그나마 아내의 강권에 못 이겨서 왔다. 실제로 내가 자신에게 도움이 될 거라고 믿어서가 아니라 어차피 죽을 마당에 손해 볼 것은 없겠다고 생각한 것이다.

그는 자신에 대해 좋은 감정을 가져 본 적이 없다고 했다. 놀림감이 되어 집적거림과 괴롭힘을 당하기 일쑤였다. 그는 학교가 싫었다. 학교에서 어느 그룹에도 속하지 못했고 친구도 거의 없었다. 점심도 혼자 먹었고 데이트도 해본 적이 없었다. 찰리는 상처와 두려움이 많은 외톨이였다. 거부와 비웃음을 당하는 게 두려웠고 남들이 자기를 어떻게 생각할까 두려웠다. 그는 고등학교 때 포르노에 처음 빠졌다. 거부당해 외롭고 자신이 쓸모없게 느껴질 때면 포르노를 찾았다. 거센 감정들과 맞부딪쳐 상처를 이겨낸 게 아니라 안으로 도피해 현실과 담을 쌓았다. 포르노의 장면들을 중심으로 돌아가는 공상의 세계를 지어냈다.

고등학교를 졸업한 뒤로는 대인관계가 좀 나아졌다. 대학은 스트레스가 훨씬 덜했고 동료들도 그를 비판하거나 조롱하지 않았다. 친구들도 꽤 생겼다. 하지만 포르노가 탈출구인 것은 여전했다. 스트레스가 쌓이거나 감정이 격해지거나 남들의 시선이나 거부가 두려워지면 그는 그 습관에 빠져들었다. 그럴수록 상황은 더 악화되었다. 자존감을 잃었고 양심이 찔렸다. 수치심과 죄책감이 들고 자신감이 없어졌다. 그래도 그는 어찌할 방도를 몰랐다. 달라지고 싶었지만 걷잡을 수 없는 거센 감정들 때문에 무력해졌다.

그래서 찰리는 자기가 할 줄 아는 일만 계속했다. 도피한 것이다. 자기 자신, 두려움, 불안, 죄책감, 자괴감, 수치심 등을 피해 달아났다. 그러면서 여자들의 품속에서 위안을 구했다. 이번에는 포르노가 아니라 실물이었다. 찰리는 많은 여자를 알았지만, 아무리 상대가 많아도 여전히 공허하고 외롭고 자신이 쓸모없게 느껴졌다. 결혼한 후에도 상태는 더 악화되었다. 아내와의 사이에 불화나 말다툼이나 스트레스가 생길 때마다 찰리는 자기 자신과 감정과 책임을 피해 포르노의 공상 속으로 되돌아가곤 했다.

찰리는 두려움 속에 살았다. 실패와 남들의 거부가 두려웠고, 끝내 이겨내지 못할까 봐 두려웠다. 그는 자신이 달라질 수 있다는 희망을 포기했다. 자기 자신을 포기한 상태였다. 나를 찾아왔을 때는 영영 세상을 하직하기 일보 직전이었다. 찰리는 사랑이 필요했다. 그동안 푹 빠져 있었던 값싼 사이비가 아니라 희생적 참사랑이 필요했다.

치료 과정에서 나는 찰리에게 애정을 보이며 서서히 치료 동맹을 형성해 나갔다. 찰리에게 안전하게 느껴지는 관계를 구축했다. 그에게는 그것이 하나의 전투였다. 그는 유혹을 피하려고 여러 가지 조치를 했다. 컴퓨터나 인터넷의 사용을 끊었고, 사실상 텔레비전을 일절 보지 않았

다. 텔레비전에는 성적인 장면이 자주 나와 포르노에 대한 욕구를 충동
질했기 때문이다. 이런 개입도 필요하고 유익했지만, 그것만으로는 그
의 마음을 치유할 수 없었다.

찰리는 사랑받아야했을 뿐 아니라 다른 사람들을 사랑할 필요도 있었
다. 나보다 남에게 더 마음을 써 주어야 했다. 그의 전전두피질이 다른
사람들을 향한 공감과 긍휼로 활성화되어야 했다. 그래야 자기만족을
얻으려는 대뇌연변계의 충동을 이겨낼 수 있었다. 그래서 한번은 내가
그에게 이런 상상을 주문했다. 포르노 사이트에 들어가 여자들의 나체
사진을 쭉 클릭하고 있는데, 다음 번에 뜬 사진이 자신의 열아홉 살 난
딸의 사진이라고 상상해 보게 한 것이다.

그는 즉시 격한 반응을 보였다. 역겹다는 표정으로 "무슨 그런 끔찍한
말씀을 하십니까!" 라고 말했다.

"즐겁지 않다는 말이군요?"

"말도 안 되지요! 차마 생각할 수조차 없습니다." 그의 목소리에 짜증
이 묻어났다.

나는 그를 똑바로 보며 말했다.

"화면 속의 다른 여자들도 다 누군가의 딸입니다."

그는 충격에 휩싸여 한동안 말을 잃었다. 결국 그는 포르노의 등장인
물들이 처음부터 자기에게 인간이 아니라 한낱 물건이었다고 시인했다.
그 여자들이 자신의 딸이라고 또는 누군가가 애지중지하는 존재라고 생각하자 악
한 습관의 쾌락이 싹 가셔 버렸다. 그때부터 찰리의 사랑이 시작되었다.
포르노 사이트의 여자들 그들의 존엄성과 건강과 참된 행복에 대해 정말로 생각해
보니 아버지처럼 그들에게 마음이 쓰였다. 그러면서 더는 포르노가 쾌

락으로 느껴지지 않았다. 중독은 끝나고 사랑이 그를 자유롭게 했다. 그의 삶에 새로 찾아온 사랑이 열심히 뱀을 밟고 있었다.

"저부터 쏘세요"

2006년 10월 2일에도 펜실베이니아 주 랭커스터에는 여느 날처럼 하루가 시작되었다. 아이들은 일찍 일어나 집안일을 마치고 아침을 든든히 먹고 학교로 향했다. 13세의 매리언 피셔Marian Fisher와 동생인 11세의 바비Barbie는 그날 무슨 일이 벌어질지 전혀 모른 채 펜실베이니아 주 니켈 마인즈 마을에 있는 교실이 하나뿐인 학교로 갔다.

오전 10시 25분에 32세의 우유 배달 트럭 운전사인 찰스 칼 로버츠 4세가 구경 9mm 권총을 들고 학교에 들어왔다. 그는 아무나 남학생들을 시켜 합판과 엽총과 전기쇼크 총과 철사와 쇠사슬과 못과 연장과 기타 물건을 학교 안으로 나르게 했다. 이어 남학생 15명과 임신부 하나와 아기가 딸린 두 여자를 내보낸 다음, 여러 장의 합판에 못을 쳐서 입구를 막았다.

그는 남아 있는 초등학생 열 명의 팔목과 발목을 비닐 끈과 긴 철사로 묶었다. 모두 여학생이었다. 진짜 의도가 무엇이었는지는 분명하지 않지만, 경찰이 도착했을 때 그는 분노가 극에 달했고 점점 더 격앙되었다. 학생들을 죽일 작정이라는 게 분명해지자 오전 11시 7분에 사랑이 끼어들었다.

13세의 매리언 피셔가 나서서 자기부터 쏘아 달라고 했다. 동생과 친구들이 풀려나기를 바라며 자신의 목숨을 내놓은 것이다. 생존자들의 증언을 따르면 매리언은 "저를 쏘시고 다른 아이들은 놓아 주세요"라고 말했다.[1] 살인범은 매리언을 쏘아 죽였다. 매리언의 몸이 생명을 잃고 바닥에 풀썩 쓰러지자마자 11세의 동생 바비가 나서서 "다음에는 저를 쏘세요"라고 말했다. 역시 다른 아이들을 구하기 위해서였다. 범인은 바비도 쏘았다. 다행히 바비는 손과 다리와 어깨에 부상을 입었으나 목숨은 건졌다.

찰스 로버츠는 여학생 5명을 죽이고 나머지 5명에게 중상을 입힌 뒤 자살했다. 하지만 매리언과 바비의 놀라운 이타적 행위는 대대로 기억될 것이다. 여기서도 우리는 자신을 버리는 사랑, 행동하는 사랑을 볼 수 있다요 15:13.

사랑은 두려워하지 않는다. 사랑은 자기를 보호하려 하지 않는다. 사랑은 극단적 희생도 마다치 않는다.

사랑은 다른 사람들을 위해 모든 것을 내준다.

싸움은 날마다 벌어진다. 다른 사람들을 사랑하거나 자아를 구하거나 둘 중 하나다. 인생은 둘 중 하나의 선택이다. 두 개의 길과 두 개의 원리뿐이다. 두 갈래 길에서 양자택일을 해야한다. 결국은 두 종류의 사람뿐이다. 성경은 이를 가리켜 "알곡과 가라지," "양과 염소," "열매 맺는 나무와 말라버린 나무," "순결한 여자와 창녀," "의인과 악인," "구원받은 자와 잃어진 자"라 표현한다. 하지만 근본적으로 사랑은 나보다 남에게 집중하는 것으로 귀결된다. 받기보다 주는 것이다. 삶의 모든 행위 속에서 이 두 원리다른 사람들을 사랑할 것인가, 자아를 구할 것인가가 우리 마음을 지배하려고 싸우고 있다.

그리스도께서 마음속에 계시면

아미시Amish의 여학생 10명이 살해당하거나 중상을 입은 지 이틀 만인 2006년 10월 4일, 펜실베이니아 주 랭캐스터 카운티의 아미시 공동체는 행동하는 사랑과 조건 없는 용서를 보여 주었다. 함께 모여 살인범의 가족을 위해 돈을 모았다. 다음은 〈월드넷 데일리〉지의 보도다.

여학생 5명이 잔인하게 살해된 그 참담함 속에서도 아미시 공동체는 살인범의 가족을 위해 돈을 모으고 있다. "그리스도를 닮은" 충격적 모범이 아닐 수 없다. 펜실베이니아 주 시골인 랭커스터 카운티의 아미시 주민이 발족시킨 자선기금은 피해자 가족만 아니라 대량 살해범의 과부와 자녀들을 돕기 위한 것이다. …

로버츠 일가의 대변인인 드와이트 레퍼버에 따르면 총기 사고가 있었던 후에 아미시의 한 이웃이 범인의 가족을 위로하며 용서를 베풀었다. 칼럼니스트 로드 드리어는 범인의 유가족에게 쏟아지는 아미시의 지원에 대해 이렇게 썼다.

"어제 NBC 뉴스에서 나는 범인에게 살해된 여학생 중 몇 명의 출생을 거들었던 산파가 이렇게 말하는 것을 보았다. 범인의 집에 자기들이 음식을 가져다줄 계획이라는 것이었다. 그녀의 말을 그대로 풀어서 보면 이렇다. '그리스도께서 마음속에 계시면 이런 일이 가능합니다.'"[2]

사랑은 모든 위험을 무릅쓴다

2001년 8월 18일 플로리다 주 올랜도에서 15세의 에드나 윌크스Edna

Wilks는 아만다 밸런스Amanda Valance를 비롯한 몇몇 친구들과 함께 고등학교 신입생의 첫 한 주를 막 마쳤다. 기념으로 그들은 콘웨이 호수에 모여 밤늦게 수영을 즐겼다. 따뜻한 밤이었다. 하늘은 청명했고 모두 기분이 들떠 있었다.

물에 들어간 지 얼마 되지 않아 에드나는 왼쪽 팔에 뭔가 스치는 것을 느꼈다. 처음에는 친구이려니 생각했다. 그런데 바로 옆으로 악어가 불쑥 떠올랐다. 미처 비명을 지를 새도 없이 악어가 그녀를 꽉 붙잡고 물속으로 당겼다. 나중에 그녀는 이렇게 말했다.

"악어는 나를 계속 빙빙 돌렸다. 그러다 내 몸에서 뭔가 우두둑하는 소리가 들렸다. 이렇게 죽는구나 하는 생각이 들었다."

다행히 한순간 악어가 힘을 뺀 사이에 에드나는 수면 위로 쑥 솟아올라 살려 달라고 외쳤다. 하지만 모두 최대한 빨리 호반 쪽으로 헤엄치고 있었다. 에드나는 소리쳤다.

"돌아와! 나를 두고 가지 마! 제발 그냥 가지 마!" 하지만 다들 가 버렸다. 하지만 제일 친한 친구 아만다는 달랐다.

"제일 친한 친구가 죽어가는데 그냥 둘 수는 없다고 생각했어요."

나중에 아만다가 한 말이다. 그래서 아만다는 부기보드를 가지고 에드나가 떠 있는 쪽으로 최대한 빨리 헤엄쳐 갔다. 가보니 에드나는 피를 철철 흘리고 있었다. 바로 그때 악어가 불과 몇 미터 거리에서 수면 위로 떠올라 그들 쪽으로 오기 시작했다. 아만다는 주저하지 않고 재빨리 보드를 밀어 에드나의 밑에 받친 뒤 50m 거리의 호반을 향해 전속력으로 헤엄치기 시작했다. 뒤따라오던 악어가 갑자기 잠수해 시야에서 사라졌다. 아만다는 겁이 났지만 계속 헤엄치면서 에드나에게 "버텨야 해.

넌 할 수 있어"라고 말했다.

둘은 결국 무사히 호반에 닿았고 에드나는 인근 병원으로 옮겨져 회복되었다.[3]

사랑은 불가항력적이다. 그래서 모든 위험을 무릅쓰고 다가간다. 무엇이든 다 주고 싶기 때문이다. 사랑은 두려움을 이긴다.

죄와 그 결과인 파멸을 퇴치할 수 있는 치료제와 해법은 하나뿐이다. 바로 사랑이다. 사랑은 하나님의 마음에서 기원하는 영원한 불꽃이고 원초적 열정이며 주체할 수 없는 열망이다.

"온전한 사랑이 두려움을 내쫓나니"요일 4:18.

하나님이 계획하신 구원이란 곧 영원한 치유를 가져다주시는 일이다. 이를 위해 그분은 우리 마음과 생각 속에 그분의 온전한 사랑을 회복시키시고, 우리에게서 적자생존의 원리를 뿌리 뽑으신다히 8:10, 계 12:11.

"여호와의 율법은 완전하여 영혼을 소성시키며"시 19:7.

사랑의 법은 치유와 회복과 소생을 가져다준다. 사랑이신 우리 아버지께서는 우리를 그분의 사랑의 품으로, 그분의 사랑의 우주로, 그분의 설계 원안으로 도로 부르신다. 그 원안이란 바로 사랑의 삶이다.

하지만 하나님에 대한 거짓이 남아 있는 곳에는 사랑이 흐를 수 없다.

016

사랑과 진리의 불꽃이
활활 타오르게 하라

사랑은 세계 역사의 최종 결말이요 우주의 아멘이다.

노발리스 Novalis

지금은 바람과 조수와 중력을 이용하지만,

날이 이르면 사랑이 하나님을 위한 동력으로 쓰일 것이다.

그날 인간은 세계 역사상 두 번째로 불을 발견할 것이다.

테야르 드 샤르뎅 Teilhard De Chardin

　나는 하나님에 대한 진리에 굶주려 있다. 간절히 그분의 충만한 사랑을 누리고 싶고, 사랑의 삶을 살고 싶고, 사랑의 우주로 돌아가고 싶다. 세상의 모든 고통과 고난을 둘러보노라면 이런 의문이 든다. "그리스도는 왜 아직 오지 않으실까? 하나님은 무엇을 기다리고 계실까? 왜 우리는 여태 여기 있는 것일까?" 하지만 인류 역사를 돌아보고 저녁 뉴스를 보면서 나는 깨닫는다. 지구가 하나님의 사랑에 얼마나 준비되어 있지 못하며, 하나님에 대한 거짓이 얼마나 속속들이 배어 있는지 말이다.

　하나님에 대한 거짓이 남아 있는 곳에는 사랑이 흐르지 않는다. 하나님에 대한 거짓이 제거되지 않는 한 우리 뇌는 치유될 수 없다. 그래서

287

하나님은 기다리신다. 자신에 대한 기쁜 소식이 온 세상에 전파되고 모든 민족에게 증언되기를 기다리신다. 그제야 그분의 사랑의 나라가 임할 것이다. 그분은 아무도 멸망하지 않고 모두 다 구원받기를 원하신다 벧후 3:9. 그래서 그분은 우리가바로 우리가 그분에 대한 진리를 온 세상에 전하기를 기다리신다.

그런데 우리는 그 일을 하고 있는가? 그동안 우리가 세상에 전한 것은 과연 하나님에 대한 진리인가? 혹시 사이비를 전한 것은 아닌가? 그린과 베이커는 〈십자가와 구원의 문화적 이해〉에서 지적하기를, 우리가 세상에 전한 기독교의 지배적인 하나님관은 사람들의 마음을 그리스도께로 돌아오게 하는데 효과적이지 못했다고 했다.

> 속죄를 형벌의 대속으로 보는 개념이 최소한 상당 정도라도 서구 생활의 "문화적 산물"이라면, 이 이론에 근거한 복음 전파가 다른 세계의 사람들에게 소귀에 경 읽기가 된 것은 당연한 일 아닌가? 서구의 기독교 선교사들이 힘주어 전하는 복음의 핵심은 이것이다. 당신이 하나님께 무죄 선고를 받도록 예수께서 오셔서 당신 대신 벌을 받고 죄책을 없애 주셨다는 것이다. 하지만 세상에는 죄책이 별 문제가 안 되는 인구 집단이 큰 비중을 차지한다. 이들 선교사는 그런 현실에 깜짝 놀랐다고 보고하곤 했다.[1]

주께서 여태 기다리심은 자신의 사랑의 나라에 대한 기쁜 소식이 아직 세상에 전해지지 않았기 때문은 아닐까? 지금도 일부 그리스도인은 그리스도의 치유 계획에 방해되는 하나님관을 품고 있는 것은 아닐까?

당신도 에드워드 퍼지Edward Fudge, 지옥에 대한 기독교의 전통적 해석을 논박한 미국의 신학자-역주와 지옥에 대한 그의 질문과 랍 벨Rob Bell이 〈사랑이 이긴다〉Love Wins, 포이에마에서 제기한 의문을 들어 보았을 것이다. 그들이 아주 까다로운 주제의 답을 솔직하게 찾으려다가 대립과 조롱과 방해에 부딪친 일도 들었을 것이다. 많은 사람이 사랑의 하나님과 영원한 지옥불을 조화시키려 고심하고 있다. 당신도 지옥에 대해 의문이 들었던 적이 있는가? 하나님의 사랑을 거부하는 사람들에게 그분이 실제로 하시는 일은 무엇인가?

대부분의 문화에서 지옥은 고통과 형벌의 장소로 그려진다. 기독교 안에서도 가장 보편적인 관점은 지옥이 영원한 고통의 장소라는 것이다. 이 지옥은 대개 화염에 휩싸여 있다. 흔히 지옥은 진노에 찬 신이 회개하지 않는 죄인들에게 선고하는 벌로 제시된다.

다행히 그런 가르침에 이의를 제기하는 목소리가 지난 수십 년 동안 많이 나왔다. 영국 성공회는 1990년대에 지옥에 대한 공식 입장을 영원한 고통의 장소에서 악인이 소멸되는 곳으로 바꾸었다. 또한 영원한 고통에 대한 가르침은 하나님을 "가학적 괴물"로 만든다고 명시했다.[2]

하나님은 사랑이시며 우리에게서도 사랑의 반응을 원하신다. 그렇다면 지옥에 대한 전통적 가르침에는 심각한 재평가가 요구된다. 어떻게 하나님이 사랑을 불러일으키시려고, 그분을 사랑하지 않는 사람들을 잠깐이든 영원히든 불사르겠다고 위협하실 수 있단 말인가? 위협은 자유를 침해하며, 따라서 사랑을 짓밟고 반항심을 유발한다. 하지만 성경에는 회개하지 않는 사람들의 고통과 영원한 불에 대한 언급이 가득하다. 이 모두를 어떤 의미로 보아야 할 것인가?

이번 장에서 "회개하지 않는 악인들은 결국 어떻게 되는가?"의 문제를 살펴보려 한다. 그렇다고 여러 가지 신학적 입장을 역사적으로 고찰하거나, 지옥에 대한 문화적 신화들을 파헤치거나, 성경을 문맥 속에서 한 구절씩 주해하려는 것은 아니다. 대신 이 주제를 이 책의 도입부에 제시한 연구 기준에 부합하는 관점에서 보려 한다. 구체적으로 말해서 모든 성경 또는 이 짧은 장에 웬만큼 다룰 수 있는 최대한의 본문을 검증 가능한 하나님의 법들, 예수님을 통해 계시된 하나님에 대한 진리, 우리 자신의 경험 등과 조화시켜 보려 한다. 이런 접근을 통해 합리적 결론을 도출할 수 있는지 보자. 합리적 결론이란 하나님의 감동으로 기록된 말씀에 일치하면서도 그분의 검증 가능한 법들과 그분의 속성인 사랑에 어긋나지 않는 것을 말한다.

삼키는 불이 영원히 타오르는 곳

삼키는 불에 대한 성경 본문들을 찾다 보니 이런 말씀이 나왔다.

"시온의 죄인들이 두려워하며 경건하지 아니한 자들이 떨며 이르기를 '우리 중에 누가 삼키는 불과 함께 거하겠으며 우리 중에 누가 영영히 타는 것과 함께 거하리요' 하도다"사 33:14.

내가 아는 많은 설교자가 이것을 악인들이 영원히 타오르는 불속에서 영원히 끔찍하게 고통당하며 산다는 뜻으로 해석한다. 하지만 나는 계속 읽다가 충격에 휩싸였다. 사실 영원한 불속에서 살아갈 사람들이 누구인가에 대한 이사야의 답을 읽고서 나의 세상은 완전히 뒤집어졌다. 그의 표현을 들어 보라.

그들은 바로 "오직 공의롭게 행하는 자, 정직히 말하는 자, 토색한 재물을 가증히 여기는 자, 손을 흔들어 뇌물을 받지 아니하는 자, 귀를 막아 피 흘리려는 꾀를 듣지 아니하는 자, 눈을 감아 악을 보지 아니하는 자"들이다사 33:15.

나는 두 번 세 번 다시 보았다. 너무도 생소하고 생전 들어 보지 못한 개념이라서 같은 본문을 여러 역본으로 다시 읽었다. 처음에는 이해가 가지 않았다. 나는 전통에 너무 젖어 있었고, 다른 사람들에게 배웠던 내용에 사고가 너무 종속되어 있었다. 그래서 하나님의 말씀이 직접 하는 말을 들어 본 적이 정말 없었다. 선입견에 막혀 진리를 보지 못했었다. 그래서 나는 성경 전체를 새로운 사고방식으로 탐색했다. 성경 속에서 발견되는 증거로 내 결론을 삼기로 했다. 그때 발견한 내용을 생각하면 지금도 가슴이 울렁거린다.

우선 하나님이 떨기나무 가운데서 모세에게 말씀하실 때 나무에 불이 붙었으나 타지 않았다출 3:2~4, 행 7:30~36. 또 하나님이 시내 산에 강림하셨을 때 그분의 임재는 "맹렬한 불"로 표현되었으나 아무것도 녹지 않았다출 24:17. 솔로몬의 성전이 봉헌될 때도 제사장들은 하나님의 빛나는 불 때문에 안에 들어갈 수 없었다. 영광이 한없이 컸지만, 성전은 불타지 않았다대하 5:14, 7:1~3. 나는 제사장들이 무엇 때문에 성전 안에 들어가지 못했을지 궁금했다. 열기 때문은 아닌 것 같았다.

이어 나는 루시퍼가 타락하기 전에 하나님의 임재의 "불타는 돌들" 사이를 다녔다는 말씀도 읽었다겔 28:14,16. 수많은 천사가 하나님의 보좌에서 흘러내리는 불의 강가에 살고 있다는 말씀도 떠올랐다단 7:9~10.

이쯤 되자 나는 전율이 일었다. 계속 찾아보니 예수께서 불 속에 에워싸여서도 아무런 해를 입지 않으신 장면이 나왔다마 17:2. 아직 십자가에 달리시기 전이라 장차 죽으실 몸이었는데도 그랬다. 히브리서에는 "우리 하나님은 소멸하는 불이심이라"^{히 12:29}라는 말씀이 있다. 또 아가서의 이런 말씀도 떠올랐다.

"사랑은 죽음같이 강하고 질투는 스올같이 잔인하며 불길같이 일어나니 그 기세가 여호와의 불과 같으니라. 많은 물도 이 사랑을 *끄*지 못하겠고 홍수라도 삼키지 못하나니"^{아 8:6~7}.

이 불이 삼키는 불, 정화하는 불, 끌 수 없는 불은 혹시 하나님의 불타는 사랑이 아닐까?

끝으로 나를 압도한 말씀이 있다. 새 하늘과 새 땅에는 해조차 비칠 필요가 없으니 이는 필요한 모든 빛이 하나님의 임재 자체에서 나오기 때문이다^{계 22:5}.

마침내 나는 깨달았다. 내 사고의 구석구석에 그토록 오랫동안 숨어 있던 거짓말이 이제 적나라하게 드러났다. 그동안 내 사고는 얼마나 어두워져 있었던가! 사탄이 나를 비롯한 수많은 사람을 속여 두려움의 굴레에 묶어 두었던 거짓말은 이것이다. 즉 삼키는 불이 영원히 타오르는 그곳이야말로 당신이 가 있을 곳이 아니라는 것이다. 하지만 놀랍게도 그곳은 하나님의 임재 자체다! 의인들은 영원히 하나님의 불꽃 같은 임재에 에워싸여 살게 된다.

그리스도의 재림

그리스도는 재림하실 때 자신의 영광을 숨기지 않으신다. 오히려 거룩하시고 의로우시고 사랑이 많으신 모습으로 햇빛보다 더 밝게 찬란한 빛을 발하신다. 불같은 사랑의 강이 그분에게서 흘러나와 온 땅이 그분의 영광으로 충만해진다사 6:3! 의인들은 생명을 가져다주는 사랑의 불로 말미암아 변화된다. 모세가 하나님의 임재 안에 있은 후에 변화된 것과 마찬가지다. 산에서 내려올 때 그의 얼굴은 하늘의 빛을 발했다. 하지만 모세는 고통을 당하거나 3도 화상을 입지 않았다. 수염조차 불에 그슬리지 않았다.

모세의 얼굴을 해처럼 빛나게 한 것은 정확히 무엇인가? 신기하고 놀라운 사랑이다!

이 삼키는 불은 해로운 불이 아니라 하나님의 사랑의 불이다. 그것을 깨닫고 기뻐하던 중에 나는 이스라엘 백성의 반응이 떠올랐다. 모세의 얼굴을 본 그들은 뒤로 물러나면서 그에게 수건을 쓸 것을 당부했다. 하늘의 빛을 감당할 수 없었던 것이다출 34:33~35.

그때 퍼뜩 깨달아졌다. 사랑의 불은 사고가 치유되지 않았을 때에만 고통스럽다. 유죄 상태의 양심과 중생하지 않은 마음은 거짓과 이기심을 선호하기 때문에 사랑과 진리의 빛을 용납할 수 없다.

"그 정죄는 이것이니 곧 빛이 세상에 왔으되 사람들이 자기 행위가 악하므로 빛보다 어둠을 더 사랑한 것이니라"요 3:19.

나의 탐색은 한층 흥미로워졌다. 악인들은 하나님의 사랑의 불을 즐거워할 수 없을 뿐 아니라 오히려 다시 오시는 그리스도의 찬란한 빛에 멸망한다살후 2:8. 처음에는 이것이 혼란스러웠다. 어떻게 그럴 수 있을까? 떨기나무나 건물이나 얼굴을 태우지 않는 불이 어떻게 종말에 악인들을 삼킬 수 있을까? 이 불은 도대체 어떤 불인가? 그때 문득 떠오르는 생각이 있었다. 이 불의 목적은 두 가지다. 이 불은 하나님의 사람들을 영화롭게 하고 보호함과 동시에 이 땅의 죄를 완전히 없애 버린다. 이

신기한 불은 다시는 돌이킬 수 없게 악을 전소시켜 버린다.

죄를 태우는 불이라니, 그것은 무엇인가? 내게 익숙한 불이란 주택과 가구와 책처럼 분자로 만들어진 물질을 태우는 화력이다. 하지만 죄는 물질로 만들어진 게 아니다. 죄는 사상, 생각, 개념, 태도, 신념 따위로 만들어진다. 죄의 핵심은 두 가지 요소, 즉 거짓출처는 거짓의 아비인 사탄이다. 요 8:44과 이기심이다. 화력으로는 개념을 소멸할 수 없다. 물질을 태우는 불로는 거짓과 이기심을 삼킬 수 없다.

그렇다면 거짓을 태우는 것은 무엇인가? 진리다! 이기심을 태우는 것은 무엇인가? 사랑이다! 그런데 성령은 진리의 영이자 사랑의 영이시다. 놀랍게도 오순절에 성령께서 임하셨을 때 각 사람 위에 있는 불줄기가 모두에게 보였으나행 2:3 아무도 타지는 않았다. 건물도 타지 않았고 옷에도 불이 붙지 않았다. 그 불 곧 사랑과 진리의 불은 그들의 마음과 생각에 붙어서 그것을 정화했다. 그러자 하나님에 대한 모든 왜곡이 제거되고 시기와 불화와 이기심이 다 타 버렸다. 다시 그들 안에 사랑이 불타올랐다! 주께서 약속하신 대로 그들은 성령과 불로사랑과 진리의 불로 세례를 받았다마 3:11!

불 속에서 당하는 고통

하지만 이 불이 진리와 사랑의 불이라면, 그 불이 활활 타오를 때 악인들이 고통당하는 이유는 무엇인가?

"이는 그들이 진리의 사랑을 받지 아니하여진리를 사랑하기를 거부하여 구원함을 받지 못함이라" 살후 2:10.

하나님의 진리가 환하게 비쳐드는데도 진리를 거부하고 거짓을 고수할 때, 사람들의 사고는 어떻게 될까? 나는 그것을 내 환자들에게서 자주 보았다. 그들은 생각의 고통, 마음의 고뇌, 정신의 괴로움을 당한다. 하나님의 희석되지 않은 순수한 사랑이 찬란하게 비쳐오는데도 마음이 이기심으로 가득 찬 사람들은 어떻게 될까?

"네 원수가 주리거든 먹이고 목마르거든 마시게 하라_{그를 사랑하라}. 그리함으로 네가 숯불을 그 머리에 쌓아 놓으리라" 롬 12:20. 순수한 사랑이자 진리이신 그분을 대면할 때, 치유 받지 못한 사람들의 사고는 어떻게 될까?

나의 많은 환자는 어렸을 때 부모에게 학대당했다. 치유 과정에서 많은 환자의 소원은 부모가 단순히 자신의 행위를 시인하고 용서를 구하는 것이다. 하지만 안타깝게도 부모들은 대개 잘못을 인정하지 않는다. 나는 환자들에게 묻는다.

"당신에게 가한 심한 학대를 어머니가 아버지가 인정해야 한다면, 그들의 사고와 마음은 어떻게 될까요? 어떤 과정을 겪어야 할까요? 죄책감, 수치심, 가책, 자기혐오, 자괴감, 열패감 등을 처리하고 해결해야 하지 않을까요?"

우리는 결코 진실을 피할 수 없다. 진실을 상대할 날을 미룰 수 있을 뿐이다. 자기 자신과 자신의 이력과 성격과 실수에 대한 진실을 지금 여기, 하나님의 은혜 아래서 상대할 수도 있다. 그러면 용서와 치유와 회복과 중생과 영생을 누릴 수 있다. 반대로 진실을 상대할 날을 미루고, 연기하고, 부정하고, 외적 원인으로 돌리고, 남에게 투사하고, 남을 탓할 수도 있다. 그러나 진실을 지금 상대하지 않으면 언젠가 그리스도께서 다시 오실 때 각자가 자신의 궁극적 진실을 대면할 수밖에 없다.

그날 자녀를 학대했던 어머니나 성적으로 몹쓸 짓을 했던 아버지는 거울 속의 희석되지 않은 진실을 들여다보아야 한다. 여태까지의 합리화나 거짓말이 배제된 채로 자아를 있는 그대로, 진실 그대로 보아야 한다. 그때 그들은 어떨 것인가? 자신의 행동이 자녀에게 미친 영향을 온전히 인식하게 될 때 그들은 어떨 것인가? 온 우주 앞에서 이 진실이 그들의 사고를 온통 뜨겁게 지질 때 그들은 어떨 것인가?

하나님의 사랑의 불꽃 속에서 그들에게 처절한 고통이 있을 것이다. 하지만 그것은 외부에서 가해지는 벌이 아니다. 장차 닥칠 영혼의 고통은 해결되지 않은 죄가 가하는 필연적 결과다. 모세가 사랑과 은총의 마음으로 하나님의 임재 안에서 나왔을 때 백성은 뒤로 물러나며 그의 얼굴을 피하려 했다. 그리스도께서도 사랑과 은총으로 다시 오시지만, 하나님에 대한 거짓들로 굳어질 대로 굳어진 사람들은 사랑과 진리의 빛을 감당할 수 없어 그분의 얼굴을 피하여 숨는다 계 6:15~16.

그분의 임재를 견딜 수 없을 정도로 그분에 대한 거짓에 찌들어 있는 자녀들을 보실 때, 하나님의 마음은 얼마나 아프시겠는가. 그러니 그분이 재림을 지체하실 만도 하다. 더 많은 자녀가 그분을 만날 준비가 되기를 간절히 바라신다.

더 많은 증거

나는 가슴이 벅차면서도 머리가 어찔어찔했다. 성경에서 발견된 증거는 그 밖에도 더 많았다. 이 증거를 통해 알 수 있듯이 하나님의 임재의 불이 태우는 것은 물질이 아니라 죄다. 악인들을 멸하는 "삼키는 불"이 물질을 태우는 불이 아님을 하나님이 친히 보여 주신 예가 있다. 레위기에 보면 아론의 두 아들이 제사장으로서 하나님이 명하지 않으신 다른 불을 그분 앞에 가져왔다.

> 아론의 아들 나답과 아비후가 각기 향로를 가져다가 여호와께서 명령하시지 아니하신 다른 불을 담아 여호와 앞에 분향하였더니 불이 여호와 앞에서 나와 그들을 삼키매 그들이 여호와 앞에서 죽은지라... 모세가 아론의 삼촌 웃시엘의 아들 미사엘과 엘사반을 불러 그들에게 이르되 "나아와 너희 형제들을 성소 앞에서 진영 밖으로 메고 나가라" 하매 그들이 나와 모세가 말한 대로 그들을 옷 입은 채 진영 밖으로 메어 내니레 10:1~2, 4~5.

하나님의 불이 그들을 "삼키"었다고 했으나 몸이 까맣게 탄 것도 아니고 옷도 그대로 있었다. 엠마오 도상의 두 제자처럼 나도 속에서 마음이 뜨거워졌다눅 24:32. 하나님 말씀의 진리가 오랫동안 품어 온 나의 왜곡된 사고를 온통 불로 지졌다.

하나님은 자기 자녀를 하나도 잃기를 원하지 않으신다. 그래서 천국의 모든 요원을 동원해 우리 안에 그분의 사랑을 회복시키려 하신다. 우리는 두려움과 이기심으로 병들어 있어 매사에 자아밖에 모른다. 그러나 하나님이 예비하시는 백성은 그분이 오실 때 그분을 맞이할 준비가 된 백성, 천국으로 곧장 들어갈 준비가 된 백성, 그분의 사랑의 불꽃 속에서 살아갈 준비가 된 백성이다.

구속救贖된 사람들의 마음속에서 사랑이 이기심을 몰아낼 것이다. 그들은 변화될 것이다. 40세에는 노예 감독관을 살해했으나 80세에는 자기 목숨을 바쳐 사람들을 구원한 모세처럼 될 것이다. 다메섹 도상 이전에는 강압과 고문과 투옥과 돌팔매질을 통해 자기 뜻을 관철했으나 그리스도와 동행한 뒤로는 결국 사람들을 위해 자기 목숨을 바친 바울처럼 될 것이다롬 9:3, 고후 7:3. 성경은 예수께서 나타나실 때 그분을 맞이할 준비가 된 사람들을 이와 똑같이 묘사한다. 그들은 죽기까지 자신의 생명을 아끼지 않는다계 12:11. 두려움과 이기심이 타인 중심의 순전한 사랑으로 대체된다.

공의로운 해가 떠오르고 있다. 사랑으로 치료하는 그분의 광선이 비치고 있다말 4:2. 그분의 마지막 메시지인 자비로운 진리가 밝아오고 있다. 당신은 그것이 보이는가? 그것을 사랑하는가? 하지만 더 중요하게, 당신은 그것을 선택할 것인가? 진리를 통해 자유를 얻을 것인가? 하나님에 대한 진리를 예수께서 계시해 주신 대로 받아들일 것인가? 하나님의 사랑의 불이 당신 안에 온통 타오르게 할 것인가? 그리하여 자신보다 다른 사람들을 더 사랑할 것인가?

> 보라, 내가 너희에게 비밀을 말하노니 우리가 다 잠잘 것이 아니요 마지막 나팔에 순식간에 홀연히 다 변화되리니 나팔 소리가 나매 죽은 자들이 썩지 아니할 것으로 다시 살아나고 우리도 변화되리라. 이 썩을 것이 반드시 썩지 아니할 것을 입겠고 이 죽을 것이 죽지 아니함을 입으리로다. 이 썩을 것이 썩지 아니함을 입고 이 죽을 것이 죽지 아니함을 입을 때에는 사망을 삼키고 이기리라고 기록된 말씀이 이루어지리라.
>
> "사망아, 너의 승리가 어디 있느냐.

사망아, 네가 쏘는 것이 어디 있느냐" 고전 15:51~55.

주께서 호령과 천사장의 소리와 하나님의 나팔 소리로 친히 하늘로 부터 강림하시리니 그리스도 안에서 죽은 자들이 먼저 일어나고 그후에 우리 살아남은 자들도 그들과 함께 구름 속으로 끌어 올려 공중에서 주를 영접하게 하시리니 그리하여 우리가 항상 주와 함께 있으리라 살전 4:16~17.

하나님의 임재의 불이 활활 타오를 그날은 얼마나 놀라운 날이 될 것인가! 수십억의 사람들이 그 영원한 사랑의 불꽃으로 말미암아 변화될 것이다. 눈 깜짝할 사이에 무덤들이 열리고, 사랑하는 사람들이 다시 만나고, 천사들의 찬양대가 노래할 것이다.

대니얼 시시아로와 존 화이트는 다시 친구가 될 것이다. 로라는 어머니와 재회해 다시는 헤어지지 않을 것이다. 해럴드는 웃으며 다시 자녀들을 품에 안을 것이다. 프랜은 모든 병과 고통에서 자유롭게 되어 기뻐할 것이다. 데스몬드 도스는 잃었던 친구들을 천사들이 곁으로 데려올 때 기쁨의 눈물을 흘릴 것이다. 용감한 매리언과 바비 피셔는 사랑으로 해처럼 찬란하게 빛나며 생명의 강가에서 예수님과 손을 잡고 걸을 것이다. 상심이나 병이나 고통이 없는 곳에서 우리는 휘둥그레진 눈과 새로워진 마음으로 예수님을 대면해 만날 것이다.

하지만 진리와 빛보다 거짓과 어둠을 더 좋아한 수십억의 다른 사람들은 하나님을 피해 달아날 것이다. 심리적 고뇌에 차서 비명을 지를 것이다. 자기 자신 자신의 이력, 저버린 기회들, 자신이 안겨 준 고통과 고난 등에 대한 진실을 대면할 때 마음과 정신이 한없이 괴로울 것이다. 이것은 하나님의 전적인 사랑, 은혜, 선하심과 얼마나 대조적인가. 사랑과 진리의 불꽃이 다시금 지구에 활활 타오를 때, 그것은 서글픈 기쁨이요 참으로 "두려운" 정화淨化가 될 것이다.

마침내 때가 되면 죄의 마지막 요소가 사라질 것이다. 악과 악인들이 영영 없어질 것이다. 해결되지 않은 죄의 결과로 그들이 모두 참담하게 멸망하고 나면, 하나님의 드러난 영광에 화력이 합해질 것이다. 그리하여 물질이 뜨거운 열기에 녹아 이 땅이 정화될 것이다 벤후 3:12. 이 땅은 펄펄 끓는 솥과 거대한 불못이 되어, 사망과 지옥이 그 속에 삼켜지고 죄와 죄인들이 완전히 흔적조차 없어질 것이다 계 20:14. 사망 자체도 죽을 것이다. 사망을 죽일 수 있는 것은 무엇인가? 생명이 아니겠는가? 하나님의 불같은 임재의 영광이 그분이 설계하신 삶에서 빗나간 모든 것을 정화하고 생명을 주지 않겠는가? 그리하여 이 땅은 새롭게 되어 의인들의 영원한 집이 될 것이다 벤후 3:13. 3

하나님의 마음에서 기원하는 사랑은 창조 세계 전체의 피륙을 짜는 실이고, 가장 작은 원자와 아메바에서부터 가장 큰 태양과 고래에 이르기까지 만물을 지탱시키는 에너지의 필라멘트다. 곧 잠시 후면 사랑이 "불길 같이 일어나니 그 기세가 여호와의 불과 같으니라. 많은 물도 이 사랑을 끄지 못하겠고 홍수라도 삼키지 못하나니" 아 8:6~7.

그분은 어서 다시 오셔서 당신과 나를 그분의 영원한 사랑의 서클에 다시 이어 주실 날을 고대하신다. 하지만 아무도 잃어지기를 원하지 않으시기에 기다리신다. 그분은 당신과 내가 그분에 대한 진리를 받아들이고, 성품이 그분을 닮아 새로워지고, 그분의 방법인 사랑을 실천하고,

그분에 대한 기쁜 소식을 세상에 전하기를 기다리신다. 그 후에 그분이 오실 것이다!

당신은 이 병들고 이기적인 세상에 지쳤는가? 하늘의 본향을 사모하는가? 먼저 간 사랑하는 사람들과 어서 재회하고 싶은가? 그렇다면 사랑이신 하나님을 받아들이라. 그분의 사랑으로 말미암아 변화되라. 이런 치유적인 하나님관을 세상에 알리는 일에 나와 같이 동참하라. 이 사랑의 나라의 복음이 온 세상에 전파되고 모든 민족에게 증언되면 그제야 반드시 끝이 올 것이다.

선택은 당신에게 달려 있다. 우리는 무엇을 믿을지 스스로 결정할 힘이 있다. 하지만 그 믿는 내용이 또한 우리를 위력으로 지배한다. 신념은 우리를 치유할 수도 있고 파멸에 떨어뜨릴 수도 있다. 궁극적 질문은 이것이다.

당신이 하나님에 대해 믿고 있는 내용은 무엇인가?

017

부처와 예수
준비된 뇌로 영원을 맞이하라

예수님의 성품은
인류에게 없어서는 안 될 독특한 길잡이로,
결국 인류 역사와 문화 전반에 하나님관을 성숙시켰다.
그분의 성품은 북극성과도 같다.
그리스도인에게 성경의 최고의 가치는
예수님을 계시해 주는 데 있다.
그분은 살아 계신 하나님의 속성을
가장 높고 깊고 성숙하게 보여 주신다.

브라이언 맥클라런 Brian McLaren

2007년 전국 정신건강 연구소에서 시행한 조사를 따르면, 2002년 이후 미국에서 동양 명상이 꾸준히 증가했다.[1] 동양 명상이 건강에 가져다주는 유익이 복수의 과학 연구를 통해 밝혀졌다. 예컨대 심장박동, 혈압, 수술 후 불안과 고통 등은 감소했고, 우울증, 병에서 회복되는 기간, 주의력, 집중력, 학교 성적 등은 호전되었다.[2]

지난 수십 년 동안 동양 요법은 기독교 교회 내에도 점점 널리 퍼졌다. 남아공 림포포 대학교의 요한 말란Johan Malan 교수는 힌두교와 불교의 명상이 남아공 화란개혁교회를 포함한 개신교의 여러 교단과 천주교에서 적극적으로 장려되고 있다고 말했다.[3]

동양 요법은 현대 의학에도 깊숙이 들어와 있다. 하버드 대학교의 허버트 벤슨Herbert Benson 박사는 모든 현대 종교의 공통된 명상법을 연구하면서, 그것에 "이완 반응" 이라는 명칭을 붙였다. 여기에 통합되는 동양 요법은 사고의 집중, 단어나 문구의 반복, 일정한 박자의 호흡, 잡념을 가만히 밀어내기 등이다. 이완 반응 기법은 현재 다양한 의료 상황에서 널리 사용되고 있다. 앤드루 뉴버그 박사는 다양한 동양 명상법이 뇌와 몸의 건강에 미치는 긍정적 효과를 입증하면서, 그런 명상 과정에 하나님이 꼭 필요하지 않다고까지 말했다.[4]

뉴버그 박사는 한술 더 떠서 예수와 부처가 둘 다 다년간의 동양 명상을 통해 "깨달음" 에 이르렀다고 암시했다. 뉴버그 박사는 예수께서 실천하고 가르치신 것은 집중적 명상 과정이며, 그 명상의 시작과 지속과 방향은 모두 자아에서 비롯된다고 한다.[5] 그런데 그리스도와 부처는 정말 동일한 명상을 실천해 동일한 결과를 이루었을까? 동양 요법은 정말 인간 조건에 도움이 될까? 아니면 미묘한 형태의 정신적 마취일까? 하나님의 설계를 벗어난 균형 잃은 사고의 고뇌로부터 증상만 완화해 줄 뿐, 정작 죄의 병은 제멋대로 커지도록 두는 게 아닐까?

이런 질문의 답을 얻는 최선의 길은 하나님의 사랑의 법을 통해 보는 것이다. 1장에서 보았듯이 하나님은 사랑이시며, 우주를 건설하실 때 자신의 속성 및 성품과 조화를 이루어 돌아가도록 지으셨다. 그래서 하나님의 법은 우주가 건설된 기본 원안이다. 우리의 삶은 타인 중심의 원리, 베풀고 선을 행하는 원리대로 돌아가게 되어 있다1장의 사례를 참조하라.

2장에서 보았듯이 최초의 인간들이 거짓말을 믿어 사랑과 신뢰의 서클이 깨졌고, 그 결과로 인류에게 두려움과 이기심이 들어왔다. 이것은 남을 희생시켜 나를 챙기는 원리, "남을 죽이지 않으면 내가 죽는" 원리다. 이 상태에서 인간의 사고는 하나님이 설계하신 대로 작동하지 못한다. 영원한 평안과 사랑과 기쁨 대신 생존 욕구가 사고를 지배한다. 늘 두려움과 불안과 위협감에 쫓기는 것이다.

죄 때문에 달라진 것은 인류만이 아니라 세상 전체다. 본래 하나님이 설계하신 창조 세계는 창조주와 완벽한 조화를 이룬 상태에서 사랑의 법대로 움직였다. "무조건 내가 먼저"라는 사탄의 원리로 지구가 병든 것은 죄가 들어온 이후다. 그 결과 하나님의 법과 사탄의 법, 즉 사랑의 법과 죄와 사망의 법이 공존하는 이원적 상태가 생겨났다.

이러한 선악의 현재적 공존을 주변 세상 어디서나 볼 수 있다. 식물은 예쁜 꽃과 열매와 견과도 내지만 가시와 엉겅퀴와 독초도 있다. 비는 땅에 생기를 주지만 폭우는 파멸을 부른다. 수백만의 인명을 살상하는 독재자들도 자기 가족은 사랑한다. 인간의 모순된 마음이 그렇게 표출되는 것이다. 우리 마음은 두려움과 이기심으로 가득 차 있지만, 본래는 사랑하도록 지어졌다. 기독교 자체도 우리 내면의 이원성을 가르친다. 영적 속성과 육적 속성이 우리 안에서 서로 싸운다.

동양 종교는 선악이 영원히 공존한다는 우주적 이원론을 가르친다. 우주의 균형에 선과 악, 음과 양이 모두 필요하다는 것이다. 불교 승려 아나가리카 고빈다Anagarika Govinda는 이렇게 설명했다. "따라서 선과 악, 성과 속, 육과 영, 현세와 초월, 무지와 깨달음, 윤회와 열반 등은 절대적 상반 개념이나 전혀 다른 범주의 개념이 아니라 동일한 실체의 양면이다."[6]

선악이 영원히 공존하는 것, 그것이 사탄의 희망 사항이다. 이기심은 하나님이 설계하신 삶과 조화를 잃은 채 우리를 이원적 상태에 몰아넣었다. 죽음에 대한 공포도 이기심에서 기원했다. 동양의 신비주의자들도 죄가 불러온 죽음에 대한 공포를 경험한다. 그런데 그들은 선악이 영원히 공존한다는 잘못된 전제를 받아들였기 때문에, 악과 그로 인해 남아 있는 죽음에 대한 공포로부터 자유롭게 되려 하지 않는다. 그들이 선택하는 길은 둘 중 하나뿐이다.

1. 각자의 업보에 따라 더 귀하거나 천한 존재로 환생한다는 영원한 윤회에 자신을 맡겨 버린다.
2. 동양 명상을 통해 선과 악을 둘 다 초월해 거기서 벗어난다.

동양 명상의 기본 동기는 부처에게로 거슬러 올라간다. 죽음에 대한 두려움 때문에 괴로웠던 부처는 명상에서 평안을 얻었다. 생사와 선악을 모두 초월해 동양에서 말하는 열반이나 득도나 해탈을 경험했다. 똑같은 명상을 하는 그리스도인들은 그것을 "하나님과의 만남"이라 표현한다.[7] 동양 철학은 명상을 통해 다른 "세계"로 상승함으로써 이원적 상태의 불안에서 벗어나려 한다. 힌두교와 불교에서 이 세계는 "이원성이 없는 상태," 즉 우주 및 서로와의 합일을 느끼는 상태로 묘사된다. 이렇듯 동양 명상을 하는 사람들의 뇌는 이원적 상태의 번뇌를 피하고자 스스로 인위적 도취감을 만들어내고, 개인적 현실로부터 일시적으로 단절된다. 하지만 그들의 성품 안에 존재하는 이기심과 두려움의 실상은 변하지 않는다. 그것과 대결해 물리치려는 개입이 전혀 이루어지지 않는다. 다시 말해서 동양 요법은 환상을 만들어낸다. 마치 자신이 치유되어 이원성이 없는 건강한 합일 상태로 변화된 것처럼 느껴지게 한다. 하지만 사실 그들은 여전히 두려움과 이기심에 병들어 있다. 하나님의 설계에서 어긋나 있는 불치의 상태다.

좌뇌와 우뇌

뇌는 좌뇌와 우뇌로 나뉘며 뇌량腦梁이라는 초고속의 신경섬유 다발로 연결되어 있다. 좌뇌와 우뇌는 전반적으로 기능이 다르지만 서로 협력해 균형과 보완을 이루게 되어 있다. 양쪽의 균형을 잃으면 문제가 발생할 수 있다.

하버드 정신의학부의 신경해부학자이자 연구가인 질 볼트 테일러Jill Bolte Taylor는 어느 날 좌뇌에 뇌졸중을 일으켰다. 의사들이 떼어낸 응혈의 크기는 골프공만 했다. 출혈로 좌뇌의 기능이 손상되어 있던 동안 우뇌가 그녀의 뇌 기능을 지배했다. 그때 그녀는 열반을 경험했다. 개체성을 상실하고 우주와 합일하는 도취감을 맛보았다. 회복된 후에 그녀는 이렇게 말했다.

> 지금 당장 여기서 나는 우뇌의 의식으로 들어갈 수 있다. 거기에 우리가 존재한다. 거기서 나는 우주의 약동하는 생명력이고, 내 몸을 이루는 50조 개의 아름답고 신기한 분자의 약동하는 생명력이다. 존재하는 모든 것과 합일을 이룬다. 그런가 하면 나는 좌뇌의 의식으로 들어가기로 선택할 수도 있다. 거기서 나는 단독의 개체다. 흐름에서 떨어져 있고 당신과도 별개인 고체固體가 된다. 나는 지성적 존재이자 신경해부학자인 질 볼트 테일러 박사다. 이 둘은 내 안에 있

는 "우리" 다. 당신은 어느 쪽을 선택하겠는가? 실제로 어느 쪽을 선택하는가? 언제 선택하는가?[8]

뇌는 생체전기 기관이다. 화학 신호만 아니라 전기 신호도 있다는 뜻이다. 뇌 내의 전기 활동이 바뀌면 좌뇌와 우뇌 중에서 뇌를 지배하는 부위가 바뀔 수 있다. 뇌 회로가 함께 활성화되는 방식이 달라지면 거기서 생겨나는 전기 신호의 유형도 달라진다. 뇌의 전기 신호 즉 뇌파는 알파파, 베타파, 세타파, 델타파 등 크게 네 종류로 구분된다. 알파파는 뇌가 쉬고 있거나 REM 수면rapid eye movement sleep, 수면의 여러 단계 중 빠른 안구 운동이 일어나는 기간, 즉 꿈꾸는 상태일 때 발생한다. 사람이 깨어 있어 책을 읽거나 연설하거나 어떤 활동에 집중하거나 생각하거나 문제를 해결할 때는 뇌에서 베타파가 나온다. 세타파는 "의식이 멍한" 상태로, 몽상이나 막연한 상념에 빠질 때 발생한다. 델타파는 깊은 수면, 즉 꿈을 꾸지 않는 상태에서 나온다.

동양 명상법은 알파파와 세타파의 빈도를 증가시키는 반면 베타파를 억제한다. 그래서 시각화를 증진하게 하는 도파민이라는 뇌 화학물질의 분비량이 늘어나고 우뇌가 지배적으로 활동하게 되어 사람의 의식 전체가 바뀐다.[9] 이렇게 되면 사람이 자의식을 잃고, 우주와의 합일을 느끼고, 심상心像이 더 강해지고, 시간과 공간에 대한 의식이 저하된다. 증거에 기초해 진실을 분별하는 능력도 떨어진다.

그리스도인들도 동양 명상을 하는 동안에는 의식이 한쪽으로 압도된다. 그런데도 그들은 "예수여, 불쌍히 여겨 주소서"와 같은 부수적 문구만 되풀이하면 다 괜찮다고 배운다. 마치 그 작은 고백의 몸짓으로 홍수처럼 거센 신경 현상을 물리칠 수 있고, 그리하여 동양 명상이 감쪽같이 기독교적인 것으로 정당화된다는 듯이 말이다. 불행히도 이런 명상법은 뇌의 불균형을 초래한다. 우뇌의 지배력이 커지고, 그 결과로 이성과 분명한 사고와 개체성을 상실하게 된다.[10]

성경에 나와 있듯이 성령은 진리의 영이시자 사랑의 영이시다요 14:17, 갈 5:22, 요일 4:8. 진리를 이해하는 것은 좌뇌이고, 연합과 일체감과 관계적 소통을 경험하는 것은 우뇌다. 성경적 묵상은 생각을 무無에 집중하거나 머릿속을 비우거나 문구를 반복해서 되뇌는 게 아니라 늘 하나님의 실재하는 일면과 그분의 속성인 사랑에 초점을 맞춘다.

성경적 묵상의 초점을 잘 보라.

- 이 율법책을 네 입에서 떠나지 말게 하며 주야로 그것을 묵상하여 그 안에 기록된 대로 다 지켜 행하라수 1:8.

- 오직 여호와의 율법을 즐거워하여 그의 율법을 주야로 묵상하는도다시 1:2.

- 하나님이여, 우리가 주의 전 가운데에서 주의 인자하심을 생각하였나이다시 48:9.

- 내가 주의 법도들을 작은 소리로 읊조리며
  주의 길들에 주의하며시 119:15.

- 나에게 주의 법도들의 길을 깨닫게 하여 주소서.

  그리하시면 내가 주의 기이한 일들을

  작은 소리로 읊조리리이다시 119:27.

- 또 내가 사랑하는 주의 계명들을 향하여 내 손을 들고 주의 율례
  들을 작은 소리로 읊조리리이다시 119:48.

성경 어디를 보나 다 똑같다. 하나님은 우리를 불러 그분의 사랑의 법
을 묵상하게 하신다. 그 법은 그분의 속성인 사랑의 표출이다. 이것은
생각도 없고 의식도 없는 텅 빈 묵상이 아니라 무한하신 하나님의 아름
다움과 그분의 방법인 사랑을 곰곰 생각하고 되새기는 묵상이다. 이런
식으로 묵상하려면 좌뇌와 우뇌를 균형 있게 다 써야 한다. 그런 균형이
이루어질 때 우리는 더 건강해지고 평안해질 뿐 아니라 그리스도를 더
욱 닮아가게 된다. 커트 톰슨 박사가 〈영혼의 해부〉*Anatomy of the Soul*에
그것을 잘 설명했다.

신경과학 연구를 통해 밝혀졌듯이, 뇌의 다른 부위 간에 적절한 균형과
적절한 수준의 유익하고 원만한 소통이 갖추어진 사람들은 불안이 감소
하고 행복감이 커지는 경향이 있다. 다시 말해서 그들은 성령께서 사랑
과 희락과 화평과 오래 참음과 자비와 양선과 충성과 온유와 절제의 열
매를 맺으실 수 있도록 늘 준비되어 있다. 우리 안에 뿌리내리기를 우리
가 그토록 사모하는 바로 그 특성들이다.[11]

진리와 사랑을 양쪽 다 충만하게 경험하려면 우리의 활동에 좌뇌와 우뇌가 균형을 이루어야 한다. 진리와 사랑의 경험을 방해하는 공격들을 막아내야 한다.[12]

기독교 안에서 우리의 좌뇌를 공격하는 것은 하나님의 법에 대한 잘못된 개념들이다. 거기서 귀결되는 왜곡된 하나님관들도 마찬가지다. 하나님을 복수에 차서 벌하시는 폭군으로 보면 두려움이 자극된다. 안타깝게도 많은 그리스도인이 자신의 하나님관을 재평가하기는커녕 만성적으로 활성화되어 있는 두려움 회로를 동양 명상으로 가라앉히려 한다. 하지만 동양 명상은 좌뇌를 불활성화한다. 동양 명상은 좌뇌의 기능을 정지시켜 정서적 초월 경험을 추구하기 위한 것이다.

흥미롭게도 동양 명상을 하는 사람들에 대한 뉴버그의 뇌 연구는 동양 명상이 뇌의 불균형을 초래해 현실 인식을 왜곡시킨다는 결론을 뒷받침해 준다. 뇌의 시상thalamus은 데이터를 처리하는 중심부다. 모든 정보기분, 생각, 감각는 시상을 통과해 각각의 목적지인 신경세포로 간다. 현실과 비현실의 인식도 시상에서 이루어진다. 그런데 동양 명상을 10년 이상 한 피험자들은 시상의 활동이 균형을 잃은 것으로 나타났다. 그래서 신과의 합일이나 열반이 마치 현실처럼 느껴진다. 뉴버그에 따르면, "시상은 주관적 현실과 객관적 현실을 구분하지 못한다. 그래서 어떤 개념이든 충분히 오랫동안 명상하면 현실과 비슷해진다. 당신의 신념은 신경학적으로 현실이 되고, 뇌는 거기에 맞추어 반응한다."[13]

요컨대 동양 명상은 사람을 하나님과의 인격적 우정, 성품의 실제적 변화, 두려움과 이기심의 극복으로 이끌기는커녕 오히려 사람을 하나님과 분리하고, 성품을 변화시키지 못하며, 자신의 불치병을 외면한 채 초월적 도취감에 빠지게 한다. 동양의 신비주의는 악이라는 병에서 자유롭게 되려 하지 않고 선악의 영원한 공존을 내세운다.

부처가 이루지 못한 일을 예수께서 이루셨다

예수 그리스도는 부처와 극명한 대조를 이루신다. 그분은 죽음에 대한 두려움을 피하려 하신 게 아니라 온전한 자기희생의 사랑으로 뇌를 구사해, 죽음과 대결해 이기시고 멸하셨다딤후 1:9~10. 예수 그리스도는 겸손히 우리의 불치병에 동참하셨고, 그분의 뇌 안에서 "사랑 대 두려움과 이기심"의 이원적 상태가 서로 싸웠다. 그분은 모든 일에 우리와 똑같이 시험을 받으셨으나 죄는 짓지 않으셨다히 4:15. 알다시피 우리는 "자기 욕심"에 끌려 시험을 받는다약 1:14. 따라서 분명히 인간 예수의 뇌 안에서도 사랑의 원리가 죽음에 대한 인간적 두려움과 생존 욕구에 맞서 싸웠다. 예수님의 인성은 인간의 절절한 감정의 유혹을 받으셨다. 죽음이 두려워 자신을 구원하게 하려는 유혹이었다.

겟세마네에서 예수 그리스도는 처절한 정서적 고뇌를 겪으셨다. 유혹이 하도 고통스러워 구주께서 가능하면 십자가를 면하게 해달라는 기도까지 하셨다마 26:36~39. 인간 예수는 우리의 타락한 본성의 내적 인력引力을 경험하셨으나 부처와 달리 그 상태를 피하려 하지 않으셨다. 명상으로 뇌의 기능 상태를 바꾸어 망상적 도취감을 만들어내지 않으셨다. 오히려 그분은 죽음에 대한 생생한 두려움을 하나님과 인류를 향한 온전한 사랑으로 극복하셨다. 참으로 이보다 더 큰 사랑은 없다요 15:13.

죄가 불러온 이원적 상태는 인간 예수 그리스도를 통해 뿌리가 뽑혔다! 예수님은 두려움과 이기심의 집요한 충동을 제거해 인류를 정화하셨다. 이를 위해 그분은 사랑으로 자원해 죽음을 받아들이셨다요 10:17~18. 그리하여 사흘 만에 새로운 인간으로 부활하셨다. 바로 그분이 하나님의 설계 원안대로 정화하시고 회복시키신 인간이었다. 만일 그리스도께서 죽음이 자신을 삼키지 못하도록 아무 때고 자신의 능력으로 죽음의 접근을 막으셨다면, 그분은 이기적으로 행동해 자신을 구원하셨을 것이다. 물론 인류는 두려움과 이기심의 병에서 자유롭게 되지 못했을 것이다.

이제 인간 각자에게는 그리스도께서 이루신 모든 일을 성령을 통해 받아들일 수 있는 특권이 주어졌다. 우리의 성품이 정화될 수 있다. 그래서 이원성이 없이 하나님과 하나가 되는 진정한 연합의 상태에 들어갈 수 있다. 우리 마음이 그분의 마음과 하나가 된다. "자아에 대하여 죽고" 새로운 삶, 사랑의 삶을 살아간다. 하나님은 바로 그것을 기다리고 계신다. 그리스도와 연합하여 죽음에 대한 두려움을 이겨낸 백성을 기다리신다. 요한계시록에는 이 백성이 "죽기까지 자기들의 생명을 아끼지 아니"한계 12:11 사람들로 표현되어 있다. 생각해 보라. 더는 죽음에 대한 두려움에 쫓기지 않는 백성이다. 그들의 삶은 더는 생존 욕구에 지배당하지 않는다. 자아를 보호하는 데 급급하지도 않다. 그들은 하나님과 사람들을 사랑하기 위해 살아간다.

성경적 회심은 명상으로 두려움 회로를 가라앉히는 게 아니라 두려움과 이기심을 대결해 물리치는 일이다. 우리는 목자이신 하나님을 따라 "사망의 음침한 골짜기"로 들어가 자아에 대해 죽고 다른 사람들을 사랑하는 마음으로 새로 태어난다. 동양 명상은 자아가 자아의 행동으로 두려움을 피하는 과정이다. 그럴수록 이기적 자아는 더욱 공고해진다.

기독교의 회심은 자아를 내려놓는다. 자신을 구하려 하지 않고 자아에 대해 죽는다. 사랑이 이기심을 몰아낸다. 이때는 전환기라서 고뇌와 불안이 크다. 두려움을 면하는 평안의 때가 아니라 하나님의 은혜로 당당히 서서 본능적 두려움과 불안을 물리치는 때다 예컨대 한밤중에 씨름한 야곱, 그리스도를 부인한 후의 베드로, 나단에게 지적받은 다윗 등이 그런 경우다. 이 고뇌 속에서 우리는 냉철하게 진실에 맞서고 자신의 이기심과 씨름하여 결국 그리스도께 항복한다. 그럴 때 그분의 사랑, 초자연적 중생, 새로운 동기를 경험하게 된다. 그리고 두려움에 쫓기던 삶에서 자유롭게 된다. 우리가 도달하는 자리는 영원한 선악의 우주가 아니라 영원한 사랑이신 하나님과 하나가 되는 연합이다. 또한, 두려움과 고난과 고통과 죽음이 없는 미래다. 많은 그리스도인이 이런 변화를 경험하지 못해 힘들어하는 이유는 다음 두 가지 잘못된 체제 중 하나를 받아들였기 때문이다.

1. 법적 대가와 형벌이 가해지는 실정법의 체제다. 하나님은 고통과 고난과 죽음을 가하는 궁극적 출처가 된다 영구적 이원론. 여기에 영원한 지옥 불 즉 인간이 영원히 고통당하는 곳이 곁들여질 수도 있다 역시 영구적 이원론. 하지만 사실은 하나님은 사랑이시며 지금도 자신의 우주에서 두려움과 이기심 죄을 없애고자 역사하고 계신다. 그리하여 만물을 사랑으로 "속죄"하신다. 즉 자신과 다시 하나로 연합시키신다.

2 동양 철학의 체제로 역시 영구적 이원론에 기초한다. 합일을 찾아 뇌의 두려움 회로를 가라앉힐 수 있으나 그 대가로 뇌가 균형을 잃

는다. 따라서 진리를 참으로 깨달을 수 없고, 그리스도와 연합하여 성품의 변화를 이룰 수 없다.

안타깝게도 하나님 개념이 잘못된즉 하나님관이 왜곡된 신학들은 선악이 영원히 공존한다고 가르친다. 선악은 하나님 안에 공존할 수도 있고 우주 안에 공존할 수도 있다. 전자는 하나님은 사랑의 존재이면서 또한 고통과 죽음을 가하는 출처다. 후자는 천국과 영원한 지옥 불이 우주에 공존한다. 이런 신학들은 사고를 두려움에서 자유롭게 해 주지 못하며, 따라서 염증성 연쇄 반응을 일으켜 뇌와 몸을 훼손한다. 또한, 이기심을 자극하고 하나님의 구원 계획을 방해한다.

예수 그리스도의 기독교는 치유 체제이며 하나님의 사랑이라는 진리에 기초한다. 그 진리는 그리스도 안에서 온전히 계시되었다. "나를 본 자는 아버지를 보았거늘"요 14:9. 이것은 이타심과 선행의 세계이며, 거기서는 만물이 자기보다 남을 더 사랑하기 위해 살아간다. 이런 체제는 하나님의 설계와 조화를 이룬다. 그분이 지으신 우주의 작동 원리가 그분 자신의 속성인 사랑과 온전히 조화를 이루는 것과 마찬가지다.

우리는 머릿속에서 하나님에 대한 왜곡된 생각들을 버려야 한다. 동양 종교와 똑같이 이원론을 바탕으로 선악의 영원한 공존을 내세워서는 안 된다. 하나님의 설계 원형인 사랑이라는 진리로 다시 돌아가 신뢰로 그분과 연합해야 한다. 우리가 마침내 그렇게 될 때 그분은 우리의 성품을 정화해 주실 뿐 아니라 다시 오셔서 자신의 우주를 두려움과 이기심으로부터 정화해 주신다. 그날은 얼마나 위대한 승리의 날이 될 것인가. 동양의 철인들과 달리 우리는 스스로 만들어낸 명상적 도취감 속에 숨지 않는다. 오히려 영원히 두려움과 이기심이 없는 우주, 하나님의 사랑의 법대로 다시 통일된 우주에서 살 것이다. 그때 우리는 이렇게 기뻐 외칠 것이다.

"사망아, 너의 승리가 어디 있느냐. 사망아, 네가 쏘는 것이 어디 있느냐" 고전 15:55.

뇌를
더 건강하게 하는 비결

감정에 행동이 수반되지 않을수록
그만큼 더 행동 능력이 떨어지고
결국 감정의 기능마저 약해진다.

C. S. 루이스 C. S. Lewis

지금까지 우리는 인간의 뇌에 대해 많은 것을 살펴보았다. 하나님에 대한 신념이 어떻게 우리 몸과 정신의 건강에 영향을 미치는지도 보았다. 마지막으로 이 모든 내용을 종합해 당신에게 구체적 방법을 제시하고자 한다. 이를 통해 당신은 지금 여기서 더 건강한 뇌를 누릴 수 있을 뿐 아니라 하나님과 함께 보낼 영원을 위해 당신의 사고를 준비할 수 있다. 그리하여 그분과 더 친밀해질 수 있다.

뇌 회로와 우울증

우울증은 한 해 평균 미국 인구의 약 5%가 앓고 있는 심각한 정신 질환이다. 우울증에 걸리면 몸과 뇌의 기능이 크게 변한다. 이 질환의 원인은 여러 가지가 있지만 일단 우울해지면 뇌 회로가 특징적 역기능을 보인다. 지금부터 뇌 회로의 이런 역기능을 모형으로 삼아 건강한 활동과 건강하지 못한 활동을 구별하고, 그리하여 뇌 건강을 극대화하는 방법을 제시하고자 한다.

2장에서 뇌의 경보장치를 살펴보았다. 거기서 배웠듯이 이 경보는 전형적인 "공격 아니면 도피" 반응을 유발한다. 첫 반응으로 깜짝 놀라고 나면 배외측 전전두피질DLPFC이 가동된다. 그러다 아무런 위협이 없으면 경보가 꺼진다.

그런데 사람이 우울해지면 뇌 회로에 균형이 깨진다. 전전두피질DLPFC, 이성의 활동이 정상치 아래로 떨어진다. 그래서 우울증이 있는 사람들은 뭔가에 집중하고, 초점을 맞추고, 명료하게 생각하고, 계획을 짜고, 정리하고, 문제를 해결하고, 삶의 스트레스를 관리하는 등의 능력이 떨어진다. 우울할 때는 전두대상피질ACC, 마음도 활동이 둔해져 남들에게 정서적 거리감이 느껴지고 결정을 내리기가 어려워진다. 그래서 우울한 사람들은 대개 양가감정을 보이며 우유부단하다.

안와 전전두피질OPFC과 복내측 전전두피질VMPFC, 양심은 잘못을 자각시켜 부적절한 행동을 삼가게 하는 뇌 부위다. 당신이 교회 예배 중에 옷을 다 벗으려 한다고 생각해 보라. 그런 부적절한 행동을 시도하면 안와 전전두피질OPFC과 복내측 전전두피질VMPFC, 양심이 급격히 활성화되고, 그 결과 당신은 마음이 불편해져서 그런 행동을 자제하게 된다. 이 부분을 읽으면서 그런 난감한 상황을 생각하는 것만으로도 약간 불편해졌다면 이제 막 당신의 안와 전전두피질OPFC과 복내측 전전두피질

VMPFC. 양심에 활동의 파문이 지나간 것이다. 그런데 우울해지면 이 두 부위가 과도히 활성화된다. 그래서 우울한 사람은 자신이 못났다는 느낌, 죄책감, 매사에 잘못하고 있다는 느낌을 강하게 경험한다.

우울해지면 뇌의 경보기인 편도체도 과도히 활성화되어 두려움, 불안감, 불편함, 공포, 파멸이 임박한 느낌 등이 늘 떠나지 않는다. 뇌의 측좌핵nucleus accumbens은 모든 쾌락이 감지되는 쾌락 중추인데, 사람이 우울해지면 이 부위에 반응이 없어진다. 그래서 우울한 사람은 침울함, 죄책감, 자신이 못났다는 느낌, 두려움, 불안감, 감정이 무디어짐, 사람들과의 거리감, 명료한 사고력의 상실, 문제 해결의 어려움, 엄두가 나지 않는 느낌, 결정 능력의 저하 등을 압도적으로 경험한다. 반면에 정작 객관적으로 좋은 일이 벌어져도 쾌감을 느끼지 못한다.

뇌가 이런 상태에 있는 사람은 정서적으로 엄청난 고통을 경험할 뿐 아니라 몸도 훼손된다. 이 책 전반에 걸쳐 살펴보았듯이 만성적 두려움은 스트레스 경로와 면역체계를 활성화하고 그 결과로 염증 인자들이 분비되어 몸을 해친다.

이는 바람직한 상태나 건강한 상태가 못 된다. 뇌 회로를 우울증 때 발생하는 불균형 쪽으로 이끌어가는 활동은 무엇이든 건강하지 못하며, 반대로 뇌 회로를 정상 쪽으로 이끌어가는 활동은 건강한 활동이다. 그러므로 뇌의 두려움 회로를 만성적으로 활성화하는 하나님관은 무엇이든 뇌와 몸을 훼손하며 이기심을 조장하고 구원을 방해한다. 뇌가 두려움과 이기심으로부터 치유되려면 그리스도 안에 계시된 하나님에 대한 진리로 돌아가야 한다.

그리스도 안에 계시된 하나님에 대한 진리를 받아들이면 거짓이 제거되고 신뢰가 회복된다. 그 신뢰 속에서 우리는 하나님께 마음을 열고 삶을 드린다. 날마다 신뢰로 그분과의 관계 속에 거하면 하나님이 성령을 보내 우리 마음속에 중생이라는 초자연적인 일을 행하신다. 그분의 영은 사랑과 진리의 영이시므로 그분의 사랑을 경험하면 우리의 두려움이 가라앉는다. 이제 이기적으로 사는 게 아니라 힘써 다른 사람들을 축복한다. 동기가 새로워졌으니 실제로 선택도 달라지며, 그 결과로 지혜와 통찰이 깊어진다. 그럴수록 전전두피질은 더 발달하고 편도체는 더 진정된다. 두려움의 수위가 떨어지면서 자신감과 평안이 깊어진다. 사랑의 하나님과 함께 시간을 보내면서 우리는 점점 더 그분을 닮아간다.

그러다 다시 넘어져 이기심에 빠지면 우리는 마음으로 아파한다. 자신의 연약함을 슬퍼하고 그런 연약함에서 자유롭게 되기를 사모하며 즉시 하나님께로 간다. 그 신뢰 관계 속에서 우리는 하나님의 용서와 은혜를 경험한다. 그분의 임재가 우리를 소생시키고 일으켜 세워 다시 그분의 방법을 따르게 한다. 이렇게 우리는 그분을 대면해 뵐 그날까지 우리의 놀라우신 하나님 곧 사랑의 하나님을 점점 닮아간다.

다음의 몇 가지 행동을 실천하면 당신의 뇌는 물론 하나님과의 관계도 더 건강해질 수 있다.

1. 스스로 사고하라. 물리 치료의 유익도 그것을 행하는 사람만이 누릴 수 있듯이 전전두피질도 자꾸 구사해야 더 발달한다.
2. 진리를 사랑하고 진리에 굶주린 사람이 되라. 진리 안에서 자라려는 태도를 기르라. 하나님은 무한하시지만 우리는 유한하다. 우리가 발견하고 그 안에서 자라가야 할 새로운 진리가 무한히 많

다는 뜻이다. 그래서 우리는 결코 진리에 "다 도달하지" 못한다. 진리는 늘 전개되고 있기 때문이다. "다 도달했다"고 믿는 사람은 사고가 닫혀 더는 발전할 수 없다. 세 가닥_{성경, 과학, 경험} 모두와 조화를 이루는 새로운 증거가 있거든 언제라도 당신의 신념을 바꾸라.

3. 하나님의 법과 방법을 깊이 숙지하라. 자연에서 사랑의 법을 찾아보라. 자유의 법을 이해하고 실천하라. 당신의 신념들을 하나님의 자연법의 렌즈로 재평가하고, 로마 황제 식의 실정법 개념을 배격하라.

4. 하나님에 대한 모든 이론을 성경_{강조점은 예수님의 삶에 있다}, 검증 가능한 하나님의 법들, 경험으로 시험해 보라. 제대로만 이해한다면 하나님에 대한 진리는 이 세 가지 모두와 조화를 이루게 되어 있다. 하나님의 속성인 사랑을 받아들이고 꼭 붙들라.

5. 하나님은 더할 나위 없이 믿을 만한 분이며 속성 자체가 사랑이시다. 이 증거에 기초하여 당신 자신을 그분께 드리라. 하루를 시작할 때마다 마음을 열고 그분의 영을 삶 속에 모시라.

6. 날마다 하나님의 속성인 사랑을 묵상하라. 충만한 진리를 지성을 다하여 바르게 인식하라. 하나님, 그분의 사랑의 나라, 지금도 계속되고 있는 그분의 창조 사역 등에 초점을 맞추라.

7. 당신의 삶과 미래와 결과를 하나님께 의탁하라. 그렇게 의탁할 수 있으려면 먼저 하나님이 믿을 만한 분이시라는 증거를 깨닫고 경험해야 한다.

8. 하나님의 방법을 실천하라. 이타적으로 살고, 사람들에게 베풀

고, 자원봉사를 하고, 하나님께 받은 것을 사람들에게 힘써 나누라. 하나님이 지으신 우주의 원리를 보면, 더 많이 줄수록 더 많이 받게 되어 있다. 일반 수도보다 물을 더 많이 주는 소방 호스가 결국 물을 더 많이 받듯이 당신도 많이 베풀수록 그만큼 더 받는다.

9. 하나님의 사랑의 나라에 대한 진리를 적극적으로 다른 사람들에게 나누라. 하나님의 사랑을 세상에 전하는 일에 주력하는 기관에 속하라. 새로운 사역을 만들고, 성경공부를 인도하고, 뜻이 맞는 그리스도인들과 교제하라. 하나님의 방법에 치유와 회복의 능력이 있음을 보여 주라.

10. 삶에 대한 하나님의 물리적 설계와 조화를 이루어 살라. 알려진 독소와 유해 물질을 피하라. 육적으로나 영적으로나 마찬가지다. 예컨대 술, 담배, 마약, 연예 오락물, 폭력적인 게임, 천박한 읽을거리, 응징을 가하는 흉측한 하나님관 등을 피하라.

11. 신체적, 정신적으로 꾸준히 운동하라. 신체 운동은 강력한 항염증 인자를 분비시켜, 스트레스 때문에 생겨나는 해로운 염증 인자인 사이토킨을 억제한다. 또 운동하면 새로운 신경세포의 성장을 자극하는 인자들은 물론 기분을 향상시키는 화학물질들이 뇌 안에 활성화된다. 정신 운동은 신경회로를 활성화해 결국 신경회로가 더 강해진다.

12. 규칙적인 수면을 취하라. 생명을 유지하는 데 필요한 네 가지 물리적 요건은 공기와 물과 음식과 잠이다. 수면 결핍으로 제일 먼저 손상되는 뇌 부위는 전전두피질이다. 잠을 규칙적으로 잘 자면 전전두피질의 기능이 최상으로 유지된다.

13. 하나님의 자연법들과 조화를 이루어 살라. 건강하게 먹고, 물을 충분히 마시고, 매일 몇 분씩 햇볕을 쬐라. 건강식은 뇌에 필요한 각종 영양소는 물론 항산화제를 공급해 주어 염증성 손상을 감소시킨다. 수분이 충분하면 노폐물이 제거되고 염증 인자가 줄어든다. 살갗이 타지 않을 정도의 햇볕은 비타민D를 항암물질로 전환해 실제로 암의 위험을 떨어뜨린다.

14. 용서하라. 원한을 품지 마라. 용서하지 않고 원한을 품으면 편도체가 활성화되어 염증성 연쇄 반응을 일으킨다. 뇌와 몸이 손상됨은 물론이다. 원한을 품으면 또한 늘 과민해지고 사람들을 의심하게 되어 평안과 건강한 관계가 깨진다.

15. 죄책감을 해결하라. 죄책감을 해결하지 않으면 편도체가 활성화되어 신경이 날카로워지고 심신의 건강이 나빠진다. 죄책감은 또 평안과 결단력을 떨어뜨리고 불안을 가중시켜 결국 다른 사람들에게 조종당하기가 더 쉬워진다.

16. 두려움과 불안 때문에 인간에게 인정받으려고 양심에 어긋나는 행동에 혹할 때가 있는가? 그럴 때는 잊지 말고 다음과 같이 하라.

1) 머릿속에서 한 걸음 물러나 이렇게 물어보라. 여기서 진실은 무엇인가? 내가 취해야 할 옳고 건강하고 합리적인 행동은 무엇인가?

2) 당신이 옳은 일을 했다는 이유로 누군가가 당신을 거부하거나 당신에게 화를 낸다면 이렇게 자문해 보라. 이 사람은 정말 나의 친구인가? 정말 이 사람에게 인정받고 싶은가?

3)자신에게 물어보라. 나는 다른 사람들을 놓아 줄 마음이 있는 가? 나에 대해 그들 마음대로 생각하고 느끼도록 자유를 줄 마음이 있는가? 아니면 나는 나에 대한 다른 사람들의 생각을 어느 정도 통제하려 드는가? "원하는 대로 해주면 사람들이 나에게 화를 내지 않겠지." 그런 생각이 있는가? 이제부터 그들에게 마음대로 생각할 수 있는 자유를 주어 보라. 하나님의 법인 자유의 법에는 다음과 같은 매력이 있다. 즉 당신에 대해 마음대로 생각하도록 다른 사람들을 자유롭게 해 주면, 그 순간 당신도 그들의 생각에 동조해야 한다는 압박감에서 자유롭게 된다.

4)잊지 마라! 사랑이 옳고 건강하고 합리적인 일을 하는 이유는 그것이 옳고 건강하고 합리적이기 때문이지 당장 느낌이 좋아서가 아니다. 그러므로 눈앞의 상황을 벗어나 하나님 나라의 원리를 보라. 그리고 당장 불편하게 느껴지더라도 그 원리를 적용하라.

17. 늘 예수님을 바라보라. 하나님의 사랑의 법과 그분이 설계하신 삶을 알고 그분의 선하심을 확신하며 살라. 마음속에 늘 그분의 임박한 재림의 날에 대한 소망을 품어라.

머리말

1. H. Pilcher, "The Science of Voodoo: When Mind Attacks Body," *New Scientist* (2009년 5월 16~22일): 30.

2. A. M. Davis & B. H. Natelson, "Brain-Heart Interactions: The Neurocardiology of Arrhythmia and Sudden Cardiac Death," *Texas Heart Institute Journal* 20, no. 3 (1993): 158~69. W. B. Cannon, " 'Voodoo' Death," *American Anthropologist* 44 (1942) (신규 시리즈): 169~181. G. Engel, "Sudden and Rapid Death During Psychological Stress," *Annals of Internal Medicine* 74 (1971): 771~82. C. P. Richter, "On the Phenomenon of Sudden Death in Animal and Man," *Psychosomatic Medicine* 19 (1957): 191~98. Martin Samuels, "Contemporary Reviews in Cardiovascular Medicine: The Brain-Heart Connection," *Circulation* 116 (2007): 77~84.

3. Pilcher, "The Science of Voodoo," 30. C. K. Meador, "Hex Death: Voodoo Magic or Persuasion," *Southern Medical Journal* 85 (1992): 244~67.

4. Joel B. Green & Mark D. Baker, *Rediscovering the Scandal of the Cross* (Downers Grove, IL: InterVarsity Press, 2000), 28. (〈십자가와 구원의 문화적 이해〉 죠이선교회출판부)

001. 하나님은 사랑이시다

1. "Losing My Religion? No, Says Baylor Religion Survey," *Baylor University Media Communications*, 2006년 9월 11일. www.baylor.edu/mediacommuni cations/news.php?action=story&story= 41678.

2. Andrew Newberg & Mark Robert Waldman, *How God Changes Your Brain: Breakthrough Findings from a Leading Neuroscientist* (New York: Random House, 2009), 27~32, 53.

3. 같은 책, 19~20, 36~39, 53.

4. Stephen Post, *Altruism and Health Perspectives from Empirical Research* (New York: Oxford University Press, 2007), 21~21.

5. 같은 책, 22.

6. 같은 책, 26.

002. 인간의 뇌와 깨어진 사랑

1. IBM Systems and Technology Data Sheet. http://public.dhe.ibm.com/common/ssi/ecm/en/pod03034usen/POD03034USEN.PDF.

2. 1킬로바이트(KB)는 1천 바이트(byte) 또는 개개 비트(bit)들의 정보다. 1메가바이트(MB)는 1천 KB 또는 1백만 바이트, 1기가바이트(GB)는 1천 MB 또는 1십억 바이트, 1테라바이트는 1천 GB 또는 1조 바이트다. 이런 단위는 기억 저장량, 즉 얼마나 많은 비트의 정보가 저장될 수 있는가를 가리킨다.

3. "Is Watson the Smartest Machine on Earth?" UMBC의 Computer Science and Electrical Engineering Department 웹페이지. 2011년 2월 10일. www.scee.umbc.edu/2011/02/is-watson-the-smartest-machine-on-earth/.

4. R. Banati, "Neuropathological Imaging: In Vivo Detection of Glial Activation as a Measure of Disease and Adaptive Change in the Brain," *British Medical Bulletin* 65,

no. 1 (2003): 121~31. S. Herculano-Houzel & R. Lent, "Isotropic Fractionator: A Simple, Rapid Method for the Quantification of Total Cell and Neuron Numbers in the Brain," *The Journal of Neuroscience* 25, no. 10 (2005년 3월 9일): 2518~21.

5. 테라플롭스(teraflops)는 처리 속도를 나타내는 단위로 1테라플롭스는 1초에 1조 번의 부동소수점 연산을 하는 속도다. RAM은 "임의 접근 기억장치"(random access memory)로, 요컨대 어떤 순서로나 어떤 방식으로든 직접 접근할 수 있는 기억 저장을 뜻한다. 실용 가능한 기억과 비슷하다고 보면 된다. RAM이 클수록 컴퓨터가 제반 기능을 수행하는 속도가 빨라진다.

6. L. Mearian, "Brain Behind IBM's Watson Not Unlike a Human's," *Computer World*, 2011년 2월 18일. www.computerworld.com/s/ article/9210319/ Brain_behind_ IBM_s_Watson_not_unlike_a_human_s.

7. K. Jennings, "My Puny Human Brain," Slate.com, 2011년 2월 16일. www.slate.com/articles/arts/culturebox/2011/02/my_puny_human_brain.html.

8. J. Sherin & C. Nemeroff, "Post-Traumatic Stress Disorder: The Neurobiological Impact of Psychological Trauma," *Dialogues in Clinical Neuroscience* 13, no. 3 (2011년 9월): 263~78.

9. L. Peoples, "Will, Anterior Cingulate Cortex, and Addiction," *Science* 296 (2002년 5 월): 1693~94. T. Paus, "Primate Anterior Cingulate Cortex: Where Motor Control, Drive and Cognition Interface," *Neuroscience* 2 (2001년 6월): 418~24.

10. T. A. Hare, C. F. Camerer & A. Rangel, "Self-Control in Decision-Making Involves Modulation of the vmPFC Valuation System," *Science* 324, no. 5927 (2009년 5월 1 일): 646~48. H. R. Heerkeren 외 "An fMRI Study of Simple Ethical Decision- Making," *Neuroreport* 14, no. 9 (2003년 7월): 1215~19. Samuel M. McClure, David I. Laibson, George Loewenstein & Jonathan D. Cohen, "Separate Neural Systems Value Immediate and Delayed Monetary Rewards," *Science* 306, no. 5695 (2004년

10월 15일): 503~7. Jorge Moll, Paul J. Eslinger & Ricardo de Oliveira-Souza, "Frontopolar and Anterior Temporal Cortex Activation in a Moral Judgment Task: Preliminary Functional MRI Results in Normal Subjects," *Arq. Neuropsiquiatr.* 59, no. 3 (2001년 9월). Jorge Moll, Ricardo de Oliveira-Souza, Pual J. Eslinger, Ivanei E. Bramati, Janaína Mourâo-Miranda, Pedro Angelo Andreiuolo & Luiz Pessoa, "The Neural Correlates of Moral Sensitivity: A Functional Magnetic Resonance Imaging Investigation of Basic and Moral Emotions," *The Journal of Neuroscience* 22, no. 7 (2002년 4월 1일): 2730~36. L. Rameson 외, "The Neural Correlates of Empathy: Experience, Automaticity, and Prosocial Behavior," *Journal of Cognitive Neuroscience* 24, no. 1 (2012년 1월): 235~45.

11. M. Koenigs & J. Grafman, "The Functional Neuroanatomy of Depression: Distinct Roles for Ventromedial and Dorsolateral Prefrontal Cortex," *Behavioural Brain Research* 201, no. 2 (2009): 239~43.

12. B. Völlm 외, "Neurobiological Substrates of Antisocial and Borderline Personality Disorder: Preliminary Results of a Functional fMRI Study," *Criminal Behavioral and Mental Health* 14, no. 1 (2004년 3월): 39~54. L. Peoples, "Will, Anterior Cingulate Cortex, and Addiction," *Science* 296 (2002년 5월): 1693~94. T. R. Franklin 외, "Decreased Gray Matter Concentrations in the Insular, Orbitalfrontal, Cingulate, and Temporal Cortices of Cocaine Patients," *Biological Psychiatry* 51, no. 2 (2002 년 1월 15일): 134~42. L. van Elst, "Frontolimbic Brain Abnormalities in Patients with Borderline Personality Disorder," *Biological Psychiatry* 54, no 2 (2003년 7월 15일): 163~71. J. Sherin & C. Nemeroff, "Post-Traumatic Stress Disorder: The Neurobiological Impact of Psychological Trauma," *Dialogues in Clinical Neuroscience* 13, no. 3 (2011년 9월): 263~78. S. Woodward & D. Kapoupek 외, "Decreased Anterior Cingulate Volume in Combat-Related PTSD," *Biological*

Psychiatry 59 (2006): 582~87.

13. N. Volkow & J. Fowler, "Addiction, a Disorder of Compulsion and Drive: Involvement of the Orbitofrontal Cortex," *Cerebral Cortex* 10, no. 3 (2000): 318~25. A. Newberg, How God Changes Your Brain (New York: Random House, 2009), 52~53.

14. Y. Kaufman 외, "Cognitive Decline in Alzheimer Disease: Impact of Spirituality, Religiosity, and QOL," *Neurology* 68, no 18 (2007년 5월 1일): 1509~14. G. Pagnoni & M. Cekic, "Age Effects on Gray Matter Volume and Attentional Performance in Zen Meditation," *Neurobiology of Aging* 28, no. 10 (2007년 10월): 1623~27. S. Brown 외, "Mild, Short-Term Stress Alters Dendritic Morphology in Rat Medial Prefrontal Cortex," *Cerebral Cortex* 11 (2005년 11월 15일): 1714~22. S. C. Cook & C. L. Wellman, "Chronic Stress Alters Dendritic Morphology in Rat Medial Prefrontal Cortex," *Journal of Neurobiology* 60, no. 2 (2004년 8월): 236~48. C. L. Wellman, "Dendritic Reorganization in Pyramidal Neurons in Medial Prefornital Cortex After Chronic Corticosterone Administration," *Journal of Neurobiology* 49, no. 3 (2001년 11월 15일): 245~53. K. I. Pargament, H. G. Koenig, N. Tarakeshwar & J. Hahn, "Religious Struggle as a Predictor of Mortality Among Medically Ill Elderly Patients: A 2-year Longitudinal Study," *Archives of Internal Medicine* 161, no 15 (2001년 8월 13~17일): 1881~85. *Newberg, How God Changes Your Brain,* 53. Claudia Perez-Cruz, Jeanine I. H. Müller-Keuker, *Urs Heilbronner, Eberhard Fuchs & Gabriele Flügge,* "Morphology of Pyramidal Neurons in the Rat Prefrontal Cortex: Lateralized Dendritic Remodeling by Chronic Stress," *Neural Plasticity* (2007), Article ID 46276. doi:10.1155/2007/46276.

003. 두려움은 불법 난입자다

1. 성경은 우리에게 하나님을 두려워하라고 말하는데, 이는 불안이나 공포나 무서움이 아니라 황공함과 칭송과 경외와 경배와 존중을 뜻한다. 요한계시록 14장 7절에 "하나님을 두려워하며 그에게 영광을 돌리라"는 말씀이 있다. 다시 말해서 하나님을 두려워하는 사람은 곧 그분께 영광을 돌리는 사람이다. 그분을 사랑하는 충실한 그리스도인이다. 또 성경은 "온전한 사랑이 두려움을 내쫓나니"(요일 4:18)라고 했다. 그러므로 하나님을 사랑하고 영화롭게 하는 사람은 두려움(불안과 공포와 무서움)이 없는 대신 황공한 마음으로 하나님을 칭송하고 경배하고 존중한다.

2. A. H. Miller 외, "Inflammation and Its Discontents: The Role of Cytokines in the Pathophysiology of Major Depression," *Biological Psychiatry* 65, no 9 (2009): 732~41. E. Sjögren 외, "Interleukin-6 Levels in Relation to Psychosocial Factors: Studies on Serum, Daliva, and In Vitro Production by Blood Mononuclear Cells," *Brain, Behavior, and Immunity* 20, no. 3 (2006): 27~78. N. A. Harrison 외, "Inflammation Causes Mood Changes Through Alterations in Subgenual Cingulated Activity and Mesolimbic Connectivity," *Biological Psychiatry* 66, no. 5 (2009): 407~14.

3. 대뇌변연계(limbic system)란 편도체와 해마 등을 포함하는 일단의 뇌 조직을 가리키며, 위치는 뇌간(腦幹) 위와 피질 아래다. 공격, 분노, 성욕, 두려움, 쾌락 등의 감정에 관여하며, 새로운 학습과 기억 형성에도 중요한 역할을 한다.

4. J. Medina, "The Epigenetics of Stress," *Psychiatric Times* (2010년 4월): 16.

5. G. Chechik 외, "Neuronal Regulation: A Mechanism for Synaptic Pruning During Brain Maturation," *Neural Computation* 11, no. 8 (1999년 11월 15일): 2061~80. E. Sowell 외, "Localizing Age-Related Changes in Brain Structure Between Childhood and Adolescence Using Statistical Parametric Mapping," *Neuroimage* 9. no. 6 (1999

년 6월): 587~97.

6. Susan Donaldson James, ABC 뉴스 요약, 2008년 5월 7일, www.achsa.net/
upload/File/Newsletters/2008/06_June/Links/6_01_Update/CW/ ARTICLE%2005-
07-08%20Wild%20Child%20Speechless%20After%20Tortured%20Life, %20ABC%20
News,%205-7-08.pdf. J. A. Singh, "Asia and Africa: Wolf Children and Feral Man,"
American Anthropologist 45, no. 3 (1943년 7~9월): 468~72.

7. 교육 프로그램이란 비판적 사고력, 기억력, 기타 학습 경험을 길러 주기 위한 방
송물을 가리킨다. 연구 결과 2세 이하의 아이들은 교육 텔레비전을 꾸준히 접하
면 오히려 언어 발달이 지연되는 것으로 나타났다. 접하는 정도가 심할수록 영향
도 더 커진다. 그러나 3세 이상의 아이들에게서는 교육 텔레비전의 이런 부정적
영향이 관찰되지 않았다(*Journal of Pediatrics* 151, no. 4 [2007]: 364). 이런 연구를
바탕으로 미국 소아과 학회는 2세 이하의 아이들에게 텔레비전을 보여 주지 말
것과 3세 이상의 아이들에게도 엄격히 제한할 것을 권고하고 있다(*Pediatrics* 107,
no. 2 [2001년 2월 1일]: 423~36.)

8. B. Centerwall, "Television and Violence: The Scale of the Problem and Where to
Go from Here," *Journal of American Medical Association* 267, no. 22 (1992년 6월
10일): 3059~63.

9. F. Zimmerman & D. Christakis, "Associations Between Content Types of Early
Media Exposure and Subsequent Attentional Problems," *Pediatrics* 120, no. 5 (2007
년 11월 5일): 986~92.

10. G. Wingwood 외, "A Prospective Study of Exposure to Rap Music Videos and
African American Female Adolescents' Health," *American Journal of Public Health*
93, no. 3 (2003년 3월): 437~39. T. N. Robinson, H. L. Chen & J. D. Killen,
"Television and Music Video Exposure and Risk of Adolescent Alcohol Use,"
Pediatrics 102, no. 50 (1998년 11월 1일): e54.

11. A. Danese 외, "Adverse Childhood Experiences and Adult Risk Factors for Age-Related Disease," *Archives of Pediatrics & Adolescent Medicine* 162, no. 12 (2009): 1135~43.

12. H. Yamasue, K. Kasai, A. Iwanami 외, "Voxel-Based Analysis of MRI Reveals Anterior Cingulate Gray-Matter Volume Reduction in Posttraumatic Stress Disorder Due to Terrorism," *Proceedings of the National Academy of Sciences of the United States of America* 100 (2003): 9039~43.

13. Y. I. Sheline, "3D MRI Studies of Neuroanatomical Changes in Unipolar Major Depression: The Role of Stress and Medical Comorbidity," *Biological Psychiatry* 48, no. 8 (2000): 791~800. Y. K. Kim, K. Na, K. Shink 외, "Cytokine Imbalance in the Pathophysiology of Major Depressive Disorder," *Prog Neuro-Psychopharmacology & Biological Psychiatry* 31, no 5 (2007): 1044~53. D. Musselman 외, "The Relationship of Depression to Cardiovascular Disease," *Archives of General Psychiatry* 55, no. 7 (1998): 580~92.

14. N. Vasic, H. Walter, A. Höse & R. C. Wolf, "Gray Matter Reduction Associated with Psychopathology and Cognitive Dysfunction in Unipolar Depression: A Voxel-Based Morphometry Study," *Journal of Affective Disorders* 109, no. 1~2 (2008): 107~16. Y. I. Sheline 외, "Untreated Depression and Hippocampal Volume Loss," *American Journal of Psychiatry* 160, no. 8 (2003): 1516~18. G. Rajkowska, "Histopathology of the Prefrontal Cortex in Major Depression: What Does It Tell Us About Dysfunctional Monoaminergic Circuits?" *Progress in Brain Research* 126 (2000): 397~412. G. Rajkowska & J. J. Miguel-Hidalgo, "Gliogenesis and Glial Pathology in Depression," *CNS Neurol Disord Drug Targets* 6 (2007): 219~33. G. Rajkowska, J. J. Miguel-Hidalgo, P. Dubey, C. A. Stockmeier & K. R. Krishnan, "Prominent Reduction in Pyramidal Neurons Density in the Orbitofrontal Cortex of

Elderly Depressed Patients," *Biological Psychiatry* 58 (2005): 297~306. G. Rajkowska, J. J. Miguel-Hidalgo, J. Wei, G. Dilley, S. D. Pittman, H. Y. Meltzer 외, "Morphometric Evidence for Neuronal and Glial Prefrontal Cell Pathology in Major Depresson," *Biological Psychiatry* 45 (1999): 1085~98. X. Si, J. J. Miguel-Hidalgo, G. O' Dwyer, C. A. Stockmeier & G. Rajkowska, "Age-Dependent Reductions in the Level of Glial Fibrillary Acidic Protein in the Prefrontal Cortex in Major Depression," *Neuropsycho-pharmacology* 29 (2004): 2088~96. W. C. Drevets, "Functional Anatomical Abnormalities in Limbic and Prefrontal Cortical Structures in Major Depression," *Progress in Brain Research* 126 (2000): 413~31. D. Ongür, W. C. Drevets & J. L. Price, "Glial Reduction in the Subgenual Prefrontal Cortex in Mood Disorders," Proceedings of the National Academy of Sciences of the United States of America 95 (1998): 13290~95. E. Gould, "Serotonin and Hippocampal Neurogenesis," *Neuropsycho-pharmacology* 21 (1999): 46S~51S. S. R. Duman 외, "A Molecular and Cellular Theory of Depression," *Archives of General Psychiatry* 54, no. 7 (1997): 597~606. M. Kojima 외, "Pre and Post Synaptic Modification by Neurotrophins," *Neuroscience Research* 43, no. 3 (2002): 193~99.

15. 해로운 관계를 종결하라는 말은 영적으로 미성숙하고 관계적으로 파괴적인 사람들을 섬기지 말라는 뜻이 아니다. 다만 믿지 못할 사람들에게 우리 마음과 흉중과 계획을 함부로 열어 보여서는 안 된다는 뜻이다. 우리를 이용하고, 신임을 어기고, 배신하고, 이래저래 피해를 주는 사람들이 있다. 그런 사람들에게는 우리는 비밀을 털어놓거나 의지하거나 지원을 구하지 않는다. 하지만 계속 하나님의 사랑으로 그들에게 다가가고자 애쓴다. 그들도 마음과 사고에 치유를 경험할 수 있도록 말이다.

004. 어떤 생각을 하느냐에 따라 뇌가 변한다

1. 정말 시험할 거라면 조심해서 해야 한다. 왜 그런 손해를 끼쳐야 했는지 나중에 잘 설명해 주어야 한다.

2. 하나님이 주신 정당한 자유를 당신이 침해당하고 있다고 생각된다면, 지금부터 그것을 어떻게 되찾을 수 있을지 생각해 보라. 배우자와의 솔직한 대화가 불가능 하다면 전문가의 조언을 구하는 것도 좋다.

3. H. K. Teng 외, "ProBDNF Induces Neuronal Apoptosis via Activation of a Receptor Complex of p75NTR and Sortilin," *The Journal of Neuroscience* 25, no. 22 (2005년 6월 1일): 5455~63.

4. G. Nagappan 외, "Control of Extracellular Cleavage of ProBDNF by High Frequency Neuronal Activity," *Proceedings of the National Academy of Sciences* 106, no. 4 (2009년 1월 27일): 1267~72.

5. Y. Ogino 외, "Inner Experience of Pain: Imagination of Pain While Viewing Images Showing Painful Events Forms Subjective Pain Representation," Cerebral Cortex 17, no. 5 (2007): 1139~46. K. Herholz & Wolf-Dieter Heiss, "Functional Imaging Correlates of Recovery After Stroke in Humans," *Journal of Cerebral Blood Flow & Metabolism* 20 (2000): 1619~31. M. Lotze 외, "The Musician' s Brain: Functional Imaging of Amateurs and Professionals During Performance and Imagery," *Neuroimage* 20, no. 3 (2003): 1817~29.

6. L. Peoples, "Will, Anterior Cingulate Cortex, and Addiction," *Science* 296 (2002년 5월 31일): 1623.

7. Joel Green & Mark Baker, *Rediscovering the Scandal of the Cross* (Downers Grove, IL: InterVarsity Press, 2000), 51. (《십자가와 구원의 문화적 이해》 죠이선교회 출판부)

8. A. Newberg, *How God Changes Your Brain* (New York: Random House, 2009),

53.

9. M. Milad 외, "A Role for the Human Dorsal Anterior Cingulate Cortex in Fear Expression," *Biological Psychiatry* 62, no. 10 (2007년 11월 15일): 1191~94. P. Rudebeck 외, "Distinct Contributions of Frontal Areas to Emotion and Social Behaviour in the Rat," *European Journal of Neuroscience* 26, no. 8 (2007년 10월): 2315~26. A. Etkin & T. Wagner, "Emotional Processing in PTSD, Social Anxiety Disorder, and Specific Phobia," *American Journal of Psychiatry* 164, no. 10 (2007년 10월): 1476~88. J. Knippenberg, "N150 in Amygdalar ERPs in the Rat: Is There Modulation by Anticipatory Fear?" *Physiology & Behavior* 93, no. 1~2 (2008년 1월 28일): 222~28. J. Sherin & C. Nemeroff, "Post-Traumatic Stress Disorder: The Neurobiological Impact of Psychological Trauma," *Dialogues in Clinical Neuroscience* 13, no. 3 (2011년 9월): 263~78.

10. R. Kanai 외, "Political Orientations Are Correlated with Brain Structure in Young Adults," *Current Biology* 21, no. 8 (2011년 4월 7일): 677~80.

11. E. Maguire 외, "London Taxi Drivers and Bus Drivers: A Structural MRI and Neuropsychological Analysis," *Hippocampus* 16 (2006): 1091~1101.

12. 하나님이 흙으로 아담의 몸을 빚으셨을 때 그 몸은 아직 살아 있지 않았다. 하나님이 아담 안에 생명의 "숨"을 불어 넣으신 후에야 그는 살아 있는 존재가 되었다(창 2:7). 아담 안에 불어 넣어진 "숨"은 히브리어로 "네샤마"로 동물들이 받은 "숨"과 동일하다(창 7:21~22, 전 3:19). 사람이 죽으면 "숨[네샤마, 생명]이 끊어"진다(왕상 17:17). 죽은 몸 안에는 그 "숨"이 없다. 그런데 흥미롭게도 성경은 인간이 죽을 때 하나님께로 돌아가는 무엇을 다른 단어로 표현한다.

전도서에 보면 죽을 때 하나님께로 돌아가는 것은 "루아흐"다(전 12:7). 그분이 주셨으므로 그분께로 다시 돌아간다. "루아흐"는 구약에 377회 쓰였는데 그중 33회는 에스겔 37장 5절처럼 몸의 "숨"(또는 "생기")으로 번역되었다. 그러니까 겉으로만 보면 하나님이 생명의 "숨"을 주셨고 죽을 때 그 "숨"이 하나님께로 돌아간다는 주장이 가능하다. 하지만 "루아흐"는 또한 76회는 "정신" 또는 활력 같은 "힘"(삿 15:19), "용기"(수 2:11, "정신"), "노여움"(삿 8:3), 3회는 감정의 자리(삼상 1:15), 16회는 도덕적 성품(겔 11:19), 9회는 "생각"(겔 11:5, "마음") 등으로도 번역되었다. 여기서 미루어 알 수 있는 것이 있다. 아담에게 주어진 "숨"은 체화되었으며, 하나님께로 돌아가는 것은 단지 생기만이 아니라 지성적 존재의 인격이다.

예수님은 마태복음 10장 28절에 말씀하시기를 몸을 죽이는 자를 두려워하지 말고 몸과 영혼을 능히 멸하시는 분을 두려워하라고 하셨다. 여기 "영혼"은 헬라어로 "프쉬케"다. 정신의학(psychiatry)과 심리학(psychology)의 어원인 "psyche"라는 단어가 거기서 나왔다. "프쉬케"는 사람의 인격이나 의식을 뜻한다. 바울은 데살로니가전서 4장에 이렇게 말했다.

형제들아, 자는 자들에 관하여는 너희가 알지 못함을 우리가 원하지 아니하노니 이는 소망 없는 다른 이와 같이 슬퍼하지 않게 하려 함이라. 우리가 예수께서 죽으셨다가 다시 살아나심을 믿을진대 이와 같이 예수 안에서 자는 자들도 하나님이 그와 함께 데리고 오시리라. 우리가 주의 말씀으로 너희에게 이것을 말하노니 주께서 강림하실 때까지 우리 살아남아 있는 자도 자는 자보다 결코 앞서지 못하리라. 주께서 호령과 천사장의 소리와 하나님의 나팔 소리로 친히 하늘로부터 강림하시리니 그리스도 안에서 죽은 자들이 먼저 일어나고 그 후에 우리 살아남은 자들도 그들과 함께 구름 속으로 끌어 올려 공중에서 주를 영접하게 하시리니 그리하여 우리가 항상 주와 함께 있으리라(살전 4:13~17).

보다시피 바울도 예수님과 똑같이 죽음을 잠에 빗대어 표현한다. 바울은 지금 그리스도인들의 우려에 대해 답하고 있다. 그들은 이 땅에 살아 있는 이들이 이미 잠든 이들보다 먼저 천국에 갈지도 모른다고 우려했다. 그래서 바울은 흥미로운 내용을 들려준다. 그리스도께서 재림하실 때 이미 잠든 자들을 데리고 오셔서 부활시켜 주신다는 것이다. 바울이 독자들에게 확언하듯이 이 땅에 살아 있는 우리는 사랑하는 고인들이 다시 살아난 후에야 천국에 가게 된다. 그렇다면 이 모두를 어떻게 종합할 것인가? 컴퓨터의 비유로 다시 돌아가 보자.

내가 사무실에서 쓰는 노트북컴퓨터에는 환자들의 진료 기록이 들어 있다. 이 컴퓨터는 무선으로 다른 방의 서버와 연결되어 있다. 컴퓨터에 입력하는 모든 내용은 자동으로 서버에도 저장된다. 누가 내 컴퓨터를 부수어 쪼개고 녹이면 컴퓨터는 "죽는다." 하지만 하드웨어(노트북컴퓨터)를 새로 사서 서버에 연결한 뒤 저장된 모든 정보를 다운로드하면 내 컴퓨터는 "부활한다."

내가 믿기로 예수님과 성경이 가르치는 바가 바로 그것이다. 평생 우리의 모든 행동과 선택이 모여 우리의 성품과 인격을 빚어낸다. 우리의 생각 속에 벌어지는 모든 일은 천국에 있는 하나님의 "서버"인 "어린양의 생명책"에 완벽하게 기록(저장)된다. 설령 누가 우리를 죽인다 해도 "몸을 멸할" 뿐 우리의 "프쉬케"는 건드릴 수 없다. 우리의 인격은 천국에 더할 나위 없이 안전하게 저장되어 있다. 죽으면 혼(루아흐), 즉 나만의 독특한 인격은 하나님께로 돌아가 장차 새로운 몸에 다운로드 될 날을 기다린다. 그리스도께서 재림하실 때 모든 성도의 저장된 인격을 데리고 오셔서 자신이 창조하신 완전한 몸 안에 다운로드해 주신다. 그렇게 그들은 부활해 영원히 살게 되며, 이 땅에 살아 있는 이들도 순식간에 변화되어 그들과 합류한다. 악인들의 종말에 대해서는 뒤에서 다시 살펴볼 것이다.

007. 건강한 행동 노선을 선택하라

1. People Megazine 편집부, "The Killer and the Kids," *People: Amazing Stories of Survival* (New York: Time Life, Inc., 2006), 107.

008. 지성을 사용하여 왜곡된 하나님관을 바꾸라

1. 코넬 대학교의 응용 유전학자인 존 C. 샌포드(John C. Sanford) 박사의 책 *Genetic*

Entropy and the Mystery of the Genome(유전 엔트로피와 게놈의 신비)을 추천한다. 그가 탄탄한 과학적 증거를 제시했듯이 인간 게놈은 죄가 들어온 이후로 퇴화해 왔고 계속 퇴화하고 있다. 또한, 그의 말대로 자연도태는 세대마다 발생하는 수많은 새로운 돌연변이체를 도태시키지 못한다. 대대로 누적된 그런 유전적 돌연변이체는 하나님의 창조 세계가 망가져 죄에 짓눌려 있다는 하나의 증거다.

009. 진실을 받아들여야 회복이 가능하다

1. A. Newberg, *How God Changes Your Brain* (New York: Random House, 2009), 49.

011. 하나님에 대한 시각을 넓히라

1. 이 세상에 비참한 사건과 고통과 고난이 발생하는 이유는 다양하다. 그런 역경을 겪는다 해서 누구나 다 욥이나 해럴드의 입장에 있는 것은 아니다. 이 이야기는 하나님이 특정한 상황에서 고난을 허락하시는 많은 이유 중 하나를 부각하기 위한 것뿐이다.

2. 어떤 사람들은 그리스도께서 기적을 행하실 때 자주 "네 믿음이 너를 구원[치유]하였으니"(막 5:34)라고 말씀하셨음을 지적하며, 이번 장의 내 입장이 아전인수격이라고 우려할 수 있다. 개개인의 삶 속에 기적이 일어났을 때는 그들이 하나님이나 그리스도를 신뢰하거나 믿었을 때다. 믿음을 통해 그들의 마음이 열려 하나님의 능력이 그들 안에 역사하실 수 있었다. 그러므로 그리스도의 그 말씀은 이런 의미로 이해된다. 하나님이 인간의 삶 속에 역사해 치유를 가져다주시려면 반드시 우리 쪽에 믿음이 있어야 한다. 하지만 성경 전체의 증거에 비추어 볼 때, 그리스도의 그 말씀은 그들의 믿음이 강하거나 성숙한 믿음이라는 뜻은 아니다. 그런 뜻이라고 결론짓는다면 오류가 될 것이다. 오히려 각 내러티브의 증거로 미루어 보면, 믿음으로 치유된 사람들의 대다수는 처음 믿었고, 기적은 그 믿음을 굳건하

게 해주는 역할을 했다. 따라서 나의 요지는 그대로 유효하다. 기적은 종종 믿음이 약한 자들의 유익을 위해 믿음이 강한 자들을 통해 이루어진다. 또한, 기적을 경험하지 못했다 해서 그 자체로 믿음이 약하다는 증거는 아니다.

012. 하나님은 하늘 위의 경찰관이 아니다

1. A. H. Miller 외, "Inflammation and Its Discontents: The Role of Cytokines in the Pathophysiology of Major Depression," *Biological Psychiatry* 65, no 9 (2009): 732~41. S. Alesci 외, "Major Depression Is Associated with Significant Diurnal Elevations in Plasma Interleukin-6 Levels, a Shift of Its Circadian Rhythm, and Loss of Physiological Complexity in Its Secretion: Clinical Implications," *Journal of Clinical Endocrinology & Metabolism* 90, no. 5 (2005): 2522~30. V. Vaccarino 외, "Depressive Symptoms and Risk of Functional Decline and Death in Patients with Heart Failure," *Journal of the American College of Cardiology* 38 (2001): 199~205. S. A. Everson 외, "Depressive Symptoms and Increased Risk of Stroke Mortality Over a 29-Year Period," *Archives of Internal Medicine* 158 (1998): 1133~38. W. W. Eaton 외, "The Influence of Educational Attainment on Depression and Risk of Type 2 Diabetes," *Diabetes Care* 19, no. 10 (1996): 1097~1102. R. Coelho 외, "Bone Mineral Density and Depression: A Community Study of Women," *Journal of Psychosomatic Research* 46 (1999): 29-35. D. Michelson 외, "Depression and Osteoporosis: Epidemiology and Potential Mediating Pathways," New England Journal of Medicine 335 (1996): 1176~81. A. E. Yazici 외, "Bone Mineral Density in Premenopausal Women with Major Depression," *Joint Bone Spine* 72 (2005): 540~43.

013. 예수 그리스도의 뇌

1. D. Grogan, "To Save Their Daughter From Leukemia, Abe and and Mary Ayala Conceived a Plan—and a Baby," *People Magazine* 33, no. 9 (1990년 3월 5일): www.people.com/people/archive/article/0,,20116976,00.html.

2. M. Inbar, "Born to Save Sister's Life, She's 'Glad I Am in This Family,'" Today.com (2011년 6월 3일): http://today.msnbc.msn.com/id/43265160/ns/today-good_news/t/born-save-sisters-life-shes-glad-i-am-family/.

3. Jim McHugh, "Born to Save a Life," *People: Amazing Stories of Survival* (New York: Time Inc., 2006), 115.

4. W. Kaiser 외, *Hard Sayings of the Bible* (Downers Grove, IL: InterVarsity Press, 1996), 542~43.

5. James K. Beilby & Paul R. Eddy, *The Nature of the Atonement* (Downers Grove, IL: InterVarsity Press, 2006).

6. Robert S. Franks, *A History of the Doctrine of the Work of Christ in Its Ecclesiastical Development*, vol. 1 (London: Hodder and Stoughton, 1918), 21.

7. 같은 책, 22.

8. 같은 책, 37~38.

9. Beilby & Eddy, *Nature of the Atonement*, 137.

10. 여기서 요지는 십계명의 어느 특정한 개조를 찬성하거나 반대하는 게 아니다. 일각에서 주장하는 십계명의 개조를 기독교가 실정법 개념을 받아들였다는 증거로 제시하는 것뿐이다. 하나님의 법을 중력의 법칙이나 호흡의 법칙처럼 자연법으로 보았다면, 어느 기독교 집단을 막론하고 어떻게 그 법을 바꿀 수 있다고 생각했겠는가? "유대교의 안식일은 일주일의 일곱째 날이었으나 교회는 그것을 첫째 날로 바꾸었다. 그 후에 교회는 제3계명에 나오는 거룩하게 지킬 주의 날이 일요일을 가리킨다고 해석했다." *Catholic Encyclopedia*, vol. 4, 153.

11. Peter Leithart, *Defending Constantine* (Downers Gorve, IL: IVP Academic, 2010), 302~3.

12. T. Jennings, *Could It Be This Simple?* (Hagerstown, MD: Autumn House, 2007), 101~2.

13. 5장 끝에 풀어쓴 로마서 7장이 이 개념의 적용을 잘 예시해 준다.

14. Kaiser 외, *Hard Sayings of the Bible*, 542~43.

15. O. Heinrich, "A Hollowed Spot," *Southern Tidings* 63, no. 10 (1969년 10월): 12~13. 다음 웹사이트도 참조하라.
www.adventistcamps.org/article/80/camp-directory/cohutta-springs-youth-camp.

16. "atone: 'at one' 이 축약된 형태로 '하나로 만들다, 연합시키다' 라는 뜻이다. 'at one' 이나 'at onement' 가 자주 쓰이다 보니 그것이 'atonement' 로 합성되어 16세기 초부터 'onement' 를 대신해서 쓰였다. 동사형 'one' 이 'atone' 으로 대체된 것은 1550년경이다. 성경에 'atone' 이 처음 쓰인 것은 1611년이며, 다만 'atonement' 는 윌리엄 틴데일(William Tyndale)의 역본부터 쭉 쓰였다." J. Simpson & S. Weiner, *The Oxford English Dictionary*, 2판 (Oxford: Clarendon Press, 1989), 745~55.

17. C. Thompson, *Anatomy of the Soul* (Carol Stream, IL: Tyndale House, 2010), 170.

18. 성경은 예수께서 우리의 구원을 위하여 이루신 일 곧 속죄를 여러 가지 은유로 설명한다. 그러나 그 은유들의 이면에 하나의 실체인 우주적 진리가 존재한다. 우주는 그 진리대로 돌아간다. 이 책의 입장은 그 진리가 바로 하나님의 속성인 사랑이라는 것이다. 이 사랑의 속성은 사랑의 법으로 표현되었다. 삶은 바로 그 법, 즉 원형대로 돌아가도록 지어졌다. 이게 사실이라면 모든 은유는 이 실체 안에서 가장 참된 의미를 얻는다. 이것이 어떻게 모든 은유를 통합하는 관점일 수 있는지 예시하고자 한다.

대속의 은유. 예수님은 자신의 목숨을 많은 사람의 대속물로 주겠다고 말씀하셨다. 대속물이란 포로나 노예로 잡혀 있는 사람을 자유롭게 하는 데 필요한 값이다. 우리를 노예로 잡고 있는 것은 무엇인가? 하나님에 대해 우리가 믿고 있는 거짓과 우리 자신의 타락한 본성이다. 그렇다면 우리를 자유롭게 할 값은 무엇인가? 하나님에 대한 진리—그것이 거짓을 멸하고 신뢰를 회복시킨다—와 새로운 본성이다. 예수 그리스도께서 이 땅의 사역을 통해 그 두 가지를 모두 우리에게 주셨다. 즉 대속의 값은 우리에게 치러졌다. 우리의 상태가 그것을 요구하기 때문이다. 이것을 신장 이식을 받는 신장병 환자에 비유할 수 있다. 신장을 기증하는 사람은 "비싼 값을 치른다." 불치병에서 자유롭게 하는 데 필요한 값을 치러 신장병의 포로가 된 환자를 "대속한다". 신장이라는 값이 "치러지는" 대상은 누구인가? 죽어가는 사람이다. 왜 그런가? 그 사람의 상태가 그것을 요구하기 때문이다. 그것이 있어야 삶의 원리와 다시 조화를 이룰 수 있다.

도덕적 영향력의 이론. 위에 말한 대속의 값 중 처음 절반을 설명해 준다. 즉 그리스도 예수 안에 계시된 하나님에 대한 진리 부분이다. 이를 통해 우리의 신뢰가 회복된다. 나머지 절반, 즉 죄인을 치유하고 회복해 다시 사랑의 법과 조화를 이루게 하시는 일은 하나님이 그 신뢰 관계 속에서 행하신다. 물론 그러려면 죄인 쪽에서 하나님의 지시에 따라야 한다. 그리스도께서 이루신 일의 이 나머지 요소들은 도덕적 영향력의 이론으로 설명되지 않는다.

그리스도 승리자의 모델. 그분은 사탄과 그의 세력을 궤멸시키셨다. 우선 우리는 사탄의 세력의 근원을 알아야 한다. 그것은 두 가지 방식으로 생겨나는데 첫째는 2장에 설명한 거짓의 세력이고, 둘째는 하나님의 법을 어길 때 발생하는 세력이다. 머리를 물속에 누르고 있으면 왜 사람이 죽는가? 호흡의 법칙은 만고불변이라서 그것을 어길 때 발생하는 파괴력을 인간이 이길 수 없기 때문이다. 마찬가지로 하나님의 사랑의 법이나 삶의 원리도 만고불변이라서 그것을 어길 때 발생하는 파괴력을 인간이 이길 수 없다. 물속에 처박힌 상태를 이기는 유일한 길은 공기를 얻는 것이다. 사탄의 세력을 이기는 유일한 길은 진리를 받아 거짓을 멸하고 온전한 사랑의 근원과 연결되는 것이다.

그리스도의 죽음은 "죽음의 세력을 잡은 자 곧 마귀"를 멸했다(히 2:14). 그렇다면 마귀가 잡은 죽음의 세력이란 무엇인가? 죽음이 영생의 반대라면 요한복음 17장 3절에 중요한 단서가 나온다. 거기 보면 예수님은 영생이 하나님과 그분의 아들을 아는 것이라 하셨다. 영생이 하나님을 아는 것이라면 생명의 반대인 죽음은 하나님을 모르는 것이다. 따라서 사탄이 잡은 죽음의 세력이란 우리가 믿는 하나님에 대한 그의 거짓말이 된다. 그 거짓말이 우리를 막아 하나님을 알 수 없게 한다. 2장에서 보았듯이 거짓을 믿으면 사랑과 신뢰의 서클이 깨지고, 사랑과 신뢰가 깨지면 그 결과는 파멸과 죽음이다.

그러므로 그리스도는 하나님, 자기 자신, 죄의 속성과 본질, 마귀 등에 대한 진리를 계시해 사탄을 이기셨다. 이로써 마귀는 무장이 해제되고 그의 무기인 속임수는 무용지물이 된다. 이것이 요한계시록에 생생한 은유로 묘사되어 있다. 거기 보면 백마를 타신 분이 자기 입에서 나오는 검으로 적들을 멸하시는데 그분의 이름은 하나님의 말씀이다(계 19:11~21). 그 검은 곧 진리의 검(엡 6:17)이 아니겠는가? 하나님의 말씀이신 그분에게서 나오는 구두의 말씀이 아니겠는가? 예수님의 입에서 진리 외에 무엇이 나오겠는가? 그뿐 아니라 인간이신 그리스도는 자신의 뇌를 구사해 인류에게 하나님의 법을 회복시키셨고, 그리하여 인간 안에 있는 하나님의 형상을 말살시키려는 사탄의 일을 궤멸시키셨다. 그리스도와 사탄이 서로 힘이나 세력이나 물리력으로 싸운다는 식의 말은 내가 보기에 전혀 근거가 없다. 어린아이가 동전을 땅에 팽개치듯이 창조주께서도 사탄을 식은 죽 먹기로 멸하실 수 있기 때문이다. 예수님은 귀신을 상대하실 때마다 그들에게 절대적 권위를 행사하셨다. 특히 죽으시고 부활하시기 이전부터 그러셨다.

이번 주(註)의 설명은 완전하지 못하며, 하나님의 속성인 사랑이 현실을 통합하는 구심점임을 보여 주는 작은 예에 지나지 않는다. 다른 사람들이 이 가닥을 이어받아 하나님의 구속 사역이 그분의 속성이자 방법인 사랑과 어떻게 맞물려 있는지 더 깊이 밝혀내기를 바란다.

014. 용서는 죄를 막는 백신이다

1. 조지 W. 부시가 2001년 9월 20일에 상하 양원 합동회의에서 한 연설로 다음 웹사이트에서 인용했다. www.historyplace.com/speeches/gw-bush-9-11.htm.

2. A. F. Shariff & M. Rhemtulla, "Divergent Effects of Beliefs in Heaven and Hell on National Crime Rates," PloS ONE 7, no. 6 (2012): e39048. doi:10.1371/journal. pone.0039048.

3. 다음 웹사이트에서 인용했다. www.famousquotesabout.com/quote/An-eye-for-an/375503.

4. 회개하기를 거부하는 사람에게 용서를 베풀면 그 사람이 오히려 악행과 가해를 반복하게 된다는 일각의 우려가 있다. 이런 우려는 용서를 신뢰의 회복으로 착각하는 데서 비롯된다. 용서하면 가해자의 성품이 바뀌는 게 아니라 피해자의 마음에서 원한과 원망이 사라진다. 안전한 신뢰가 이루어지려면 가해자가 회개하고 마음에 하나님의 변화를 경험해야 한다. 즉 자신보다 다른 사람들을 더 사랑해야 한다. 요컨대 용서는 우리가 그냥 베풀지만, 신뢰는 상대방이 얼마나 믿을 만하게 행동하느냐에 달려 있다.

015. 사랑은 두려움을 이긴다

1. AP 통신, "Amish Girl Asked to Be Shot First to Save Classmates," *Saturday*, 2006년 10월 7일.

2. WorldNetDaily, "Grieving Amish Raise Money for Killer's Family: 'This Is Possible if You Have Christ in Your Heart,'" 2006년 10월 4일, www.wnd. com/2006/10/38231/.

3. J. Howell, "Gator Girl to the Rescue," *People: Amazing Stories of Survival* (New

York: Time Inc., 2006), 23.

016. 사랑과 진리의 불꽃이 활활 타오르게 하라

1. Joel B. Green & Mark D. Baker, Rediscovering the Scandal of the Cross (Downers Grove, IL: InterVarsity Press, 2000), 29. (《십자가와 구원의 문화적 이해》 죠이선교 회출판부)

2. 영국성공회 교리위원회(The Doctrine Commission of the Church of England), *The Mystery of Salvation: The Story of God's Gigt: A Report* (London: Church House Publishing, 1995), 197.

3. 4장의 주에서 우리는 의인이 "죽을" 때 그 인격이 어떻게 되는지를 컴퓨터와 서버에 비유해 살펴보면서, 악인의 종말에 대해서는 뒤로 미루었다. 악인은 천년 왕국 끝의 심판의 부활 때 불완전한 몸으로 부활한다(계 20:5). 그때 악인들의 인격이 하나님의 기록된 책(천국의 서버)에서 다운로드 된 뒤에 천국의 서버는 "삭제된다." 더는 어떤 인격도 백업 또는 저장되지 않는다. 새 예루살렘이 지상에 임해 일정 기간이 흐르는 동안 악인들이 결집해 그 도성을 공격한다(계 20:7~9). 그 기간에 의인들이 그 도성 안에 있으며, 성문들은 열려 있다(계 21:25). 악인들이 도성을 공격하려 무더기로 행진할 때 하나님이 그분의 충만한 영광을 드러내시고, 그분의 임재의 불 곧 진리와 사랑이 불이 앞서 말했듯이 모든 죄를 소멸시킨다. 그렇다면 악인의 부활은 왜 있는가? 다음 사실을 밝히기 위해서다. 즉 하나님은 구약 시대에 사람들을 잠자게 하실 때 그들의 삶의 최종 결과를 결정짓지 않으셨다. 악인들은 부활해 스스로 선택으로 각자의 삶을 마감한다. 하지만 지상에 새 예루살렘이 임해 있는데도 악인들은 하나님에 대한 거짓에 워낙 마음이 찌들어 있어 끝내 그분께 굴복하거나 도성으로 들어오지 않는다. 이로써 그들을 멸하는 것은 해결되지 않은 각자의 죄이며 하나님은 참으로 사랑과 생명의 하나님임이 의심의 여지없이 입증된다. 그 지성적 피조물들은 머릿속으로 하나님께 온갖 죄

목을 덮어씌우지만, 결국 그분의 결백이 입증된다. 하나님이 사망의 근원이라는 마지막 거짓말은 완전히 오류로 밝혀진다.

그 후에 악인들은 멸망해 영원히 소멸한다. 인격이 더는 천국에 저장되어 있지 않기 때문에 존재 자체가 없어진다. 실존의 영원한 상실은 죄의 삯이자 또한 죄의 사망이다. 부활 때까지는 의인과 악인이 양쪽 다 "잠들어" 있지만 치유되지 않은 악인만 영원히 멸망한다(죽는다). 그 이유가 무엇인가? 삶이란 하나님의 속성인 사랑과 조화를 이룬 상태에서만 존재하도록 지어졌기 때문이다. 그래서 하나님이 설계하신 삶으로 끝내 회복되지 못한 악인들은 생존할 수 없다. 그들은 생명의 근원이신 하나님과 영원히 분리되는 쪽을 택했다. 그래서 하나님은 자신의 사랑과 자유의 법에 따라 그들을 놓아 주어 그들이 선택한 대로 거두게 하신다. 결국, 그들은 영원히 실존을 잃는다.

물론 악인들이 영원히 살면서 고통당한다고 보는 관점도 *있다. 그런 관점을 떠받치는 한 가지 전제는 하나님이 본래 에덴동산에서 인간을 불멸의 존재로 지으셨다는 개념이다. 그게 사실이라면 인간들이 반항하고 하나님의 자비를 거부해도 그분은 속수무책이 되신다. 즉 그들은 그분의 임재 밖에서 영원히 살면서 영원히 고통당해야 한다. 하나님은 그들의 영원한 고통을 막아 주시고 싶어도 이미 그들에게 불멸을 주셨기 때문에 무슨 수로도 막아 주실 수 없다.

단언컨대 인간에게 고유의 불멸성이 있다는 개념은 잘못된 전제다. 단언컨대 오직 하나님만이 불멸의 존재이시며(욥 4:17, 시 6:15, 딤전 6:16, 롬 2:7, 고전 15:51-54) 영원한 생명은 하나님이 인간에게 주시는 선물이다(요 3:16, 롬 6:23). 그분은 신뢰가 회복되고 내면에 사랑의 법이 기록된 사람들에게 영생을 주신다(히 8:10). 나는 인간에게 고유의 불멸성이 있다는 전제를 거부한다. 그리하는 것이 성경(예컨대 이번 문단에 소개한 구절들)과 일치하기 때문이고, 또 사랑의 법이 삶의 설계 원형이기 때문이며, 또 내가 하나님의 예지(豫知)와 주권을 믿기 때문이다. 하나님은 인간이 반항해 영원히 고통당할 것을 뻔히 아시면서도 인간을 고유의 불멸성을 지닌 존재로 창조하실 만큼 어리석은 분이 아니다. 그런 존재는 잔인한 가학주의자이거나 고지식한 바보이거나 둘 중 하나일 텐데, 하나님은 어느 쪽도 아니다. 그분은 사랑과 자비와 지혜가 무궁하신 분이다. 그러므로 이번 장에 제시된 입장은 세 가닥의 증거와 모두 조화를 이루면서 또한 하나님이 사랑의 존재이심을 확증해 준다.

017. 부처와 예수 | 준비된 뇌로 영원을 맞이하라

1. P. M. Barnes, B. Bloom & R. Nahin, "Complementary and Alternative Medicine Use Among Adults and Children: United States, 2007," *National Health Statistics Reports*, no. 12 (2008년 12월 10일): 1~23.

2. M. B. Ospina, T. K. Bond, M. Karkhaneh 외, "Meditation Practices for Health, State of the Research," Evidence Report/Technology Assessment, no. 155 (2007). S. R. Bishop, M. Lau, S. Shaporo 외, "Mindfulness: A Proposed Operational Definition," *Clinical Psychology: Science and Practice* 11, no. 3 (2004): 230~41. P. Grossman, L. Niemann & S. Schmidt 외, "Mindfulness-Based Stress Reduction and Health Benefits: A Meta-analysis," *Journal of Psychosomatic Research* 57, no. 1 (2004): 35~43. J. K. Zinn, A. O. Massion & J. Kristeller, "Effectiveness of a Meditation-Based Stress Reduction Program in the Treatment of Anxiety Disorders," *American Journal of Psychiatry* 149 (1992): 936~43. T. Toneatto & L. Nguyen, "Does Mindfulness Meditation Improve Anxiety and Mood Symptoms? A Review of the Controlled Research," *Canadian Journal of Psychiatry* 52, no. 4 (2007): 260~66. S. G. Hofmann, A. T. Sawyer, A. A. Witt & D. Oh, "The Effect of Mindfulness-Based Therapy on Anxiety and Depression: A Meta-analytic Review," *Journal of Consulting and Clinical Psychology* 78 (2010): 169~83. A. K. Niazi & S. K. Niazi, "Mindfulness-Based Stress Reduction, a Non-Pharmacological Approach

for Chronic Illness," *North American Journal of Medical Sciences* 3 (2010): 20~23.
E. Bohlmeijer, R. Prenger & E. Taal, "The Effects of Mindfulness-Based Stress
Reduction Therapy on Mental Health of Adults with a Chronic Medical Disease, A
Meta-analysis," *Journal of Psychosomatic Research* 68, no. 6 (2010): 539~44. J.
Vollestad, B. Sivertsen & G. H. Nielsen, "Mindfulness-Based Stress Reduction for
Patients with Anxiety Disorders: Evaluation in a Randomized Controlled Trial,"
Behaviour Research and Therapy 49 (2011): 281~88. T. Barnhofer, C. Crane & E.
Hargus, "Mindfulness-Based Cognitive Therapy as a Treatment for Chronic
Depression, a Preliminary Study," *Behaviour Research and Therapy* 47 (2009):
366~73. J. D. Teasdale, Z. V. Segal & J. M. Williams, "Prevention of
Relapse/Recurrence in Major Depression by Mindfulness-Based Cognitive
Therapy," *Journal of Consulting and Clinical Psychology* 68 (2000): 615~23. K.
Pilkington, G. Kirkwood, H. Rampes & J. Richardson, "Yoga for Depression: The
Research Evidence," *Journal of Affective Disorders* 89 (2005): 13~24. S. S. Khumar,
P. Kaur & S. Kaur, "Effectiveness of Shavasana on Depression Among University
Students," *Indian Journal of Clinical Psychology* 20 (1993): 82~87. L. A.
Uebelacker, G. Tremont, G. Epstein-Lubow 외, "Open Trial of Vinyasa Yoga for
Persistently Depressed Individuals: Evidence of Feasibility and Acceptability,"
Behavior Modification 34, no. 3 (2012): 247~64. L. D. Butler, L. C. Waelde, T. A.
Hastings 외, "Meditation with Yoga, Group Therapy with Hypnosis, and
Psychoeducation for Long-Term Depressed Mood: A Randomized Pilot Trial,"
Journal of Clinical Psychology 64, no. 7 (2008): 806~20. N. Janakiramaiah, B. N.
Gangadhar, P. J. Naga Venkatesha Murthy, M. G. Harish, D. K. Subbakrishna & A.
Vedamurthachar, "Antidepressant Efficacy of Sudarshan Kriya Yoga (SKY) in
Melancholia: A Randomized Comparison with Electroconvulsive Therapy (ECT)

and Imipramine," *Journal of Affective Disorders* 57, no. 1~3 (2000): 255~59. A. Woolery, H. Myers, B. Sternlieb & L. Zeltzer, "A Yoga Intervention for Young Adults with Elevated Symptoms of Depression," *Alternative Therapies in Health and Medicine* 10, no. 2 (2004): 60~63. T. Kamei, Y. Toriumi, H. Kimura, S. Ohno, H. Kumano & K. Kimura, "Decrease in Serum Cortisol During Yoga Exercise Is Correlated with α Wave Activation," *Perceptual & Motor Skills* 90, no. 3, part 1 (2000): 1027~32. A. Michalsen, P. Grossman, A. Acil 외, "Rapid Stress Reduction and Anxiolysis Among Distressed Women as a Consequence of a Three-Month Intensive Yoga Programme," *Medical Science Monitor* 11, no. 12 (2005): 555~61. M. R. Rao, N. Raghuram, H. R. Nagendra 외, "Anxiolytic Effects of a Yoga Program in Early Breast Cancer Patients Undergiong Conventional Treatment: A Randomized Controlled Trial," *Complementary Therapies in Medicine* 17 (2009): 1~8. G. Kirkwood, H. Rampes, V. Tuffrey, J. Richardson, & K. Pilkingron, "Yoga for Anxiety: A Systematic Review of the Research Evidence," *British Journal of Sports Medicine* 39, no. 12 (2005): 884~91. D. S. Shannahoff-Khalsa, L. E. Ray, S. Levine, C. C. Gallen, B. J. Schwartz & J. J. Sidorowich, "Randomized Controlled Trial of Yogic Meditation Techniques for Patients with Obsessive-Compulsive Disorder," *CNS Spectrums* 4, no. 12 (1999): 34~47. N. Gupta, S. Khera, R. P. Vempati, R. Sharma & R. L. Bijlani, "Effect of Yoga Based Lifestyle Intervention on State and Trait Anxiety," *Indian Journal of Physiology and Pharmacology* 50, no. 1 (2006): 41~47. T. Field, "Yoga Clinical Research Review," *Complementay Therapies in Clinical Practice* 17, no. 1 (2010): 1~8.

3. J. Malan, "Eastern Meditation Sneaks into the Church," For the Love of His Truth 블로그. http://fortheloveofhistruth.com/2012/02/13/eastern-meditation-sneaks-into-the-church.

4. Herbert Benson, *Timeless Healing* (New York: Scribner, 1996). A. Newberg, *How God Changes Your Brain* (New York: Random House, 2009), 31.

5. Newberg, *How God Changes Your Brain*, 34.

6. A. Govinda, *Foundations of Tibetan Mysticism* (London: Rider, 1969), 107~8.

7. 여기서 "하나님과의 만남" 이란 동양 명상법을 활용하여 감정과 정신의 상태에 변화를 일으키는 기독교 내의 방법을 가리킨다.

8. J. Taylor, 온라인 비디오 강의. www.ted.com/talks/lang/en/jill_bolte_taylor_s_powerful_stroke_of_insight.html.

9. R. Cahn & J. Polich, "Meditation States and Traits: EEG, ERP, and Neuroimaging Studies," *Psychological Bulletin* 132, no. 2 (2006년 3월): 180~211. Newberg, *How God Changes Your Brain*, 55. T. Kjaer 외, "Increased Dopamine Tone During Meditation-Induced Change of Consciousness," *Cognitive Brain Research* 13, no. 2 (2002년 4월): 255~59.

10. B. Miller, "Matters of the Mind: A Look into the Psychology of Meditation," *The Daily Mind*, www.thedailymind.com/meditation/matters-of-the-mind-a-look-into-the-psychology-of-meditation/.

11. C. Thompson, *Anatomy of the Soul* (Carol Stream, IL: Tyndale House, 2010), 41.

12. 같은 책, 34~38.

13. 같은 책, 54~55.

사단법인 기독교세계관학술동역회
사역 소개

기독교 세계관이란? 하나님이 세상을 창조하시고 지금도 살아 계셔서 역사를 주관하시며, 범죄한 인간을 예수 그리스도의 대속으로 용서하시고, 우리 삶을 성령께서 인도하신 다는 성경의 가르침에 입각하여 인간, 자연, 역사를 보고, 성경적 관점으로 일관성 있게 살아가는 것입니다.

— 이사장 신국원(총신대 명예교수)

기독교세계관학술동역회는 기독교 세계관 안에서 신앙과 학문, 그리고 삶이 하나되는 비전을 추구하고 있습니다. 기독교 세계관에 비추어 학문을 연구하고, 우리 사회의 주요 문제에 대해 기독교적 해결방안을 제시하며, 삶과 학문의 모든 영역에서 하나님의 진리 와 주권을 드러내고자 노력하고 있습니다.

— 실행위원장 박동열(서울대 교수)

〈기독교세계관학술동역회 주요 사역 소개〉

1. 기독교학문연구회(KACS: Korea Association for Christian Scholarship)

기독교적 학문 연구를 위한 학회로 각 학문분야별 신학과 학제 간의 연구를 진행하여 신앙과 학문의 통합을 추구합니다. 연 2회 학술대회(춘계, 추계)를 개최하고, 한국연구 재단 등재학술지인 〈신앙과 학문〉을 연 4회 발행합니다.

2. 기독교세계관학술동역회 기관지 〈신앙과 삶〉 발행

〈신앙과 삶〉은 "복음주의 기독교 & 동역회 소식지"라는 정체성으로 발간하는 기독교세계관학술동역회 기관지입니다. 〈월드뷰〉와 분리 후, 2019년 7월 창간호(7~8월호, 통권 216호)를 시작으로 격월간지로 발행하고 있습니다.

3. 대학원생 세계관 연구회(정기모임)

서울대, 카이스트, 성균관대 등에서 대학원생 모임을 진행하고 있으며, 신촌지역, 경 북대 등에서도 기독교 세계관 스터디 모임을 준비 중입니다.

4. 세계관 교육과 유튜브 세계관 콘텐츠 기획 및 자료 제공

지역 교회와 협력하여 세계관학교를 개최하고 특강 강사를 지원하며, 북콘서트, 세미나, 소그룹 모임, 유튜브 세계관 콘텐츠 제공 등 다양한 활동을 통해 기독교 세계관 의 활성화를 모색하고 있습니다.

■ 더 자세한 사역 소개나 강의를 원하시는 교회나 단체는 기독교세계관학술동역회 사무국으로 연락해 주시면 친절히 안내해 드립니다.

문의: (사)기독교세계관학술동역회 02)754-8004

www.worldview.or.kr | E-mail_ info@worldview.or.kr

5. 기독교세계관학술동역회 협력/산하 기관

● VIEW 밴쿠버기독교세계관대학원 (원장: 전성민)

1998년 11월, 밴쿠버기독교세계관대학원(VIEW)은 캐나다 최고의 기독교대학인 Trinity Western University 대학의 신학대학원인 ACTS와 공동으로 기독교세계관 문학석사과정(MACS-Worldview Studies)을 개설했습니다. 현재 캐나다 밴쿠버에 기독 교세계관 문학석사 과정, 디플로마(Diploma) 과정을 운영하고 있으며, 2020년 9월부 터 세계관 및 목회학 석사과정(MDiv-WPS)을 개설, 운영하고 있습니다.

www.view.edu | 문의: 한국사무실 김성경 실장 010-5154-4088

● CTC 기독교세계관교육센터 (대표: 유경상)

CTC(Christian Thinking Center)는 가정과 교회와 학교에 기독교 세계관 교육 콘텐츠를 제공함으로서 다음 세대 그리스도인들이 기독교 세계관으로 생각하고 살아가도록 돕는 것을 사명으로 하는 세계관 교육기관입니다.

cafe.naver.com/ctc21 | 문의: 안성희 팀장 010-2792-5691

● 도서출판 CUP

바른 성경적 가치관 위에 실천적 삶을 살아가는 그리스도의 제자들을 세우며, 지성과 감성과 영성이 전인적으로 조화된 균형잡힌 도서를 출간하여 그리스도인다운 삶과 생각과 문화를 확장시키는 나눔터의 출판을 꿈꾸고 있습니다.

www.cupbooks.com | cupmanse@gmail.com | 02-745-7231